OBRAS *escogidas*
de

Clemente
de Alejandría

OBRAS *escogidas*
de
CLEMENTE
DE ALEJANDRÍA

· EL PEDAGOGO ·

EDITOR:
Alfonso Ropero

editorial clie

EDITORIAL CLIE
Ferrocarril, 8
08232 VILADECAVALLS
(Barcelona) ESPAÑA
E-mail: clie@clie.es
www.clie.es

Editado por: Alfonso Ropero Berzosa

«Cualquier forma de reproducción, distribución, comunicación pública o transformación de esta obra solo puede ser realizada con la autorización de sus titulares, salvo excepción prevista por la ley. Diríjase a CEDRO (Centro Español de Derechos Reprográficos) si necesita fotocopiar o escanear algún fragmento de esta obra (www. conlicencia.com; 917 021 970 / 932 720 447)».

© 2017 por Editorial CLIE

OBRAS ESCOGIDAS DE CLEMENTE DE ALEJANDRÍA
ISBN: 978-84-945561-4-2
Depósito Legal: B 16829-2016
Teología cristiana
Historia
Referencia: 225003

Impreso en USA / *Printed in USA*

ÍNDICE GENERAL

Prólogo a la Colección *PATRÍSTICA* 7

INTRODUCCIÓN: CLEMENTE, ARTÍFICE DE LA CULTURA CRISTIANA 11
Filósofos y moralistas 13
Alejandría, entre Atenas y Roma 17
La primera enciclopedia de la fe cristiana 23
Preparación evangélica 27
La fe, criterio de conocimiento 29
Teología cordial 30
La revelación del Dios desconocido 31
La tutoría del Pedagogo 34
Cristo, modelo perfecto 36
Nota bibliográfica 39

LIBRO I LA OBRA DEL PEDAGOGO
1 Lo que el Pedagogo promete 43
2 El Pedagogo nos dirige por causa de nuestros pecados 46
   El Logos, médico del alma 47
3 El Pedagogo ama al hombre 49
4 El Logos es igualmente pedagogo de hombres y de mujeres ... 52
5 Todos los que están en la verdad son niños ante Dios 53
6 Contra los que suponen que los nombres "niños" y "párvulos" aluden, en sentido figurado, a la enseñanza de las ciencias elementales 63
7 Quién es el Pedagogo y cuál su pedagogía 84
8 Contra quienes consideran que el Justo no es Bueno 90
9 Al mismo poder pertenece premiar y castigar justamente. ¿Cuál es, pues, el método pedagógico del Logos? 99
10 El mismo Dios, por medio de su Logos, aparta a los hombres de los pecados con amenazas, y los salva exhortándoles 109
11 El Logos nos ha educado por medio de la Ley y de los Profetas 114
12 El Pedagogo, con la actitud propia de un padre, usa de la severidad y de la benignidad 116
13 La buena acción es la que se realiza según la recta razón; el pecado, en cambio, es un acto contrario a la razón 119

Libro II La conducta del servidor de Cristo
1 Cómo debemos comportarnos en lo relativo a los alimentos 123
2 Cómo hacer uso de la bebida 138
3 No hay que afanarse por el lujo en los enseres domésticos 150
4 Cómo comportarse en los banquetes 155
5 Sobre la risa 159
6 Sobre la conversación soez 162
7 De qué deben guardarse quienes aspiran a los buenos modales 165
8 Si es conveniente utilizar perfumes y coronas 171
9 Cómo usar el sueño 183
10 Algunas consideraciones en torno a la procreación y el vestido 188
    Sobre el decoro en el vestir 201
11 Sobre el calzado 212
12 No debemos dejarnos deslumbrar por las piedras preciosas, ni por los adornos de oro 214

Libro III Consejos para una vida mejor
1 Sobre la verdadera belleza 225
2 No es necesario embellecernos 228
3 Contra los hombres que se embellecen 236
4 Con quiénes debemos pasar el tiempo 244
5 Cómo comportarse en los baños 248
6 Sólo el cristiano es rico 250
7 La frugalidad es un buen compañero de viaje para el cristiano 253
8 Las imágenes y los ejemplos constituyen una parte esencial de la recta enseñanza 256
9 Por qué motivos debe tomarse el baño 260
10 Los ejercicios gimnásticos deben permitirse a los que viven conforme al Logos 262
11 Breve descripción de la vida mejor 265
12 Breve exposición sobre la vida mejor. Pasajes de las Sagradas Escrituras que caracterizan la vida de los cristianos 285

Himno a Cristo Salvador 297

Índice de Conceptos Teológicos 299
Títulos de la colección Patrística 301

Prólogo
a la Colección
PATRÍSTICA

A la Iglesia del siglo XXI se le plantea un reto complejo y difícil: compaginar la inmutabilidad de su mensaje, sus raíces históricas y su proyección de futuro con las tendencias contemporáneas, las nuevas tecnologías y el relativismo del pensamiento actual. El hombre postmoderno presenta unas carencias morales y espirituales concretas que a la Iglesia corresponde llenar. No es casualidad que, en los inicios del tercer milenio, uno de los mayores *best-sellers* a nivel mundial, escrito por el filósofo neoyorquino Lou Marinoff, tenga un título tan significativo como *Más Platón y menos Prozac*; esto debería decirnos algo...

Si queremos que nuestro mensaje cristiano impacte en el entorno social del siglo XXI, necesitamos construir un puente entre los dos milenios que la turbulenta historia del pensamiento cristiano abarca. Urge recuperar las raíces históricas de nuestra fe y exponerlas en el entorno actual como garantía de un futuro esperanzador.

"La Iglesia cristiana –afirma el teólogo José Grau en su prólogo al libro *Historia, fe y Dios*– siempre ha fomentado y protegido su herencia histórica; porque ha encontrado en ella su más importante aliado, el apoyo científico a la autenticidad de su mensaje". Un solo documento del siglo II que haga referencia a los orígenes del cristianismo tiene más valor que cien mil páginas de apologética escritas en el siglo XXI. Un fragmento del Evangelio de Mateo garabateado sobre un pedacito de papiro da más credibilidad a la Escritura que todos los comentarios publicados a lo largo de los últimos cien años. Nuestra herencia histórica es fundamental a la hora de apoyar la credibilidad de la fe que predicamos y demostrar su impacto positivo en la sociedad.

Sucede, sin embargo –y es muy de lamentar– que en algunos círculos evangélicos parece como si el valioso patrimonio que la Iglesia cristiana tiene en su historia haya quedado en el olvido o incluso sea visto con cierto rechazo. Y con este falso concepto en mente, algunos tienden a prescindir de la herencia histórica común y, dando un «salto acrobático», se obstinan en querer demostrar un vínculo directo entre su grupo, iglesia o denominación y la Iglesia de los apóstoles...

¡Como si la actividad de Dios en este mundo, la obra del Espíritu Santo, se hubiera paralizado tras la muerte del último apóstol, hubiera permanecido inactiva durante casi dos mil años y regresara ahora con su grupo! Al contrario, el Espíritu de Dios, que obró poderosamente en el nacimiento de la Iglesia, ha continuado haciéndolo desde entonces, ininterrumpidamente, a través de grandes hombres de fe que mantuvieron siempre en alto, encendida y activa, la antorcha de la Luz verdadera.

Quienes deliberadamente hacen caso omiso a todo lo acaecido en la comunidad cristiana a lo largo de casi veinte siglos pasan por alto un hecho lógico y de sentido común: que si la Iglesia parte de Jesucristo como personaje histórico, ha de ser forzosamente, en sí misma, un organismo histórico. *Iglesia* e *Historia* van, pues, juntas y son inseparables por su propio carácter.

En definitiva, cualquier grupo religioso que se aferra a la idea de que entronca directamente con la Iglesia apostólica y no forma parte de la historia de la Iglesia, en vez de favorecer la imagen de su iglesia en particular ante la sociedad secular, y la imagen de la verdadera Iglesia en general, lo que hace es perjudicarla, pues toda colectividad que pierde sus raíces está en trance de perder su identidad y de ser considerada como una secta.

Nuestro deber como cristianos es, por tanto, asumir nuestra identidad histórica consciente y responsablemente. Sólo en la medida en que seamos capaces de asumir y establecer nuestra identidad histórica común, seremos capaces de progresar en el camino de una mayor unidad y cooperación entre las distintas iglesias, denominaciones y grupos de creyentes. Es preciso evitar la mutua descalificación de unos para con otros que tanto perjudica a la cohesión del Cuerpo de Cristo y el testimonio del Evangelio ante el mundo. Para ello, necesitamos conocer y valorar lo que fueron, hicieron y escribieron nuestros antepasados en la fe; descubrir la riqueza de nuestras fuentes comunes y beber en ellas, tanto en lo que respecta a doctrina cristiana como en el seguimiento práctico de Cristo.

La colección PATRÍSTICA nace como un intento para suplir esta necesidad. Pone al alcance de los cristianos del siglo XXI, lo mejor de la herencia histórica escrita del pensamiento cristiano desde mediados del siglo I.

La tarea no ha sido sencilla. Una de las dificultades que hemos enfrentado al poner en marcha el proyecto es que la mayor parte de las obras escritas por los grandes autores cristianos son obras extensas y densas, poco digeribles en el entorno actual del hombre postmoderno, corto de tiempo, poco dado a la reflexión filosófica y acostumbrado a la asimilación de conocimientos con un mínimo esfuerzo. Conscientes de esta realidad, hemos dispuesto los textos de manera innovadora para que, además de resultar asequibles, cumplan tres funciones prácticas:

1. Lectura rápida. Dos columnas paralelas al texto completo hacen posible que todos aquellos que no disponen de tiempo suficiente puedan, cuanto menos, conocer al autor, hacerse una idea clara de su línea de pensamiento y leer un resumen de sus mejores frases en pocos minutos.

2. Textos completos. El cuerpo central del libro incluye una versión del texto completo de cada autor, en un lenguaje actualizado, pero con absoluta fidelidad al original. Ello da acceso a la lectura seria y a la investigación profunda.

3. Índice de conceptos teológicos. Un completo índice temático de conceptos teológicos permite consultar con facilidad lo que cada autor opinaba sobre las principales cuestiones de la fe.

Nuestra oración es que el arduo esfuerzo realizado en la recopilación y publicación de estos tesoros de nuestra herencia histórica, teológica y espiritual se transforme, por la acción del Espíritu Santo, en un alimento sólido que contribuya a la madurez del discípulo de Cristo; que esta colección constituya un instrumento útil para la formación teológica, la pastoral y el crecimiento de la Iglesia.

Editorial CLIE

Eliseo Vila
Presidente

Introducción: Clemente, artífice de la cultura cristiana

Pensador en tiempo de crisis, Clemente es la primera figura que se destaca con pleno relieve en la historia de la Iglesia, contribuyendo a sistematizar la ética y las doctrinales fundamentales del cristianismo, a las que dota de una coherencia intelectual comparable a la de los sistemas filosófico-religiosos más prestigiosos de su día.

Clemente se mueve en el ámbito de la alta sociedad y de la alta cultura alejandrinas, donde el cristianismo ha ganado buen número de seguidores, desmintiendo así la acusación de Celso que, por aquellos días, escribía contra los cristianos a los que describe como una comunidad compuesta por las personas más bajas e ignorantes de la sociedad. Por talante y educación, Clemente tiene todo el temperamento de un filósofo, que para inquirir sobre la verdad no le importa emprender viajes a otros lugares y sentarse a los pies de cualquier maestro reconocido con el fin de aprender y añadir a su esquema una pieza más.

Lo que destaca en Clemente, como en Tertuliano y otros escritores cristianos de la época, es su optimismo apasionado. Para ellos, ciertamente, el cristianismo es la "perla de gran precio" por la que han dejado todo para adquirirla (Mt. 13:46). Generoso, comprensivo, Clemente es un pensador que todo lo abarca y todo lo pone al servicio de su nueva fe y de la vida cristiana. Al repasar sus obras, el lector no advierte que el cristianismo fuese una religión proscrita. Clemente escribe con autoridad, como uno más de los filósofos morales, sin complejo de inferioridad, ni sentido de discriminación, repartiendo juicios y consejos a nobles, ricos, hombres y mujeres de la alta sociedad, jóvenes y filósofos que andan en busca de la verdadera sabiduría, gnósticos y cristianos sencillos que se sienten atraídos por la fama del maestro cristiano. No es, como Tertuliano, un abogado que se defiende atacando a sus jueces, sino un moralista que expone la superior

Clemente supo aceptar el reto que le lanzaba la intelectualidad pagana y, sin apartarse de las doctrinas centrales de la fe, acertó a responderles con su mismo lenguaje, mostrando que si los cristianos se apartaban del mundo y de la sociedad, no era en lo que tenían de bueno y verdadero, sino de pecador y falso. Clemente se sirve de lo mejor de la cultura griega para demostrar que la verdad que desean los filósofos se encuentra entre los cristianos.

sabiduría del Logos-Cristo para demostrar que es una palabra digna de ser aceptada por todos.

Buen conocedor de los escritores contemporáneos y de sus formas de vida, pierde con facilidad la visión de conjunto y cae en la digresión y el detalle, apartándose de la dirección general de su argumento. Creo que esto se debe a su confianza personal en la verdad *natural* que, de alguna manera, todos comparten sin que sea preciso demostración alguna, sólo aplicación de su sentido a las realidades prácticas de la vida, todo ello fruto de su formación estoica, que, junto al platonismo, era la filosofía de moda.

Clemente supo aceptar el reto que le lanzaba la intelectualidad pagana y, sin apartarse para nada de las doctrinas centrales de la fe, acertó a responderles con su mismo lenguaje, mostrando que si los cristianos se apartaban del mundo y de la sociedad, no era en lo que tenían de bueno y verdadero, sino de pecador y falso. Clemente se sirve de lo mejor de la cultura griega para demostrar que la verdad que desean alcanzar los filósofos se encuentra entre los cristianos, que además, mediante la fe en Cristo, han recibido la fuerza para poner en práctica sus preceptos.

Verdadero humanista cristiano, Clemente demuestra cómo es posible aplicar el principio teológico de la Encarnación de Dios, a la encarnación de la fe en la cultura. "La mención de los autores paganos en la obra de Clemente muestra hasta qué punto el cristianismo estaba enraizado en el mundo pagano, y hasta qué punto el cristianismo en las obras de los moralistas, hace suyo el acervo literario de la cultura grecorromana, de la que Clemente, en muchos aspectos, era continuador" (José María Blázquez, *Intelectuales, ascetas y demonios al final de la Antigüedad*, p. 113. Cátedra, Madrid 1998).

Durante los tres siglos posteriores a su muerte, son numerosos los testimonios de estima y reconocimiento de su santidad, ciencia y ortodoxia. "Se destacó por su estudio de las Sagradas Escrituras", dice Eusebio (*Historia eclesiástica*, VI, 11). Sin embargo, algunos testimonios discordantes relativos a la rectitud de su doctrina y el silencio de otros autores de la antigüedad cristiana, han sido la causa de que la Iglesia de Roma no lo haya incluido en la lista de su santoral.

Atenas, lugar de origen de Clemente

Filósofos y moralistas

En los días de Clemente el moralista había ocupado el lugar del filósofo. La filosofía en general había caído de los altos vuelos metafísicos de Platón y Aristóteles, para centrarse en el ruedo de la vida cotidiana del hombre, presente en Sócrates, de quien toman ejemplo las numerosas escuelas y corrientes de filosofía ética. Por eso, Clemente entiende por filosofía la "práctica" virtuosa de la sabiduría, en común acuerdo con sus contemporáneos. En efecto, la virtud es en sí misma una disposición del alma que sintoniza con la razón durante toda la vida. Y, lo que es más importante: la filosofía se define como práctica de la recta razón, que tiende al bien, la virtud y la pureza de vida (*Pedagogo*, I, 101, 2).

Por este motivo el cristianismo pudo insertarse a sí mismo en esa gran corriente de la filosofía moral de entonces. De hecho, su lenguaje, incluido el Nuevo Testamento, sus exhortaciones éticas, sus listas de dones y virtudes, su catálogo de males y vicios, se diferenciaban poco de lo dicho por retóricos y filósofos moralizantes de la época. Como ha estudiado Wayne A. Meeks, "gran parte del lenguaje de la moralidad cristiana es lenguaje compartido con la cultura del entorno" (*Los orígenes de la moralidad cristiana*, p. 24. Ariel, Barcelona 1994). Esto explica la ficción, tomada muy seriamente por sus autores judíos y adoptada después por los cristianos, de que los filósofos griegos aprendieron sus ideas más elevadas de los escritos

> En los días de Clemente el moralista había ocupado el lugar del filósofo. La filosofía en general había caído de los altos vuelos metafísicos, para centrarse en el ruedo de la vida cotidiana del hombre. Por eso, Clemente entiende por filosofía la "práctica" virtuosa de la sabiduría, de acuerdo con sus contemporáneos.

de Moisés y de los profetas hebreos. De no darse un paralelismo verbal y un parecido ideológico, esta teoría de la precedencia de Moisés sobre la filosofía no hubiera conseguido ser aceptada con un mínimo de credibilidad. Pero de hecho lo fue, y los escritores cristianos continuaron profundizando en esa línea, presentando como *semillas* del Logos-Cristo las verdades expresadas por los autores paganos.

Los cristianos se apropiaron de la moral de las postrimerías del paganismo, extremando incluso su rigor, como una reacción natural a la corrupción de la costumbre ambiente. Para el cristiano, el dominio propio, la disciplina, el autocontrol, tan querido a los filósofos, son no solamente resultado de la virtud humana, sino el fruto sobrenatural obrado por el Espíritu de Dios en el espíritu de sus hijos. "Porque no nos ha dado Dios el espíritu de temor, sino el de fortaleza, y de amor, y de dominio propio" (2ª Ti. 1:7; 2ª P. 2:6). "El fruto del Espíritu es: caridad, gozo, paz, tolerancia, benignidad, bondad, fe, mansedumbre, dominio propio" (Gá. 5:22).

Para comprender el alcance revolucionario que el cristianismo introdujo en la cultura clásica, hay que comenzar por saber que el filósofo del siglo II d.C. fue el "misionero moral" de las clases privilegiadas del mundo romano, al decir de Peter Brown. Nunca pensó seriamente en dirigirse a las masas, su papel se agotaba entre la *élite* de la sociedad, gozando del elevado *status* moral que derivaba de su papel. Aunque se proclamaban maestros y guías de los hombres, "en todo lo que es propio según la naturaleza", lo cierto es que se trataba del representante de una clase prestigiosa en el poder a la que dirigía en principios sus mensajes edificantes.

Con la aparición del cristianismo se va a producir una rápida democratización de la cultura elitista de los filósofos, "la más profunda revolución del período clásico tardío. Quien lea o estudie los escritos y papiros cristianos, observará que las obras de los filósofos, aunque ignoradas en gran medida por el notable medio de las ciudades, penetrarían con la predicación y la especulación cristianas hasta formar un grueso sedimento de nociones morales que se difundieron entre millares de personas humildes" (P. Brown, *Historia de la vida privada*, dirigida por P. Ariès y G. Duby, vol. I., p. 245. Taurus, Madrid 1992, 4ª ed.).

Como se percibe claramente en la obra de Clemente, las exhortaciones filosóficas que originalmente dirigían escritores como Plutarco y Musonio Rufo a los lectores de las clases privilegiadas son entusiásticamente recogidas ahora como fuente de inspiración por los autores cristianos y transmitidas deliberadamente a comerciantes y artesanos urbanos. "Aquellas exhortaciones filosóficas permitieron a Clemente presentar el cristianismo como una moral genuinamente universal y enraizada en el sentimiento nuevo de la presencia de Dios y de la igualdad de todos los hombres ante su Palabra" (P. Brown, *op. cit.*, p. 244).

El cristianismo no sólo democratizó el pensamiento filosófico, restringido a la élite de la sociedad privilegiada, sino que lo salvó para la posteridad. No sólo las clases ociosas de los grandes propietarios, sino los comerciantes, los artesanos, los esclavos, hombres y mujeres, llegaron a participar, y manejar con soltura, los altos principios de la revelación bíblica sazonada con los principios más elevados de la filosofía pagana. Galeno (129-199), el médico contemporáneo de Clemente, quedó estupefacto de dos cosas: una el desprecio de la muerte de los cristianos; y otra, el autocontrol y disciplina de los mismos, por las cuales se elevaban a la altura de los auténticos filósofos.

Con todos sus defectos humanos, la Iglesia cristiana se ofrecía a sí misma como una sociedad en la cual brillaban los anhelos de Pablo: "Que seáis irreprensibles y sencillos, hijos de Dios sin culpa en medio de una generación maligna y perversa, entre los cuales resplandecéis como luminares en el mundo" (Fil. 2:15).

Perseguida por el pueblo, calumniada por la *inteligencia*, condenada a muerte por las leyes del Estado, la Iglesia resultó ser el apoyo más sólido de lo mejor de la cultura, el sostén más firme del Estado y la impulsora de una civilización ciertamente democrática y social, que todavía hoy sorprende a los historiadores. "He gastado una vida entera en el estudio de la tradición cristiana, especialmente en su fase antigua, griega y romana. Por lo mismo me ha impresionado profundamente la continuidad de las formas fundamentales del pensamiento y de su expresión que franquea triunfante el abismo abierto entre estos períodos antitéticos del espíritu humano y los integra en una civilización universal" (W. Jaeger, *La teología de los primeros filósofos griegos*, p. 35. FCE, México 1982, 3ª ed.).

> En la obra de Clemente, las exhortaciones filosóficas que originalmente dirigían escritores como Plutarco y Musonio Rufo a los lectores de las clases privilegiadas son entusiásticamente recogidas ahora como fuente de inspiración por los autores cristianos y transmitidas deliberadamente a comerciantes y artesanos urbanos. El cristianismo no sólo democratizó el pensamiento filosófico, restringido a la élite de la sociedad privilegiada, sino que lo salvó para la posteridad.

El cristianismo no es una filosofía, ni propiamente una nueva cultura. Ante todo es una nueva manera de entender a Dios y la relación entre los hombres; no crea una nueva civilización, se sirve de la ya existente.

Ciertamente, como se ha dicho tantas veces, el cristianismo no es una filosofía, ni propiamente una nueva cultura. Ante todo es una nueva manera de entender a Dios y la relación entre los hombres; no crea una nueva civilización, sino que se sirve de la ya existente, salvando aquí, redimiendo allí, con la Palabra de Dios, todos los elementos que son dignos de ser salvados. Incorpora y conserva lo que considera bueno, y lo potencia y lo eleva a su acabamiento y perfección. Operación nada simple ni sencilla, siempre con el riesgo de aceptar por bueno no lo que realmente es bueno, sino lo que parecía serlo. Todo proceso de integración y asimilación conlleva la posibilidad del contagio de factores indeseables, no advertidos en un primer momento, debido a la proximidad expresiva, pero engañosa, del lenguaje. De ahí la necesidad de una constante revisión de toda construcción humana, pasada y presente, a la luz siempre crítica de la revelación divina, norma y fundamento último de toda verdad y toda práctica.

Alejandría (Egipto) entre el Nilo y el Mediterráneo, lo tradicional y lo nuevo

"Nosotros, hijos de la luz verdadera (Lc. 16:8; Jn. 12:36), no cerremos la puerta a esta luz, sino que, dirigiéndola a nuestro interior, tras iluminar la visión del hombre escondido, contemplar la verdad misma y participar de sus resplandores, desvelemos con claridad y prudencia los sueños verdaderos (*El Pedagogo*, II, 80, 4).

Alejandría, entre Atenas y Roma

Próxima a Roma por el número de sus habitantes, cerca del millón, Alejandría fue sin lugar a dudas el centro cultural más importante del mundo antiguo, sucesor de los resplandores de la Atenas fenecida. Situada en un lugar privilegiado del Mediterráneo, en la desembocadura del Nilo, floreció una próspera sociedad comercial refinada y culta, con fuerte inclinación por los asuntos del espíritu, como era propio de su naturaleza egipcia y de su entorno cultural. Los egipcios, como los hebreos, eran un pueblo muy religioso, al que la humanidad debe muchas de sus creencias y prácticas religiosas. Allí tuvo lugar la confrontación entre la religión semita y la religión grecorromana; allí se tradujo por primera vez la Biblia hebrea al idioma griego; allí Filón reinterpretó las Escrituras judías a la luz de la civilización helénica; allí el cristianismo tuvo su escuela más famosa y su centro propagandístico más atrayente. Alejandrino era Jesús ben Sirac, autor de *Sabiduría* o *Eclesiástico*, tantas veces citado por Clemente como libro inspirado por Dios, en el mismo nivel que el resto de los libros canónicos. Filón, como escribe H. I. Marrou, fue para Clemente un modelo a imitar, al que sigue casi literalmente.

Alejandría, según la leyenda, había sido fundada por el propio Alejandro en el año 332 a.C. –a quien se le atribuye la fundación de muchas otras ciudades–, aparentemente destinada a ser el nuevo centro de su imperio. Con sus conquistas, el inmortal general macedónico unificó por primera vez en la historia la cuna de la civilización: los valles del Nilo, del Tigris-Éufrates y del Indo, y sus ramificaciones de Grecia y Asia Menor. La mayor parte del mundo conocido por los griegos pertenecía ahora al *oikoumene* (mundo civilizado) griego, abriéndose así a la radical helenización que tanto él como sus sucesores iban a imponerle.

> En Alejandría tuvo lugar la confrontación entre la religión semita y la religión grecorromana; allí se tradujo por primera vez la Biblia hebrea al idioma griego; allí Filón reinterpretó las Escrituras judías a la luz de la civilización helénica; allí el cristianismo tuvo su escuela más famosa y su centro propagandístico más atrayente. Alejandrino era Jesús ben Sirac, autor de *Sabiduría* o *Eclesiástico*, tantas veces citado por Clemente.

Alejandría reunía todas las condiciones de ciudad literaria por excelencia. La biblioteca había alcanzado unas proporciones tan gigantescas como el faro que recibía desde lo lejos a los viajeros. Los judíos formaban la comunidad foránea más importante, una quinta parte más o menos, con el célebre filósofo judío Filón, de quien los cristianos son deudores, no menos que de la versión griega del Antiguo Testamento, llamada de los Setenta.

Atenas había sido la cuna de las escuela de filosofía, pero Alejandría iba a rivalizar con ella para convertirse en la capital de la investigación científica del mundo helenístico, con un dinamismo verdaderamente moderno que se apartaba de las discusiones verbales de las escuelas atenienses para centrarse en dos nuevas áreas concretas, la filología y las ciencias.

Situada en una península fácil de defender, con un buen puerto y sin problema para el abastecimiento de agua, su localización estratégica era inmejorable. Durante el reinado de Ptolomeo Soter (328-285 a.C.) se construyeron las cinco grandes obras arquitectónicas que la hicieron famosa en todo el mundo: el faro, el palacio, el museo, el templo y la tumba de Alejandro. Todas desaparecidas en la actualidad.

Alejandría reunía todas las condiciones de ciudad literaria por excelencia. La biblioteca había alcanzado unas proporciones tan gigantescas como el faro que recibía desde lo lejos a los viajeros. Toda la ciencia se daba cita en su *Mouseion*, consagrado a las musas, griegos, egipcios, persas y judíos, por mencionar unos pocos, tenían allí un lugar reservado, escribiendo, traduciendo, conociendo y dándose a conocer. Se adquirieron miles de obras, todas ellas en forma de rollos de papiro, referentes a toda clase de temas y escritos de autores conocidos. Con el transcurso del tiempo se almacenaron en la biblioteca documentos escritos en muchos idiomas y con varios tipos de escritura: egipcio, babilónico, hebreo e hindú. Las tareas de recensión y autentificación condujeron al desarrollo de unas actividades previamente poco elaboradas, la filología, la crítica textual y la gramática sistemática (Cf. James Bowen, *Historia de la educación occidental*, vol. I, cap. VII. Herder, Barcelona 1990, 3ª ed.).

Los judíos formaban la comunidad foránea más importante, una quinta parte más o menos, con el célebre filósofo judío Filón, de quien los cristianos son deudores, no menos que de la versión griega del Antiguo Testamento, llamada de los Setenta.

Según la leyenda, durante el reinado de Ptolomeo Filadelfo (285-247 a.C.) una comisión de setenta y dos eruditos hebreos, seis de cada una de las doce tribus, tradujo al griego en el Museo alejandrino la *Torah* de Moisés, junto con los demás libros del Antiguo Testamento hebreo. Esta traducción, propiamente de los "Setenta y dos" fue una de las obras importantes que pasaron a engrosar la colección de la biblioteca.

Reconstrucción de una biblioteca de la época, según datos arqueológicos.
La inmensa biblioteca de Alejandría fue famosa en todo el mundo

No conocemos el origen de los primeros conversos de Alejandría, tradicionalmente se atribuye al evangelista Marcos la introducción del Evangelio en la gran metrópoli, de quien se dice que allí sufrió el martirio (año 59-60). Apolos era natural de Alejandría, y cuando se encontró con Pablo en Éfeso, ya tenía fama de "varón elocuente, poderoso en las Escrituras" (Hch. 18:24). Desde esta ciudad el cristianismo alcanzó todo Egipto, entró en Nubia, Etiopía y Abisinia (Cf. J. J. Fernández Sangrador, *Los orígenes de la comunidad cristiana de Alejandría*. Univ. Pont. de Salamanca, Salamanca 1994). En una fecha tan temprana

Los judíos alejandrinos habían marcado la dirección desde una posición lógica y ortodoxa: la filosofía griega había bebido de las fuentes de la revelación mosaica, luego era preciso releer a Moisés desde la perspectiva de la filosofía griega usando la interpretación alegórica. Después del descrédito en que cayó la interpretación alegórica de la Biblia, hoy los estudiosos tienden a valorar su contribución y eliminar las estridencias que en otras épocas enfrentaron a la escuela alegórica de Alejandría con la escuela literalista de Antioquía.

como el año 180 ya nos encontramos con una escuela catequética bajo la dirección de Panteno, filósofo estoico-pitagórico converso al cristianismo, del que apenas si sabemos nada, excepto que fue el maestro de Clemente, que en tiempo del emperador Cómodo, en los años 180-192, se hallaba al frente de la escuela cristiana de Alejandría y que, posteriormente, fue misionero y evangelizador de la India. Según algunos autores fue a la Arabia del Sur o a Etiopía, donde, al parecer, encontró el Evangelio original de Mateo, en hebreo-arameo. Panteno dio un carácter de academia cristiana a su escuela, donde toda la sabiduría griega va a ser utilizada con fines apologéticos. Las escuelas entonces no tenían cuotas ni derechos de inscripción, sino que dependían de los estudiantes ricos. Generalmente ofrecían un curso de tres años.

Los judíos alejandrinos, siguiendo a los intérpretes griegos de Homero, habían marcado la dirección desde una posición lógica y ortodoxa: la filosofía griega había bebido de las fuentes de la revelación mosaica, luego era preciso releer a Moisés desde la perspectiva de la filosofía griega mediante el uso de la interpretación alegórica (cf. Alfonso Ropero, *Introducción a la filosofía*, parte II. CLIE, 1999). El método se prestaba a exageraciones, pero la actitud resultó muy aprovechable por su signo positivo y, desde luego, prestó un servicio invalorable a los primeros apologistas cristianos, presentando así unas credenciales tan antiguas y universales como las de cualquier otro sistema de pensamiento religioso que se preciara. "Con mucho –escribe Clemente–, el pueblo más antiguo de todos es el judío, y su filosofía, manifestada en la Escritura, es anterior a la filosofía griega, como lo demostró sobradamente Filón el pitagórico, Aristóbulo el peripatético y otros muchos nombres" (*Strom.*, I, 72, 4).

Después del descrédito en que cayó la interpretación alegórica de la Biblia, por sus abusos y falta de control, hoy los estudiosos tienden a valorar su contribución y a eliminar las estridencias que en otras épocas enfrentaron a la escuela alegórica de Alejandría con la escuela literalista de Antioquía, pues ésta tenía más de alegórico de lo que se pensaba y aquélla de literalista. Sin apartarnos de nuestro tema, sólo aclarar, que cada generación de estudiosos suele atribuir a su objeto de estudio los prejuicios de su propia época.

Alejandro Magno (356-323 a.C.), a quien se le atribuye la fundación de Alejandría

Clemente, griego oriundo de Atenas, o al menos educado en ella, hijo de padres paganos pudientes, convertido al cristianismo no sabemos exactamente cómo ni cuándo. Lo único que podemos decir es que la trayectoria vital de Clemente es muy parecida a la de Justino, se acerca al cristianismo impulsado por el ejemplo de la pureza moral de sus seguidores y por el afán de saber sobre el tema Dios y el hombre.

Tito Flavio Clemente, griego oriundo de Atenas, o al menos educado en ella, hijo de padres paganos pudientes, convertido al cristianismo no sabemos exactamente cómo ni cuándo, recorrió muchos lugares antes de asentarse en Alejandría. Lo único que podemos decir es que la trayectoria vital de Clemente es muy parecida a la de Justino, se acerca al cristianismo impulsado por el ejemplo de la pureza moral de sus seguidores y por el afán de saber sobre el tema Dios y el hombre. Necesidad espiritual y necesidad intelectual a la vez, que algún maestro cristiano supo remediar. Las palabras, dice Clemente, son descendientes del alma como los niños del cuerpo. "Por eso llamamos padres a los que nos han catequizado, puesto que la sabiduría es comunicativa y amiga de los hombres" (*Strom.*, I,1, 3). En tan alta estima pone Clemente la enseñanza de la verdad evangélica que la llega a comparar con una tarea de los ángeles. "La ciencia de la proclamación de la Palabra es en cierta medida labor angélica" (*Strom.*, I,4,1). El que encontrare esa verdad, continúa, "obtiene los mejores bienes: el comienzo de la fe, el deseo de una conducta recta, el caminar hacia la verdad, el anhelo de la investigación, la huella del conocimiento; por decirlo brevemente, se le conceden los medios de la salvación. Además, quienes se alimentan auténticamente con las palabras de la verdad también reciben el viático para la vida eterna y le conceden alas para volar al cielo" (*Strom.* I, 4,2.3).

Clemente viajó por Italia, Siria, Palestina y Egipto. Para unos autores su conversión tuvo lugar durante uno de esos viajes, para otros, viajó después de su conversión para instruirse de los maestros cristianos más renombrados. Por entonces los filósofos tenían fama y costumbre, de viajeros. Aprovechaban cualquier ocasión para enrolarse en viajes al extranjero y volver con un caudal de nuevas cosas aprendidas. Así es como muchas ideas de la India y de Egipto se revistieron de nombres y formas griegas, aunque la filosofía propiamente dicha sea un aporte originalmente griego.

En los viajes que emprendió para ilustrarse, Clemente conoció a los que llama "hombres felices", es decir, los maestros cristianos representantes de la más antigua tradición que estuvieron en contacto directo con los apóstoles. De entre ellos, uno era el Jónico, que vivía en Grecia; otros dos habitaban en la Gran Grecia, uno era oriundo de Siria, otro de Egipto y otros eran de Oriente, de Asiria y de Palestina (*Strom.*, I,11,2), difíciles de identificar. Se han señalado los nombres de Melitón de Sardes, Atenágoras, Bernabé, Taciano, Teófilo de Cesarea, Hegesipo, Teodoto y Panteno. Lo importante es que para Clemente, estos maestros conservaban la "verdadera tradición de la bienaventurada doctrina que procede directamente de los santos apóstoles Pedro, Santiago, Juan y Pablo, al igual que un hijo recibe la herencia de su padre, y llegaron con la ayuda de Dios, para depositar en nosotros aquellas semillas de nuestros antecesores y de los apóstoles" (*Strom.*, I, 11, 3).

Sus escritos nos hacen suponer que fue iniciado en algunos ritos de los cultos de misterios, tan de moda en aquellos días. Pero es evidente que la filosofía fue lo más importante de su formación académica y humana. Todo lo que había recibido de ella lo puso a los pies Cristo para, igual que hiciera Pablo, "refutar argumentos y toda altivez que se levanta contra el conocimiento de Dios y llevando cautivo todo pensamiento a la obediencia a Cristo" (2ª Co. 10:5).

Mientras que Tertuliano y Cipriano estaban contendiendo valientemente por un cristianismo digno de respeto en Cartago, una lucha similar tenía lugar en Alejandría. Como bien señala Shirley Jackson Case, el movimiento hacia la admisión de la respetabilidad intelectual del cristianismo, fue iniciado en Egipto por los maestros gnósticos de Alejandría, los conocidos Basílides, Valentín y Carpócrates, entre otros, que tenían allí numerosos e influyentes discípulos y cuyas escuelas filosóficorreligiosas sirvieron de modelo a las primeras escuelas cristianas. La Iglesia en general rechazó los esfuerzos de los gnósticos, como un movimiento "liberal" que ponía en peligro los fundamentos de la fe. No obstante, la Iglesia tuvo que hacer frente al reto intelectual que se le venía encima y fueron precisamente los alejandrinos Panteno, Clemente, Orígenes, quienes lideraron la empresa desde una perspectiva ortodoxa. Sin caer en los errores de los herejes, y sin menospreciar la fe sencilla de los creyentes sin cultura ni educación, Clemente fue capaz de ofrecer un modo de *gnosis* cristiana que satisficiera a propios y extraños. Gracias a él, "la religión y la educación ya no eran intereses antagónicos dentro del cristianismo para los alumnos instruidos. El establecer este principio en Alejandría antes del año 200, fue una tremenda ganancia para la causa cristiana en ese medio ambiente. El mismo principio tuvo que ser reafirmado una y otra vez bajo las condiciones cambiantes de la historia y la filosofía a lo largo de los siglos, hasta el momento presente" (S. J. Case, *Los forjadores del cristianismo*, p. 108. vol. I. CLIE, 1987).

> Sin caer en los errores de los herejes, y sin menospreciar la fe sencilla de los creyentes sin cultura ni educación, Clemente fue capaz de ofrecer un modo de *gnosis* cristiana que satisficiera a propios y extraños. Gracias a él, "la religión y la educación ya no eran intereses antagónicos dentro del cristianismo para los alumnos instruidos.

La primera enciclopedia de la fe cristiana

Clemente es el iniciador del sistema científico en teología, preocupado como estaba en fundar una *ciencia* cristiana, que hiciera frente a las tentaciones de la falsa ciencia o *gnosis* herética, perdida en un mar de simbolismos sin anclaje racional en la historia de la salvación. Para ello

Clemente es el iniciador del sistema científico en teología, preocupado como estaba en fundar una *ciencia* cristiana, que hiciera frente a las tentaciones de la falsa ciencia o *gnosis* herética, perdida en un mar de simbolismos sin anclaje racional en la historia de la salvación. Para ello compuso una enciclopedia de conocimientos, que tenía en abundancia, comenzando con una primera parte llamada: *Protréptico* o *Exhortaciones a los gentiles*.

Alejandría.
Hoy son pocos los restos arqueológicos que quedan de su antiguo esplendor y grandeza

compuso una enciclopedia de conocimientos, que tenía en abundancia, comenzando con una primera parte llamada: *Protréptico* o *Exhortaciones a los gentiles*, donde se dirige a éstos para rebatir sus doctrinas y su politeísmo y probar el monoteísmo, con vistas a conquistarles para la nueva fe. Clemente quiere mostrar a sus lectores paganos que la verdad que desean los filósofos griegos la han alcanzado los cristianos por medio de la fe en el Logos. "Vosotros –dice a los sabios y entendidos de su época– sois hombres errantes, con astrología de charlatanes, que no es astronomía, sino palabrería sobre estrellas. Yo busco al Señor de los vientos, al dueño del fuego, al creador del mundo, al que da su luz al sol: busco a Dios, no las obras de Dios" ¿Qué ayuda me das tú para esta búsqueda?... ¿Me das Platón? Bien, dime, Platón: ¿Cómo hallaremos la huella de Dios? 'Es trabajoso encontrar al padre y hacedor de este universo; y aunque uno lo encontrara, no podría manifestarlo a todos' (*Timeo*, 28). Y esto, ¿por qué?, en nombre de Dios. 'Porque es absolutamente inefable'. Platón, has llegado ciertamente a tocar la verdad, pero no has de abandonar. Emprende conmigo la búsqueda del bien. Todos los hombres y de manera particular los que se dedican al estudio están empapados de ciertas gotas de origen divino. Por eso, aun sin quererlo, confiesan que Dios es uno, imperecedero e inengendrado, que está en cierto lugar superior sobre la bóveda del cielo, en su observatorio propio y particular en el que tiene su plenitud de ser eterno. Dice Eurípides: 'Dime, ¿cómo hay que imaginarse a Dios? Es el que, sin ser visto, lo ve todo' (*Fragmenta*, 609). 'Oh sol, hemos de adorarte como el primero de los dioses, pues por ti los otros dioses pueden ver'. No es el sol el que nos mostrará jamás al Dios verdadero, sino el Logos saludable, sol del alma, que al surgir interiormente en la profundidad de nuestra mente es el único capaz de iluminar el ojo del alma" (*Protréptico*, 67ss.).

Sus numerosas referencias a escritores paganos le sirven para demostrar que el cristianismo no es una religión de gentes ignorantes y supersticiosas, como venían diciendo muchos, en especial Celso, en su escrito del año 177, del que sólo conservamos los extractos citados por Orígenes en su refutación del mismo.

La segunda parte, *El Pedagogo*, presenta a Cristo como el instructor de la humanidad, el *médico* del alma, que introduce al creyente en la moral y práctica de la vida cristiana. La fe sana al hombre del poder corruptor del pecado para que todas sus facultades puedan responder saludablemente conforme a la naturaleza creada por Dios. La imagen de Cristo como médico fue muy querida por los escritores antiguos, es patente en Clemente y fue utilizada antes por Ignacio de Antioquía (*Ad Eph.* 7,2). "La medicina, según Demócrito, cura las enfermedades del cuerpo, pero la sabiduría libera al alma de sus pasiones. El buen Pedagogo, que es la Sabiduría, el Logos del Padre,

> Todos los hombres y de manera particular los que se dedican al estudio están empapados de ciertas gotas de origen divino. Por eso, aun sin quererlo, confiesan que Dios es uno, imperecedero e inengendrado, que está en cierto lugar superior sobre la bóveda del cielo, en su observatorio propio y particular en el que tiene su plenitud de ser eterno.

el creador del hombre, se cuida de la totalidad de su criatura, y cura su alma y su cuerpo como médico total de la humanidad." (*Ped.* I, 6,2).

El Logos recibe el nombre de *Protréptico* o convertidor, cuando llama a la salvación. Cuando cura y aconseja e incita al ya convertido, se le da el nombre de *Pedagogo*. "Porque el pedagogo no se ocupa de la instrucción, sino de la educación, y su fin no es enseñar, sino hacer mejor al alma, guiándola en la vida de la virtud, no en la de la ciencia, que corresponde al maestro o *didaskalios*. Evidentemente el mismo Logos es también maestro, porque enseña y revela las verdades doctrinales, pero previamente a esta labor, el Pedagogo se ocupa de la vida práctica, ordenando nuestras costumbres, interesado en llevarnos por los peldaños de nuestra salvación" (*Pedagogo*, I, 1).

La tercera parte, inconclusa, *Stromateis*, literalmente "tapices", llamada a menudo *Stromata* y traducida a veces como *Misceláneas*, es un *tejido* de comentarios bíblicos y filosóficos sobre la revelación cristiana, destinado a mostrar la relación entre la fe y la gnosis y la necesidad de un Dios revelador. "De los escritos de Clemente –dice Eusebio– tengo los ocho libros de las misceláneas, que tituló *Misceláneas de Tito Flavio Clemente acerca del conocimiento de la verdadera filosofía*. En ellas ha producido un mosaico de las divinas Escrituras y de todo lo que consideró útil de los escritos griegos. Menciona opiniones de griegos y no griegos por igual, e incluso corrige las falsas opiniones de los heresiarcas mientras incluye un gran contexto histórico, dándonos una obra de gran erudición" (*Hist. ecle.*, VI, 13).

Se ha perdido su obra *Hipotiposis* o bosquejos, mencionada por Eusebio: "En los *Bosquejos* ha dado breves explicaciones de todas las Escrituras canónicas, incluyendo incluso los escritos discutidos, esto es, la *Epístola de Judas* y las otras epístolas generales, la *Epístola de Bernabé* y el llamado *Apocalipsis de Pedro*. La *Epístola a los Hebreos* la atribuye a Pablo, pero dice que fue escrita en hebreo a los hebreos, y que fue luego cuidadosamente traducida por Lucas para los griegos" (*Hist. ecle.*, VI, 14).

Clemente demuestra en todos sus escritos una prodigiosa erudición, patente en la referencia a más de 360 autores profanos, aparte de las constantes citas bíblicas. Según sus propias afirmaciones, Clemente fue un escritor prolífico, menciona en total veintiún títulos de obras religiosas, de los cuales sólo se han conservado los mencionados anteriormente. Su concepción de las Escrituras es unitaria, frente a Marción que pretendía excluir del canon eclesiástico todo el Antiguo Testamento y parte de los escritos del Nuevo. Clemente defiende la unidad de ambos Testamentos en base en que uno es el mismo autor e inspirador de los diferentes escritos que los componen: el Espíritu Santo que habló por boca de los profetas y de los apóstoles, como demuestra suficientemente en *El Pedagogo*. Como bien apunta Ladaria, la obra de Clemente forma parte de la polémica antimarcionista, que se niega a admitir dos dioses en la Escritura, uno de la ira, correspondiente a la antigua Alianza, y otro del amor, de la nueva. Hay una sola Alianza de Dios con los hombres, desde el principio del mundo hasta el final (Luis F. Ladaria, *El Espíritu en Clemente Alejandrino*. Pub. Univ. Pontificia Comillas, Madrid 1980).

Preparación evangélica

En teología, Clemente desarrolló el pensamiento de Justino de que la filosofía puede conciliarse con la fe que, además, le aporta el bagaje intelectual necesario para dar razones suficientes a los que buscan definir el dogma y rebatir la herejía: "La claridad contribuye a la transmisión de la verdad, y la dialéctica no se deja arrollar por las herejías que se presenten" (*Strom.*, I, 20,99).

Con sus aportaciones doctrinales, Clemente se constituye en el precursor de la *preparatio evangelicae*, propedéutica o enseñanza preparatoria para recibir las verdades de la fe. "Aunque la filosofía griega no llega a alcanzar la verdad en su totalidad y, además, no tiene en sí fuerza para cumplir el mandamiento del Señor, sin embargo, prepara al menos el camino para aquella enseñanza que es verdaderamente real en el mejor sentido de la palabra, pues hace al hombre capaz de dominarse, moldea su carácter y lo predispone para la aceptación de la verdad" (*Strom.*, I, 80).

"Antes de la venida del Señor era necesaria la filosofía a los griegos para alcanzar la justicia; ahora es útil para la piedad y constituye una propedéutica necesaria para aquellos que pretender conseguir la fe mediante la demostración racional. Dios es manantial de toda verdad... Es verosímil que Dios mismo haya dado primitivamente la filosofía a los griegos antes de llamarles a ellos mismos el Señor, ya que la filosofía educaba a los griegos, al igual que la Ley a los hebreos, hacia Cristo. En verdad, la filosofía, al abrir camino, predispone al que luego es perfeccionado por Cristo" (*Strom*. I, 28, 1-4). Teocéntrico en su pensamiento, con Cristo como eje, origen y meta, Clemente deja suficientemente claro que él no está a favor de un vago sincretismo religioso, propio de la gnosis herética, porque "uno sólo es el camino de la verdad". Pero este único camino no está aislado de los presentimientos y atisbos de verdad del hombre, a modo de ruta secreta para unos cuantos privilegiados, sino que, en cuanto procede de lo alto, del Padre de las luces, y a Él conduce, "es como un río que siempre fluye y en el que desembocan afluentes cada cual de un sitio" (*Strom*., I, 29, 1-2).

Cristo, en cuanto Logos eterno del eterno Padre, es el comunicador cuya "luz verdadera alumbra a todo hombre" (Jn. 1:9). Él es el origen y la fuente única de toda verdad. Este será el convencimiento de la corriente de pensamiento cristiano posterior (Cf. Pedro Sala, *El Verbo de Dios*, CLIE, 2000). Si es bien cierto que Dios, en relación a los hebreos, les ha hablado de un modo especial en otro tiempo a los padres mediante los profetas (He. 1:1), también lo es, que Dios no ha estado sin testimonio en los restantes pueblos. "No se dejó sin testimonio, haciendo bien, dándonos lluvias del cielo y tiempos fructíferos, llenando de sustento y de alegría nuestros corazones" (Hch. 14:17). Que para los griegos el Evangelio sea locura, no impide pensar que Dios les haya otorgado la filosofía como un don que fuera entrenando los oídos de los hombres para recibir la predicación evangélica, por lo cual no tienen excusa. "Si decimos, como se admite universalmente, que todas las cosas necesarias y útiles para la vida nos vienen de Dios, no andaremos equivocados. En cuanto a la filosofía, ha sido dada a los griegos como su propio testamento, constituyendo un fundamento para la filosofía cristiana, aunque los que la practican de entre los griegos se hagan voluntariamente sordos a la verdad, ya porque menosprecian su expresión bárbara, ya también porque son conscientes del peligro de muerte con que las leyes civiles amenazan a los fieles" (*Strom*., VI, 8, 67).

La fe, criterio de conocimiento

La filosofía, que es reina en el campo de los estudios, es a la vez sierva de la sabiduría, en relación a la cual es un instrumento lógico y necesario de saber mediante la razón. En este sentido, la filosofía es sierva de la teología, que es ciencia de Dios o sabiduría de lo alto. "La filosofía contribuye a la adquisición de la sabiduría. La sabiduría es la señora de la filosofía, como ésta lo es de la propedéutica. Si, pues, la filosofía ofrece un dominio sobre la lengua, el estómago y sobre lo que está por debajo del estómago, también es deseable por sí misma, y se muestra más augusta y señora, si se practica por amor a Dios y del conocimiento (*gnosis*)" (*Strom.*, I, 30,1,2). "La fe es algo superior al conocimiento y es su criterio" (*Strom.* II, 4,15).

No se puede decir que la sabiduría (*sophia*), que se adquiere mediante el estudio de las artes liberales, sea la meta del cristiano, que aspira al conocimiento (*gnosis*) de Dios y de los hombres, sabiduría que no es susceptible de comunicación ni de demostración, porque sólo se alcanza a base de seguir con fidelidad un estilo total de vida que constituye el medio para que la *gnosis* se desarrolle. El gnóstico verdadero debe cultivar una constante sensibilización a la necesidad de un crecimiento espiritual interior, para lo cual tiene que observar moderación y templanza en la vida física; debe seguir los mandamientos de las Escrituras; mostrarse valeroso frente a las calamidades; perseverante en la oración y la contemplación; buscar la verdad de las Escrituras, la autoridad última. Los estudios académicos le equipan para la vida social e intelectual; el ejercicio espiritual proporciona mayor conciencia y sensibilidad, a la gnosis perfecta, momento en el que "toda demostración se remonta a una fe indemostrable" (*Strom.* VIII, 3).

Entre el trigo filosófico hay mucha cizaña y al sabio cristiano le corresponde examinar y juzgar cuál se ajusta a la verdad de la revelación. "En la filosofía griega, al igual que en las nueces, no todo es comestible" (*Strom.*, I, 7, 3). En este sentido la filosofía debe ser la sierva de la fe, como Agar de Sara. En esta subordinación de la filosofía a la fe consiste el carácter de la verdadera gnosis cristiana frente a la gnosis herética, que establece entre filosofía y fe la relación inversa. Clemente va a asentar el principio

> No se puede decir que la sabiduría (*sophia*), que se adquiere mediante el estudio de las artes liberales, sea la meta del cristiano, que aspira al conocimiento (*gnosis*) de Dios y de los hombres, sabiduría que no es susceptible de comunicación ni de demostración, porque sólo se alcanza a base de seguir con fidelidad un estilo total de vida que constituye el medio para que la *gnosis* se desarrolle.

gnoseológico de la gran tradición cristiana: "Creo para entender, entiendo para creer" (*Fides quarens intellectum*), que cobró tanta fuerza en Anselmo. No es la razón humana que, en cuanto tal, está condicionada y viciada por los avatares del tiempo y de la persona, sino la fe el criterio último sobre la verdad de la revelación. El alma, dice Clemente, está llena de falsos sofismas, de los que ni siquiera pretende librarse; entregar a ella el examen de la doctrina cristiana es un acto irracional. Sólo "cuando uno comienza a vivir de la fe, adquiere el juicio necesario para recibir las divinas palabras, porque posee la fe misma como criterio razonable de juicio" (*Strom.*, I, 8, 2). Luego le viene, "como sobreabundancia, la persuasión. Y eso mismo es lo que significa aquel dicho: 'Si no creéis, no comprenderéis' (Is. 7:9)" (*id.*).

Teología cordial

Entusiasta, riguroso en sus exigencias éticas, Clemente es ante todo un hombre comprensivo, afable y como tal ofrece un pensamiento *cordial*, salido del corazón, que confronta las doctrinas pero que rehúye de las disputas, "que es la peor corrupción del hombre". La fe para él no rehúye el conocimiento, sino que lo busca en amor y verdad. Tenemos ya aquí las presuposiciones básicas que van a ir moldeando la gran tradición del pensamiento cristiano, que madura en Agustín y se extiende a lo largo de los siglos. "Afirmamos que la fe no es inoperante y sin fruto, sino que ha de progresar por medio de la investigación... Hay que aguzar la vista del alma en la investigación, y hay que purificarse de los obstáculos de la emulación y la envidia, y hay que arrojar totalmente el espíritu de disputa, que es la peor de las corrupciones del hombre... Es evidente que el investigar acerca de Dios, si no se hace con espíritu de disputa, no con ánimo de encontrar, es algo que conduce a la salvación. Porque está escrito en David: 'Los pobres se saciarán, y quedarán llenos y alabarán al Señor los que le buscan, su corazón vivirá para siempre' (Sal. 22:16). Los que buscan, alaban al Señor con la búsqueda de la verdad, quedarán llenos con el don de Dios que es el conocimiento y su alma vivirá. Porque lo que se dice del corazón hay que entenderlo del alma que busca la vida, pues el Padre es conocido por medio de Hijo... y se entrega a los fieles por medio de la enseñanza. Es necesario que nos familiaricemos con Él por medio del amor divino" (*Strom.*, V, 11).

Dios es amor y se da a conocer a los que aman, del mismo modo que es fiel y se entrega a los fieles. Sólo el amor logra familiarizar el objeto conocido y la facultad que conoce en virtud de la semejanza. "Contemplad los misterios del amor y podréis contemplar el seno del Padre, que sólo su Hijo unigénito ha revelado. Porque la esencia de Dios es amor, y fue por amor que se hizo manifiesto a nosotros" (*¿Qué rico se salvará?*, 37).

Al enfatizar la necesidad de amar para conocer, y el ejercicio del amor humilde para mantenerse en el verdadero conocimiento, Clemente prestó un gran servicio al pensamiento cristiano, que unía a todos los creyentes entre sí en una misma actitud, en oposición al orgullo y la arrogancia de la escuela de los gnósticos habidos y por haber.

La revelación del Dios desconocido

El neoplatonismo era algo así como la filosofía de moda y todos, griegos y no griegos, se esforzaban en armonizar en lo posible su pensamiento con ella. Clemente admira la filosofía de Platón, en cuanto le considera más próximo al Evangelio, pero en cuanto investigador de la verdad, recoge elementos de los estoicos y otras corrientes integrándolos en la síntesis superior de la revelación. La verdad, dice, no es estoica ni platónica ni aristotélica ni epicúrea, es sólo ella misma, y es ella sola el término de validez de las diversas doctrinas, no viceversa (*Strom.*, I, 7, 37).

Dios es reconocible como causa del universo y como fundador de la conciencia moral, pero no es definible en su inalcanzable e insondable esencia. Él no es el Todo, sino el Padre –el Principio– de todas las cosas (*Strom.*, V, 12); supera toda palabra y todo pensamiento y lo que podemos saber de Él no es lo que es en sí mismo, más bien que lo que no es. Solamente por su gracia y por Cristo el Logos, que es la sabiduría, la ciencia, la verdad y, como tal, el guía de toda la humanidad, puede revelarse a nuestras mentes lo divino desconocido (*Ped.* I, 7). Dios, que es incomprensible en sí, llegamos a conocerle en su Palabra por el Logos.

Cuando le llamamos Uno, Bien, Inteligencia, Ser en sí, Padre, Dios, Creador, Señor, no le damos propiamente un nombre, sino que, no pudiendo otra cosa, hemos de usar estas apelaciones honoríficas a fin de que nuestra mente pueda fijarse en algo no errante en cualquier cosa. Cada una de estas denominaciones no es capaz de designar a Dios, aunque tomadas todas ellas en su conjunto muestran la potencia del Omnipotente.

"A Dios nadie le vio jamás, pero el Hijo unigénito, que está en el seno del Padre, le ha dado a conocer" (Jn. 1:18). Por eso, dice Clemente, algunos lo llamaron abismo, pues aunque abarca y contiene en su seno todas las cosas, es ininvestigable e indeterminable. Dios es sumamente difícil de aprehender. No tiene nombre, y aunque a veces le demos nombres, estos no se aplican en sentido estricto. "Cuando le llamamos Uno, Bien, Inteligencia, Ser en sí, Padre, Dios, Creador, Señor, no le damos propiamente un nombre, sino que, no pudiendo otra cosa, hemos de usar estas apelaciones honoríficas a fin de que nuestra mente pueda fijarse en algo no errante en cualquier cosa. Cada una de estas denominaciones no es capaz de designar a Dios, aunque tomadas todas ellas en su conjunto muestran la potencia del Omnipotente. Las descripciones de una cosa se dicen con referencia a las cualidades de la misma, o a las relaciones de ésta con otras; pero nada de esto puede aplicarse a Dios. Dios no puede ser aprehendido por ciencia demostrativa, porque ésta se basa en verdades previas y ya conocidas, pero nada es previo al que es inengendrado. Sólo queda que el Desconocido llegue a conocerse por gracia divina y por la Palabra que de Él procede" (*Strom.*, V, 12, 81).

Como supremo instructor y maestro, el Logos es también guía y norma de la conducta humana. La máxima estoica del "vivir conforme a la razón", toma en Clemente el significado de vivir conforme a la enseñanza del Hijo de Dios (*Strom.*, VII, 16).

A medida que fue disminuyendo la esperanza en la inmediata venida de Cristo y, por consiguiente, la inmediata destrucción o regeneración del mundo, se introduce en las mentes una regeneración gradual operada por la Iglesia a través de la historia con la asimilación y comprensión progresiva de la enseñanza de Cristo. Esta interpretación, ya clara en Clemente, dominará toda la obra de su discípulo Orígenes. El componente escatológico de los primeros días no desaparece, pero de algún modo su expectativa se aplaza y pasa a un segundo lugar, a medida que el tiempo pasa y las primeras comunidades marginales se van adueñando del mundo conocido. La Iglesia, pues, es la primera y evidente manifestación escatológica del Reino de Dios venidero.

Clemente abandonó Alejandría en el año 202 a causa de la persecución de Septimio Severo, dirigida especialmente contra las comunidades eclesiásticas florecientes y contra las actividades encargadas de ganar nuevos adeptos. Parece que se retiró a Capadocia, donde vivió hasta su muerte, que debió ocurrir antes del años 216, pues para esa fecha, Eusebio habla de él como ya fallecido, citando una carta de Alejandro, discípulo, obispo de Cesarea y de Jerusalén, amigo y protector de Clemente, dirigida a Orígenes, su condiscípulo: "Es la voluntad de Dios que la amistad que hemos heredado de los padres que nos precedieron, permanezca inviolada y más permanente, porque conocemos bien a aquellos padres que nos precedieron y con los que nos reuniremos antes de mucho tiempo: Panteno, mi verdaderamente bienaventurado señor, y el santo Clemente, mi señor y ayudador, y otros como ellos. Por medio de ellos llegué a conocerte, el mejor en todas las cosas, y mi señor y hermano" (*Hist. ecle.*, VI, 14).

Dios no puede ser aprehendido por ciencia demostrativa, porque ésta se basa en verdades previas y ya conocidas, pero nada es previo al que es inengendrado. Sólo queda que el Desconocido llegue a conocerse por su gracia divina y por su Palabra.

Esclavos romanos preparan el vino de un banquete.
Sin condenar el sistema esclavista, Clemente sí condena la vida de lujo y placer que lo hace necesario

La tutoría del Pedagogo

El término normalmente usado para designar al maestro era el de *didaskalos*, mientras que la palabra *paidagogos* seguía empleándose en su acepción original y clásica de sirviente que esperaba al niño para acompañarle físicamente a los distintos lugares de enseñanza. En la obra de Clemente, Cristo es presentado como el maestro de la humanidad, no en el sentido del profesor que cultiva el intelecto y las habilidades de la mente, sino como el modelo en el que el hombre halla ejemplo, preceptos, exhortaciones, reprobación y amor. El pedagogo, generalmente un esclavo, desempeñaba en la educación del niño un papel más importante que el del maestro de escuela. "Este último no es más que un técnico que se ocupa de un sector limitado del entendimiento; el pedagogo, en cambio, permanece al lado del niño durante toda la jornada, lo inicia en los buenos modales y en la virtud, le enseña a comportarse en el mundo y en la vida, lo cual es más importante que saber leer" (H. I. Marrou, *Historia de la educación en la Antigüedad*, p. 286. Madrid 1985).

En su calidad de *paidagogos* Cristo es el punto de partida del progreso del alma, la cual, manchada y corrompida por el pecado original, puede ser guiada por él hacia el progreso, la conversión y la redención final. La sentencia evangélica: "el reino de los cielos es de los niños" (Mt. 19:14), indica la naturaleza del proceso. Sólo mediante un acto de fe sencilla e infantil en Dios, y mediante la aceptación de Cristo como salvador, puede el hombre progresar hacia su propio fin. El camino pasa por el bautismo, la iluminación y la gracia que son dones gratuitos de Dios (*Ped*. I, 6), que disipan las tinieblas y ofrecen la paz.

Para Clemente el conocimiento es sinónimo de virtud, facultad del alma, que constituye el objetivo de todos los esfuerzos humanos. Hay trazas de esta concepción en la tradición platónica que, según la creencia socrática, el fin del conocimiento es la "conversión del alma" (*República*, 518). El camino que conduce al conocimiento-conversión, para Clemente, es Cristo, que llama a los hombres a hacerse como niños, metáfora que encuentra un paralelismo en las prácticas paganas expues-

---

El pedagogo, generalmente un esclavo, desempeñaba en la educación del niño un papel más importante que el del maestro de escuela. "Este último no es más que un técnico que se ocupa de un sector limitado del entendimiento; el pedagogo, en cambio, permanece al lado del niño durante toda la jornada, lo inicia en los buenos modales y en la virtud, le enseña a comportarse en el mundo y en la vida, lo cual es más importante que saber leer."

tas por el pseudo-Plutarco (*La educación de los niños*). Dios obra con el hombre como si de un niño se tratara, con amor y reprobación. La reprobación constituye para Clemente la cirugía de las pasiones del alma: el miedo y la exhortación conducen a fines positivos, al promover el respeto y la reverencia. Dado que el camino del conocimiento se basa en la simplicidad –ser como niños– para el cristiano que busca la salvación resulta vital seguir en su vida cotidiana un régimen claramente definido, del cual se ocupa la obra del *Pedagogo*. Consiste, esencialmente, en moderación y templanza, tanto en lo que respecta a la alimentación como al vestido, en el hablar e incluso en los enseres del hogar.

El *Pedagogo* supuso un cambio muy profundo en la evolución del concepto de educación por cuanto la noción del sirviente-acompañante se transformó en la de guía, confundiéndose a su vez con la función del maestro propiamente dicho. No obstante, el *Pedagogo* aborda tan sólo dos temas principales: la necesidad de fe en Cristo y los preceptos de simplicidad en el estilo de vida. Todo parece indicar que Clemente tenía intención de componer una tercera obra titulada *El Maestro*, y que estaría dedicada al nivel superior de la instrucción religiosa o teológica. Era preciso enfrentarse de algún modo con las tradiciones intelectuales y educativas: la definición que Clemente da del conocimiento es sencilla y grandiosa, pero su misma simplicidad exigía ulteriores explicitaciones si la apologética del autor había de conseguir los efectos que se proponía. Clemente se movía principalmente en el seno de una comunidad intelectual, y si los consejos del *Pedagogo* se adaptaban muy bien a las necesidades y las capacidades del pueblo llano, resultaban en cambio claramente insuficientes para la minoría ilustrada e influyente cuya adhesión y cuyo apoyo era indispensable ganarse para logar una mayor implantación e institucionalización de la nueva fe. El propio Clemente reconoce que se trataba de un problema de reconciliación de la tradición clásica con el cristianismo, el problema de descubrir en el modelo establecido del proceso educativo –la *enkyklios paideia*– un medio para el desarrollo y evolución posteriores del estilo cristiano (cf. James Bowen, *op. cit.*, cap. X).

Cristo, modelo perfecto

¿Qué es lo que el Pedagogo ofrece? Ante todo un modelo de vida auténtica, que no es otro que la imagen misma de Cristo grabada en los creyentes, como corresponde a aquel que ha creado al hombre, pues Cristo es Dios y, como tal, es Creador del mundo.

¿Qué es lo que el Pedagogo ofrece? Ante todo un modelo de vida auténtica, que no es otro que la imagen misma de Cristo grabada en los creyentes, como corresponde a aquel que ha creado al hombre, pues Cristo es Dios y, como tal, es Creador del mundo. "Su carácter no es demasiado severo, ni demasiado blando por su bondad. Manda, pero lo hace de manera que podamos cumplir sus mandamientos. Fue Él mismo, en mi opinión, quien modeló al hombre con el polvo de la tierra, lo regeneró con el agua, lo ha hecho crecer por el Espíritu, lo educó con la palabra, dirigiéndolo con santos preceptos a la adopción de hijo y a la salvación, para transformar finalmente al hombre terrestre en un hombre santo y celestial, y se cumpla así plenamente la palabra de Dios: "Hagamos al hombre a nuestra imagen y semejanza" (Gn. 1:26). Cristo ha sido la realización plena de lo que Dios había dicho; los demás hombres, en cambio, se parecen a Dios sólo según su imagen. Nosotros, hijos de un Padre bueno, alumnos de un buen Pedagogo, cumplamos la voluntad del Padre, escuchemos al Logos e imprimamos en nosotros la vida realmente salvadera de nuestro Salvador. Viviendo, ya desde ahora en la tierra, la vida celestial que nos diviniza, unjámonos con el óleo de la alegría, siempre viva, y con el perfume de la pureza, contemplando la vida del Señor como un ejemplo radiante de incorruptibilidad y siguiendo las huellas de Dios. A Él sólo corresponde el cuidado –en el que se emplea a fondo– de ver cómo y de qué forma puede mejorar la vida de los hombres (*Ped.*, I, 98.1-3).

En la educación que Cristo ofrece se cumple el viejo anhelo de asemejarse a Dios, mediante el camino de la paz.

En la educación que Cristo ofrece se cumple el viejo anhelo de asemejarse a Dios, mediante el camino de la paz. "Para la guerra hay que hacer muchos preparativos, y una vida de bienestar necesita abundantes provisiones; mas la paz y el amor, hermanas sencillas y tranquilas, no necesitan armas ni provisiones extraordinarias; su alimento es el Logos; el Logos que tiene la misión de guiarnos y educarnos; de Él aprendemos la simplicidad, la modestia, todo el amor a la libertad, a los hombres y al bien. Sólo por el Logos y la práctica de la virtud nos hacemos semejantes a Dios. Pero, tú, trabaja sin desmayo, pues llegarás a ser como no esperas, ni puedes llegar a imaginar. Así como hay un estilo de vida propio de los filósofos, otro, de los rétores, otro, de los luchadores, así también hay una noble disposición del alma, que corresponde a la voluntad amante del bien y que es consecuencia de la pedagogía de Cristo. Tal educación confiere a nuestro comportamiento una radiante nobleza que alcanza hasta a las acciones materiales: marcha, reposo, alimento, sueño, lecho, dieta, y demás aspectos de la vida, pues la formación que nos imparte el Logos es de tal naturaleza que no conduce al exceso, sino a la moderación" (*Ped.*, I, 99.1).

En muchas ocasiones, en lo que se refiere a la moral, Clemente interpreta los textos bíblicos a la luz de su momento histórico y de su educación o formación filosófica, especialmente platónica y estoica, en lugar de dejar que la Biblia arroje luz sobre sus ideas, o simplemente, permitir que ella misma hable. El fácil recurso a la alegoría le impide tomarse seriamente el significado original de la Escritura. Este será siempre uno de los grandes problemas de la exégesis y de la hermenéutica, al que cada vez se le va prestando más atención, sin que se pueda decir que hemos llegado a una solución satisfactoria, pues el intérprete está tan sumergido en los prejuicios de su época como el pez en el agua, de modo que le pasan inadvertidos por inconscientes. Sólo la crítica y la reflexión sobre sus criterios de juicio pueden hacerle consciente de sus falsas presuposiciones.

Escultura de bronce con un tocado de moda en la sociedad romana

> En todo el rigorismo moral de Clemente, que en ocasiones podemos calificar de puritanismo, se revela una fuerte preocupación social, un verdadero sentimiento de solidaridad con los menos afortunados de la sociedad, sobre cuyo tratamiento injusto se alzan las clases privilegiadas. El afán de oro, plata, perlas y piedras preciosas se consigue a costa de una multitud de esclavos que trabajan en las minas, en lo profundo de la tierra y de los mares, para complacencia de unos pocos.

Las recomendaciones de Clemente sobre el vestido y peinado de las mujeres son un comentario, una glosa a pasajes bíblicos que hoy nos resultan poco simpáticos, en los que naturalmente, hay mucho de prejuicio de la época, pero también una evidente preocupación por la salud espiritual de los creyentes, que fácilmente se dejan apartar de los senderos de la justicia llevados por el amor al lujo y la comodidad, confundiendo la aprobación del mundo y de los semejantes con la aprobación de Dios, que busca la sencillez de costumbres y la generosidad de un corazón dadivoso, como corresponde a los que han experimentado la gracia. "De gracia recibisteis, dad de gracia" (Mt. 10:8) Lo que en esta obra condena Clemente es la artificiosidad del peinado femenino, muy semejante a Pedro, cuando dice: "El adorno de las cuales no sea exterior con ostentación del cabello" (1ª P. 3:3). Otro tanto dice Pablo: "Asimismo también las mujeres, ataviándose en hábito honesto, con vergüenza y modestia; no con cabellos ostentosos, u oro, o perlas, o vestidos costosos" (2ª Ti. 2:9).

Además, en todo el rigorismo moral de Clemente, que en ocasiones podemos calificar de puritanismo, se revela una fuerte preocupación social, un verdadero sentimiento de solidaridad con los menos afortunados de la sociedad, sobre cuyo tratamiento injusto se alzan las clases privilegiadas. El afán de oro, plata, perlas y piedras preciosas se consigue a costa de una multitud de esclavos que trabajan en las minas, en lo profundo de la tierra y de los mares, para complacencia de unos pocos. Es la sangre de los pobres la que alimenta el lujo de los ricos; lujo (*luxu*) que no es sino lujuria (*luxuria*), en su raíz etimológica y moral. En este punto, también el cristianismo estaba introduciendo una revolución silenciosa, una democratización de la misericordia que se extendía no sólo a los de la propia raza, sangre o ciudad, sino a todos los seres humanos. Clemente llega incluso a aconsejar a los ricos señores y señoras, acostumbrados a rodearse de un amplio cortejo de sirvientes para comer, bañarse o pasear en litera, que realicen estas tareas personales por sí mismos, porque el que está sano "no debe tratar a los esclavos como si fuesen bestias de carga" (*Ped.* I, 74.1).

Nota bibliográfica

Obras de Clemente de Alejandría en castellano:
–*Protréptico*. Trad. Mª Consolación Isart Hernández. Gredos, Madrid, 1994.
–*El pedagogo*. Trad. Joan Sariol Díaz. Gredos, Madrid 1998, 2ª ed.
–*El pedagogo*. Edición bilingüe griego-española preparada por Marcelo Merino y Emilio Redondo. Ciudad Nueva, Madrid 1994.
–*Stromata*. I-III. Edición bilingüe griego-española preparada por Marcelo Merino Rodríguez. Ciudad Nueva, Madrid 1996-1998.

ALFONSO ROPERO

Libro I
La obra del pedagogo

1

Lo que el Pedagogo promete

1.1 Hemos establecido en nosotros mismos, mis pequeños, una base de verdad, un fundamento inquebrantable de gnosis para el sagrado templo del gran Dios; una bella exhortación, un ferviente deseo de vida eterna que se alcanza por obediencia racional y que está enraizada en el seno de la inteligencia.

Tres cosas que hay en el hombre: sus hábitos, sus acciones y sus pasiones, el Logos protréptico[1] se ha encargado de sus hábitos. Como guía de la religión que es, está subyacente al edificio de la fe, a la manera de la quilla de un barco. Gracias a Él renunciamos gozosos de nuestras viejas creencias, y nos rejuvenecemos para alcanzar la salvación, cantando con el profeta: "Ciertamente bueno es Dios a Israel, a los limpios de corazón" (Sal. 73:1).[2]

2. Un Logos dirige también nuestras acciones: el Logos *Consejero*; y un Logos cura nuestras pasiones: el Logos *Consolador*. Pero es siempre el mismo y único Logos, el que arranca al hombre de las costumbres mundanas en que vivía y lo conduce a la única salvación de la fe en Dios.

3. El Logos, el guía celeste, recibía el nombre de *Protréptico* al exhortarnos a la salvación; éste es el título específico que recibe el Logos cuando se encarga de estimularnos a la conversión, tomando el todo el nombre de la parte; toda religión es, en efecto, *protréptica* [estimulante], ya que genera en la mente la apetencia de la vida presente y de la futura.[3]

4. Pero ahora, actuando a la vez en calidad de terapeuta y de consejero, aconseja al que previamente ha convertido y, lo que es más importante, promete la curación de nuestras pasiones. Hemos de darle, pues, el único

---

Tres cosas que hay en el hombre: sus hábitos, sus acciones y sus pasiones, el Logos *protréptico se ha encargado de sus hábitos. Un Logos dirige también nuestras acciones: el Logos Consejero; y un Logos cura nuestras pasiones: el Logos Consolador. Pero es siempre el mismo y único Logos, el que arranca al hombre de las costumbres mundanas en que vivía y lo conduce a la única salvación de la fe en Dios.*

---

[1] Estimulador, persuasivo, incentivo que impulsa hacia la vida eterna.

[2] Clemente cita la versión griega de los Setenta, en nuestro caso citaremos la Reina-Valera, a menos que indiquemos lo contrario.

[3] La primera gran obra de Clemente lleva por título el *Protréptico*, que es una exhortación a los griegos a convertirse al Evangelio, como parte de una trilogía literaria, de la que el *Pedagogo* es la segunda parte y *Stromata*, la tercera.

nombre que naturalmente le corresponde: el de *Pedagogo*. El Pedagogo es educador práctico no teórico; su objetivo es la mejora del alma, no la enseñanza; es guía de una vida virtuosa, no erudita.

2.1. El mismo Logos es también maestro, pero no lo es todavía. El *Logos* maestro expone y revela las verdades doctrinales; el *Pedagogo*, en cambio, en tanto que práctico, nos ha exhortado primero a llevar una vida moral, y luego nos incita a poner en práctica nuestros deberes, dictando los preceptos que deben guardarse intactos y poniendo ante los ojos de la posteridad el ejemplo de quienes antes han errado en su camino.[4]

2. Ambos métodos son altamente eficaces: uno –el *parenético*–[5] conduce a la obediencia; el otro, que procede con ejemplos, también es doble, de modo semejante a la primera copia: el primero consiste en que lo imitemos eligiendo el bien; el otro, en que nos apartemos de la parte mala del ejemplo rechazándola.

3.1 De esto se sigue la curación de las pasiones. El Pedagogo fortalece el alma con ejemplos consoladores y, como si de dulces remedios se tratara, con sus preceptos, llenos de calor humano, cuida a los enfermos conduciéndoles hacia el perfecto conocimiento de la verdad. La salud y la ciencia no son lo mismo; la salud se obtiene por la curación, la ciencia, en cambio, por el estudio.

2. Un enfermo no podría asimilar nada de las enseñanzas hasta que no estuviera completamente curado; la prescripción que se dicta a los discípulos no tiene el mismo sentido que la que se da a los enfermos: a los primeros, se les administra para conducirles a la gnosis; a los segundos, para su curación.

3. Así como los enfermos del cuerpo necesitan un médico, del mismo modo los enfermos del alma precisan de un Pedagogo que sane las pasiones. Luego acudiremos al maestro, que nos guiará en la tarea de purificar nuestra

---

[4] La distinción entre *pedagogo* y *maestro* es propia del estoicismo, según aparece en Séneca. El pedagogo enseña la moral práctica, el vivir conforme a la luz de la sabiduría, el maestro, en cambio, introduce en las razones del dogma.

[5] Apto, propio para exhortar.

alma para acoger la gnosis y así sea capaz de recibir la revelación del Logos. De esta manera, el Logos, que ama plenamente a los hombres, solícito de que alcancemos gradualmente la salvación, realiza en nosotros un hermoso y eficaz programas educativo: primero, nos exhorta; luego, nos educa como un pedagogo; finalmente, nos enseña.

Así como los enfermos del cuerpo necesitan un médico, del mismo modo los enfermos del alma precisan de un Pedagogo que sane las pasiones.

2

El Pedagogo nos dirige por causa de nuestros pecados

Nuestro Pedagogo es semejante a Dios, su Padre, es el Dios sin mancha en forma de hombre. Él es para nosotros modelo sin defecto; debemos procurar con todas nuestras fuerzas que nuestra alma se le parezca. Él está totalmente libre de pasiones humanas y por esto es el único juez, por ser el único impecable. Nosotros, en cambio, debemos esforzarnos por pecar lo menos posible.

4.1. Nuestro Pedagogo, hijos míos, es semejante a Dios, su Padre, de quien es precisamente Hijo, sin pecado ni reproche y sin pasiones[6] en su alma, es el Dios sin mancha en forma de hombre,[7] servidor de la voluntad del Padre,[8] el Logos-Dios, que está en el Padre, que está a la derecha del Padre,[9] Dios también por su figura.[10]

2. Él es para nosotros modelo sin defecto; debemos procurar con todas nuestras fuerzas que nuestra alma se le parezca. Él está totalmente libre de pasiones humanas y por esto es el único juez, por ser el único impecable. Nosotros, en cambio, debemos esforzarnos por pecar lo menos posible, pues nada es tan importante como alejarnos, en primer lugar, de las pasiones y debilidades, y evitar después la recaída en los malos hábitos.

3. Lo mejor es no cometer de ningún modo la más leve falta: lo que afirmamos, ciertamente, ser exclusivo de Dios; en segundo lugar, no cometer ningún tipo de pecado deliberado, lo que es propio del sabio; en tercer lugar, no caer en demasiadas faltas involuntarias, lo que es propio de los que reciben una educación genuina. Finalmente, hemos de esforzarnos por permanecer en el pecado el menor tiempo posible, ya que es saludable que los que han sido llamados a la conversión renueven su lucha constantemente.

5.1. Me parece que el Pedagogo habló muy bien por boca de Moisés: "Si alguno muriere muy de repente junto a Él, contaminará la cabeza de su nazareato; por tanto el

---

[6] "Sin pasiones". Clemente aplica a Cristo la nota característica de la divinidad: la *apatheia*, que no se ajusta a la imagen de la misma en la Biblia, aunque ambos se mueven en universos de significado diferentes.

[7] Cf. Fil. 2:7: "Tomando forma de siervo, hecho semejante a los hombres".

[8] Cf. Jn. 6:38: "He descendido del cielo, no para hacer mi voluntad, mas la voluntad del que me envió".

[9] Cf. Hch. 7:55: "Puestos los ojos en el cielo, vio la gloria de Dios, y a Jesús que estaba a la diestra de Dios"; He. 1:3.

[10] Cf. Fil. 2:6: "Siendo en forma de Dios".

día de su purificación raerá su cabeza" (Nm. 6:9). Al decir "muy de repente", se refiere al pecado involuntario. Y dice que mancha, porque ensucia el alma. Por eso sugiere el remedio de que se rasure rápidamente la cabeza; y exhorta a cortar los cabellos de la ignorancia que oscurecen la razón, para que, al quedar libre de la densa espesura que es el mal, la razón, que tiene su sede en el cerebro, retorne al arrepentimiento.

2. Después añade: "Los días precedentes carecían de razón";[11] esto se refiere claramente a los pecados cometidos sin intervenir la razón. A la falta involuntario la llamó "muerte repentina"; al pecado, un acto "sin razón". Por eso el Logos-Pedagogo tiene la misión de dirigirnos, para apartarnos del pecado, que es un acto irracional.

3. Considera ahora este pasaje de la Escritura: "Por tanto, así ha dicho el Señor" (Jr. 7:20). En el pasaje que sigue se pone claramente de manifiesto lo que es el pecado anterior, ya que sigue el justo juicio; esto está muy claro por lo que dicen los profetas: Si no hubieses pecado, no habrías sido objeto de estas amenazas,[12] y por eso, "he aquí lo que dice el Señor" (Jr. 7:32; 16:14); o bien "puesto que no habéis escuchado estas palabras, he aquí lo que dice el Señor".[13] Éste es, sin duda, el motivo de la profecía: la obediencia y la desobediencia; si practicamos la primera, seremos salvos, y si caemos en la segunda, seremos educados.

El Logos, médico del alma

6.1. Así que el Logos, nuestro Pedagogo, es, por sus exhortaciones, médico que cura las afecciones antinaturales de nuestra alma. La curación de las enfermedades del cuerpo se llama propiamente medicina, y es un arte que enseña la sabiduría humana. Pero el Logos del Padre es el único médico de las debilidades humanas; es el médico

El Logos-Pedagogo tiene la misión de dirigirnos, para apartarnos del pecado, que es un acto irracional. Nuestro Pedagogo es, por sus exhortaciones, médico que cura las afecciones antinaturales de nuestra alma. El Logos del Padre es el único médico de las debilidades humanas; es el médico y el santo ensalmador del alma enferma.

---

[11] Según la traducción griega de los Setenta que difiere del texto hebreo: "Los días primeros serán anulados" (RV).

[12] Cf. Is. 30:12, 13: "Porque desechasteis esta palabra, y confiasteis en violencia y en iniquidad, y en ello os habéis apoyado; por tanto os será este pecado como pared abierta que se va a caer".

[13] Cf. Jr. 25:8: "Por tanto, así ha dicho Jehová de los ejércitos: Por cuanto no habéis oído mis palabras".

La medicina, según Demócrito, cura las enfermedades del cuerpo, pero la sabiduría libera al alma de sus pasiones. Pero el buen Pedagogo, que es la Sabiduría, el Logos del Padre, el creador del hombre, cuida de la totalidad de su criatura, y cura su alma y su cuerpo como médico total del género humano. Cura al alma en sí misma por medio de sus preceptos y de sus gracias.

y el santo ensalmador del alma enferma. Así dice: "Salva tú, oh Dios mío, a tu siervo que en ti confía. Ten misericordia de mí, oh Señor, porque a ti clamo todo el día" (Sal. 86:2, 3).

2. La medicina, según Demócrito, cura las enfermedades del cuerpo, pero la sabiduría libera al alma de sus pasiones. Pero el buen Pedagogo, que es la Sabiduría, el Logos del Padre, el creador del hombre, cuida de la totalidad de su criatura, y cura su alma y su cuerpo como médico total del género humano.

3. El Salvador dice al paralítico: "Levántate, toma tu lecho y vete a casa" (Mt. 9:6; Mr. 2:11; Lc. 5:24). Y, al punto, el que estaba sin fuerzas, recuperó su fuerza. Y al muerto le dijo: "Lázaro, sal fuera" (Jn. 11:43); y el muerto salió de su tumba, tal como estaba antes de morir, preparándose así para la resurrección.

4. Cura igualmente al alma en sí misma por medio de sus preceptos y de sus gracias. Pero para que el alma sea curada con los consejos invierte quizá más tiempo, pero, generoso en gracias, nos dice a nosotros pecadores: "Tus pecados te son perdonados" (Lc. 5:20, 23; 7:47,48).

5. Nosotros, por un acto simultáneo a su pensamiento, nos convertimos en niños, y recibimos de su poder ordenador el rango más privilegiado y seguro. Este poder ordenador estableció, en primer lugar, el mundo y el cielo, las órbitas del sol y del curso de los demás astros, y todo ello en función del hombre; luego se ocupa del hombre mismo, en el cual despliega toda su solicitud.

6. Considerando al hombre como su obra maestra, puso su alma bajo la dirección de la prudencia y de la inteligencia y dotó al cuerpo de belleza y armonía, e inspiró en las acciones humanas la rectitud y la belleza que se deriva del orden.

3

El Pedagogo ama al hombre

7.1. El Señor, como hombre y como Dios, nos envía toda clase de ayudas y beneficios. Como Dios, perdona nuestros pecados; como hombre, nos educa para no caer en ellos. Es natural que Dios ame al hombre, porque es su criatura. Dios hizo las otras criaturas con una simple orden; al hombre, en cambio, lo ha modelado con sus propias manos (Gn. 2:7) y le ha infundido algo propio de Él (Gn. 1:26).[14]

2. Esta criatura, que ha sido creada por Dios a imagen suya y modelada a imagen suya, o bien la ha creado por ser en sí misma amable,[15] o la ha modelado por ser digna amable en razón de otra cosa.

3. Si el hombre es amable por sí mismo, Dios, que es bueno, ha amado a este ser bueno; y el especial atractivo del hombre está en su mismo interior; precisamente por eso lo denomina *soplo* de Dios.[16]

Mas si el hombre es amable por razón de otras cosas, Dios no tendría otro motivo para crearlo [que esas cosas]; pensaba que sin el hombre no hubiera podido manifestarse su bondad de Creador, y sin las criaturas tampoco el hombre hubiera podido alcanzar la gnosis de Dios. Es decir, si el hombre no hubiera existido, Dios no habría creado las otras cosas que fueron creadas en razón de que el hombre existe; y Dios manifestó plenamente, pues la mantenía oculta, su capacidad mediante el poder de crear hacia fuera, hallando en el hombre el motivo para crearlo; vio lo que tenía, y el hombre llegó a ser lo que Dios quiso. Y es que nada hay que Dios no pueda hacer.

> Es natural que Dios ame al hombre, porque es su criatura. Dios hizo las otras criaturas con una simple orden; al hombre, en cambio, lo ha modelado con sus propias manos y le ha infundido algo propio de Él.

---

[14] El alma procede de Dios de un modo distinto a como proceden las demás cosas; hay en ella algo de "divino", aunque no en el estricto sentido de la palabra. No hay una relación *natural* entre el hombre y Dios, como enseñaban los falsos gnósticos, sino *creatural*.

[15] *Amable*, digno de ser amado, en sentido distinto a carácter afable o complaciente.

[16] Clemente establece así una relación dinámica, no substancial, entre Dios y el hombre, que Agustín expresa en su conocida frase: "Nos hiciste, Señor, para ti y nuestro corazón está inquieto hasta que descanse en ti" (*Confesiones* I, 1. CLIE, 2001).

Debemos corresponder con el amor a quien amorosamente nos guía hacia una vida mejor y vivir de acuerdo con lo que su voluntad dispone, no sólo limitándose a cumplir lo que manda y evitar lo que prohíbe, sino también apartándonos de ciertos ejemplos e imitando otros lo mejor que podamos, a fin de realizar por imitación las obras del Pedagogo, para que así se cumpla aquello de *a imagen y semejanza*.

8.1. Así pues, el hombre que Dios ha creado es digno de ser amable por sí mismo; ahora bien, lo que por sí mismo es amable está emparentado con Aquel para quien es amable por sí mismo, y, por tanto, es también aceptado y amado por él. Pero, ¿puede algo ser digno de amor para alguien sin ser amado por él? El hombre, según hemos visto, es un ser digno de ser amado; por consiguiente, el hombre es amado por Dios.

2. ¿Cómo no va a ser amado aquel por quien el Unigénito, el Logos de nuestra fe, ha descendido desde el seno del Padre?[17] El Señor, que, ciertamente, es la fe salvadora, lo afirma cuando dice: 'El mismo Padre os ama, porque vosotros me amasteis" (Jn. 16:27); y, de nuevo: "los has amado, como también a mí me has amado" (Jn. 17:23).

3. ¿Qué desea, pues, y qué nos promete el Pedagogo? Con sus obras y sus palabras nos manda lo que debemos hacer y nos prohíbe lo que debemos evitar; todo está muy claro. En cuanto al otro género literario, el didascálico,[18] es un lenguaje sutil, espiritual, de notable precisión, el propio de la contemplación más elevada. Pero, de momento, vamos a dejarlo al margen.

9.1. Debemos corresponder con el amor a quien amorosamente nos guía hacia una vida mejor y vivir de acuerdo con lo que su voluntad dispone, no sólo limitándose a cumplir lo que manda y evitar lo que prohíbe, sino también apartándonos de ciertos ejemplos e imitando otros lo mejor que podamos, a fin de realizar por imitación las obras del Pedagogo, para que así se cumpla aquello de *a imagen y semejanza*.

2. Aprisionados en esta vida como en una gran penumbra, necesitamos un guía infalible y seguro. Y, como dice la Escritura, no es el mejor guía el ciego que lleva de la mano a otros ciegos hacia el precipicio (Mt. 15:14; Lc. 6:39), sino el Logos, cuya mirada penetrante llega hasta el fondo los corazones.[19]

---

[17] Cf. Jn. 1:18: "El unigénito Hijo, que está en el seno del Padre".
[18] Didáctico.
[19] Cf. Ro. 8:27: "Mas el que escudriña los corazones, sabe cuál es el intento del Espíritu, porque conforme a la voluntad de Dios, demanda por los santos".

3. Así como no hay luz que no alumbre, ni objeto en movimiento que no se mueva, ni amante que no ame, tampoco hay bien que no nos sea provechoso y que no nos conduzca a la salvación.

4. Amemos, pues, con obras los mandamientos del Señor. El Logos, al encarnarse, ha dejado bien claro que la virtud es a la vez teórica y práctica. Si tomamos el Logos como ley, comprobaremos que sus mandamientos y enseñanzas son camino corto y rápido que nos llevarán a la eternidad, pues sus mandatos se han de cumplir por convencimiento y no por temor.[20]

Amemos con obras los mandamientos del Señor. El Logos, al encarnarse ha dejado bien claro que la virtud es a la vez teórica y práctica. Si tomamos el Logos como ley, comprobaremos que sus mandamientos y enseñanzas son camino corto y rápido que nos llevarán a la eternidad, pues sus mandatos se han de cumplir por convencimiento y no por temor.

---

[20] Cf. 1 Jn. 4:18: "En amor no hay temor; mas el perfecto amor echa fuera el temor: porque el temor tiene pena. De donde el que teme, no está perfecto en el amor".

4

El Logos es igualmente pedagogo de hombres y de mujeres

10.1. Pues bien, abracemos con más fuerza esta bella obediencia y entreguémonos al Señor, agarrándonos al sólido cable de la fe en Él, sabiendo que la virtud es la misma para el hombre que para la mujer.[21]

2. Porque si uno es el mismo Dios para los dos, también hay un único Pedagogo para ambos. Sólo hay una Iglesia, una misma modestia, un mismo pudor: el alimento es común y común el vínculo matrimonial. La respiración, la vista, el oído, el conocimiento, la esperanza, la obediencia y el amor, todo es igual. Los que tienen en común la vida tienen también en común la gracia y la salvación; y, en común también, la virtud y la educación.

3. "En esta vida –se nos dice– toman mujer y se casan" (Lc. 20:34; Mt. 22:30; Mr. 12:25); sólo aquí en la tierra se distingue la mujer del varón, pero no así en la otra vida (Lc. 20:35); en el otro mundo, los premios merecidos por esta vida común y santa del matrimonio no son exclusivos del varón o de la mujer, sino de la persona, una vez liberada de la concupiscencia que la divide en dos categorías distintas.

11.1. El término "hombre" es común al varón y a la mujer. A juzgar por el testimonio del autor cómico, Menandro, parece que los áticos usaban indistintamente el nombre de "niñito" (*paidárion*), para referirse al niño y a la niña; así, en su obra *La azotada* dice:

hijita mía... , porque el niñito siente,
por naturaleza, un especial amor al hombre

2. "Corderos" (*árnes*) es el nombre común por simplicidad del macho y de la hembra; y el Señor es "nuestro pastor" (Sal. 23:1) por todos los siglos, amén. "Sin el pastor no deben vivir ni las ovejas ni cualquier otro animal, ni los niños sin el pedagogo, ni los criados sin su amo".[22]

---

[21] Gá. 3:28: "No hay judío, ni griego; no hay siervo, ni libre; no hay varón, ni hembra: porque todos vosotros sois uno en Cristo Jesús".
[22] Platón, *Las Leyes*, VII, 808.

5

Todos los que están en la verdad son niños ante Dios

12.1. Resulta claro que la pedagogía es, según se desprende de su mismo nombre, la educación de los niños. Pero queda por considerar quiénes son estos niños a los que alegóricamente se refiere la Escritura, y luego asignarles un pedagogo. Esos niños somos nosotros. La Escritura nos celebra de muchas maneras, y nos llama alegóricamente con diversos nombres para dar a entender la simplicidad de la fe.

2. Por ejemplo, en el Evangelio se dice: "El Señor, deteniéndose en la orilla del mar junto a sus discípulos –que se hallaban pescando–, les dijo: Niños, ¿tenéis algo de comer?" (Jn. 21:5). Llama "niños"[23] a hombres que ya son discípulos.

3. "Y le presentaban niños, para que los bendijera con sus manos, y, ante la oposición de sus discípulos, Jesús dijo: Dejad a los niños que se acerquen a mí y no les impidáis, pues de los que son como niños es el reino de los cielos" (Mt. 19:14).

4. El significado de estas palabras lo aclara el mismo Señor, cuando dice: "Si no os convertís y os hacéis como niños, no entraréis en el Reino de los cielos" (Mt. 18:3). Aquí no se refiere a la regeneración, sino que nos recomienda imitar la simplicidad de los niños.

5. El Espíritu profético nos considera también niños: Dice: "Los niños, habiendo cortado ramas de olivo y de palmera, salieron al encuentro del Señor gritando: Hosanna al Hijo de David, bendito el que viene en nombre del Señor" (Jn. 12:12; Mt. 21:9).[24] La luz, la gloria y la alabanza sean, con súplicas, para el Señor, he aquí lo que parece significar, en la lengua griega, el *Hosanna*.

---

[23] *Mozos* en la versión Reina-Valera.
[24] Clemente compone con frecuencia una frase de la Escritura tomando términos que se encuentran en diversos lugares de la misma. En todo busca siempre el sentido más que la literalidad del texto, que deja para las cuestiones controversiales.

El Señor, en el Evangelio, estimula a sus discípulos para que le presten atención, porque ya le urge ir hacia el Padre; intenta despertar en sus oyentes un deseo más intenso, revelándoles que dentro de poco va a partir, y les muestra la necesidad de recoger los frutos abundantes de la verdad, mientras el Logos aún no haya subido al cielo.

13.1. Me parece que la Escritura cita alegóricamente la profecía que acabo de mencionar, para reprochar a los negligentes: "¿No habéis leído nunca que de la boca de los niñitos y lactantes sacaste alabanza?" (Mt. 21:16; Sal. 8:2).

2. También el Señor, en el Evangelio, estimula a sus discípulos para que le presten atención, porque ya le urge ir hacia el Padre; intenta despertar en sus oyentes un deseo más intenso, revelándoles que dentro de poco va a partir, y les muestra la necesidad de recoger los frutos abundantes de la verdad, mientras el Logos aún no haya subido al cielo.

3. De nuevo los llama "niños" diciéndoles: "Niños, yo estaré poco tiempo entre vosotros";[25] y, de nuevo, compara con el Reino de los cielos "a los niños que están sentados en las plazas públicas y que dicen: para vosotros tocamos la flauta, mas no bailasteis; nos lamentamos, mas no os golpeasteis el pecho" (Mt. 11:16-17; Lc. 7:32), y prosiguió con otras parecidas palabras.

4. Pero no es el Evangelio el único que habla así; los textos proféticos hablan de la misma manera. Por ejemplo, David dice: "Alabad, niños,[26] al Señor, alabad el nombre del Señor" (Sal. 113:1); dice también por medio de Isaías: "Heme aquí con los niños[27] que me confió el Señor" (Is. 8:18).

14.1. ¿Te sorprende oír que el Señor llame "niños" a quienes los paganos llaman hombres? Me parece que no comprendes bien la lengua ática, en la que se puede observar que aplica el nombre de "niñas" (*paidískai*) a hermosas y lozanas muchachas de condición libre; y el de "niñitas" (*paidiskária*), a las esclavas jóvenes; gozan de estos diminutivos por estar en la flor de su juventud.

2. Cuando el Señor dice: "Que mis corderos[28] sean colocados a mi derecha" (Mt. 25:33), alude simbólicamente a los sencillos y a los que son de la misma condición que los niños, como los corderos, no a los adultos, como los carneros; y si muestra su predilección por los corderos, es porque prefiere en los hombres la delicadeza y la sencillez

---

[25] "Hijitos, aun un poco estoy con vosotros" (Jn. 13:33, RV).
[26] "Siervos" es palabra empleada en Reina-Valera.
[27] "Hijos" en la versión Reina-Valera.
[28] "Ovejas", en Reina-Valera.

de espíritu, la inocencia. Asimismo, cuando dice: "terneros lactantes",[29] se refiere a nosotros alegóricamente; lo mismo que cuando afirma: "como una paloma inocente y sin cólera".[30]

3. Cuando, por boca de Moisés, ordena ofrecer "dos crías de palomas o una pareja de tórtolas" para la expiación de los pecados (Lv. 5:11; 12:8; 14:22), está indicando que la inocencia de las criaturas tiernas, al igual que los niños inocentes que carecen de resentimiento, es agradable a los ojos de Dios, y da a entender que lo semejante purifica a lo semejante; pero también que la timidez de las tórtolas simboliza el temor al pecado.

4. La Escritura atestigua que nos da el nombre de "polluelos": "Como la gallina junta sus pollos debajo de las alas" (Mt. 23:37), esto mismo somos nosotros: los polluelos del Señor. De esta forma tan admirable y mística el Logos asimila la simplicidad del alma a la condición de niño.

5. Una vez nos llama "niños"; otras, "polluelos"; otras, "niños de pecho"; otras, "hijitos"; a menudo, "nuevas criaturas", y, en ocasiones, "un pueblo joven" y "un pueblo nuevo". Y dice: "A sus siervos llamará por otro nombre" (Is. 65:15);[31] llama "nombre nuevo" a lo reciente y eterno, puro y simple, infantil y verdadero. "Y este nombre será bendito en la tierra" (Is. 65:16).

15.1. Otras veces nos llama alegóricamente "potros", porque desconocen el yugo del mal y no han sido domados por la maldad. Son simples y sólo dan brincos cuando se dirigen a su padre, no son "los caballos que relinchan ante las mujeres de los vecinos, como los animales bajo yugo y alocados" (Jr. 5:8),[32] sino los libres y nacidos de nuevo (Jn. 3:3); los orgullosos de su fe, corceles que corren veloces hacia la verdad, prontos a alcanzar la salvación y que pisotean y golpean contra el suelo las cosas mundanas.

---

[29] "Los corderos del rebaño" (Am. 6:4).
[30] "Sencillos como palomas" (Mt. 10:16).
[31] Cf. Ap. 3:12: "El que venciere, yo lo haré columna en el templo de mi Dios, y nunca más saldrá fuera; y escribiré sobre él el nombre de mi Dios, y el nombre de la ciudad de mi Dios, la nueva Jerusalem".
[32] "Como caballos bien hartos fueron a la mañana, cada cual relinchaba a la mujer de su prójimo" (RV).

Nuestro divino domador nos cría a nosotros, sus niños, como a jóvenes potros. El Espíritu da testimonio cierto por boca de Isaías, de que nos llama también "corderos": "Como pastor apacentará su rebaño; en su brazo cogerá los corderos", queriendo decir mediante una alegoría que los corderos, en su sencillez, son la parte más delicada del rebaño.

2. "Alégrate mucho, hija de Sión; da voces de júbilo, hija de Jerusalén: he aquí, tu rey vendrá a ti, justo y salvador, humilde, y cabalgando sobre un asno, así sobre un pollino hijo de asna" (Zac. 9:9; Mt. 21:4). No bastaba con decir tan sólo "pollino", sino que se ha añadido "joven", para mostrar la juventud de la humanidad en Cristo, su eterna juventud en la sencillez.

3. Nuestro divino domador nos cría a nosotros, sus niños, como a jóvenes potros; y si en la Escritura el joven animal es un asno, se considera en todo caso como la cría de una bestia de carga. "Atando a la vid su pollino" (Gn. 49:11), dice la Escritura, a su pueblo sencillo y pequeño lo ha atado al Logos, alegóricamente designado por la vid: ésta da vino, como el Logos da la sangre,[33] y ambas son bebidas saludables para el hombre: el vino para el cuerpo, la sangre para el alma.

4. El Espíritu da testimonio cierto por boca de Isaías, de que nos llama también "corderos": "Como pastor apacentará su rebaño; en su brazo cogerá los corderos" (Is. 40:11), queriendo decir mediante una alegoría que los corderos, en su sencillez, son la parte más delicada del rebaño.

16.1. También nosotros honramos con una evocación de la infancia los más bellos y perfectos bienes de esta vida llamándolos paideía y pedagogía. Consideramos que la pedagogía es la buena conducción de los niños hacia la virtud. El Señor nos ha indicado de manera bien clara qué hay que entender por niñito (*paidíon*): Habiéndose originado una disputa entre los apóstoles, "se llegaron los discípulos á Jesús, diciendo: ¿Quién es el mayor en el reino de los cielos? Y llamando Jesús a un niño, le puso en medio de ellos, y dijo: De cierto os digo, que si no os volviereis, y fuereis como niños, no entraréis en el reino de los cielos. Así que, cualquiera que se humillare como este niño, éste es el mayor en el reino de los cielos" (Mt. 18:1-4).

2. Ciertamente, no utiliza el término "niño" para referirse a la edad en la que aún no cabe la reflexión, como algunos han creído. Cuando dice: "Si no os volviereis y fuereis como niños no entraréis en el reino de los cielos", no hay que interpretarlo de una manera simplista.

---

[33] Cf. Jn. 15:1-5.

3. Porque nosotros no somos como niños que nos revolcamos por el suelo, ni nos arrastramos por tierra como serpientes, enrollando todo nuestro cuerpo en los apetitos irracionales; al contrario, erguidos hacia lo alto, gracias a nuestra inteligencia, desprendiéndonos del mundo y de los pecados, "apenas tocando tierra con la punta del pie" (Píndaro), aunque parezca que estamos en este mundo, perseguimos la santa Sabiduría. Mas esto parece una locura para quienes tienen el alma dirigida hacia la maldad.

17.1. Son, por tanto, verdaderos niños los que sólo conocen a Dios como padre y son sencillos, ingenuos, puros, amantes del unicornio.³⁴ A los que progresan en el conocimiento del Logos, el Señor les habla con este lenguaje: les ordena despreciar las cosas de este mundo y les exhorta a fijar su atención solamente en el Padre, imitando a los niños.

2. Por esa razón les dice: "No os congojéis por el día de mañana; que el día de mañana traerá su fatiga: basta al día su afán" (Mt. 6:34). Así, manda que dejemos a un lado las preocupaciones de esta vida para unirnos solamente al Padre.

3. El que cumple este precepto es realmente un párvulo y un niño para Dios y para el mundo; éste lo considera un necio; Dios, en cambio, lo ama. Y si, como dice la Escritura, "hay un solo maestro que está en los cielos" (Mt. 23:8, 9), es evidente que, con razón, todos los que están en la tierra deberán ser llamados discípulos. Y la verdad es así: la perfección es propia del Señor, que no cesa de enseñar; en cambio, el infantilismo y la puerilidad son propias de nosotros que no cesamos de aprender.

18.1. La profecía ha honrado con el nombre de "varón" al que es perfecto, y, por boca de David, refiriéndose al demonio, dice: "El Señor detesta al hombre sanguinario" (Sal. 5:6), y lo llama "hombre" porque es perfecto en

---

³⁴ Cf. Dt. 33:17; Jb. 39:9; Sl. 22:21. Expresión que hoy nos resulta extraña, pero en Clemente sugiere un título sobre la divinidad y poder de Jesucristo. También, en cuanto animal de un solo cuerno, era considerado por los antigüos como símbolo de la simplicidad y rectitud de intención.

la malicia; mas el Señor es llamado "Hombre", porque es perfecto en la justicia.

2. Por eso, el apóstol en la Epístola a los Corintios dice: "Os he desposado a un marido, para presentaros como una virgen pura a Cristo" (2 Co. 11:2), es decir, como criaturas santas, y sólo para el Señor.

3. En la Epístola a los Efesios, con total claridad reveló esto mismo, diciendo: "Hasta que todos lleguemos a la unidad de la fe y del conocimiento del Hijo de Dios, a un varón perfecto, a la medida de la edad de la plenitud de Cristo: que ya no seamos niños fluctuantes, y llevados por doquiera de todo viento de doctrina, por estratagema de hombres que, para engañar, emplean con astucia los artificios del error, antes siguiendo la verdad en amor, crezcamos en todas cosas en aquel que es la cabeza, a saber, Cristo" (Ef. 4:13-15).

4. Dijo esto "para la edificación del cuerpo de Cristo" (Ef. 6:12), "que es la cabeza" (v. 15), y el único varón perfecto en justicia. Nosotros, niños pequeños, si nos guardamos de los vientos de las herejías que con su soplo arrastran hacia el orgullo y no confiamos en quienes pretenden imponernos otros padres, alcanzaremos la perfección, porque somos Iglesia, ya que hemos recibido a Cristo como cabeza.

19.1. Ahora debemos fijar nuestra atención en la palabra "párvulo" (*népios*), que no se refiere a los que carecen de inteligencia, que son los "necios" (*nepútios*). El "párvulo" es un neodulce (*ne-épios*), porque "dulce" (*épios*) es el que tiene pensamientos delicados, y neodulce (*ne-épios*) es el que ha adquirido nuevamente un carácter afable y dulce.

2. Esto ya lo manifestó claramente el bienaventurado Pablo cuando escribió: "Aunque podíamos seros carga como apóstoles de Cristo; antes fuimos blandos entre vosotros como la que cría, que regala a sus hijos" (1 Ts. 2:6-7).

3. El "párvulo" es dulce; de aquí que sea más ingenuo, tierno, sencillo, sin doblez, sincero, recto y justo en sus juicios. Esto es el fundamento de la sencillez y de la verdad. "¿Hacia quién, pues, volveré mis ojos –dice la Escritura– sino hacia el ser dulce y apacible?" (Is. 66:2).[35] Éste

---

[35] "A aquél miraré que es pobre y humilde de espíritu" (RV).

es el lenguaje de una doncella: delicado y sincero; por eso se acostumbra a llamar a la muchacha, "virgen cándida", y al muchacho, "candoroso" (Homero).

4. Somos cándidos cuando somos dóciles y moldeables en la bondad, y la cólera no hace mella en nosotros, ni el rencor, ni el menor sentimiento de maldad ni de perversidad. La generación pasada era falsa[36] y tenía el corazón duro;[37] pero nosotros, que formamos un coro de párvulos y un pueblo nuevo, somos delicados como niños.

5. En su Epístola a los Romanos, el apóstol declara alegrarse "de los corazones sin malicia" (Ro. 16:18) y, al mismo tiempo sugiere el significado del término "párvulos": "Quiero que seáis sabios en el bien, y simples en el mal" (Ro. 16:19).

20.1. No entendemos el nombre de "párvulo" (*népios*) en un sentido privativo, aunque los gramáticos concedan un sentido privativo a la sílaba "ne". Si los detractores de la infancia dicen de nosotros que somos "necios", mirad cómo blasfeman contra el Señor, pues consideran necios a los que han encontrado refugio en Dios.

2. Si, por el contrario –y esto merece atención especial–, aplican el nombre de "párvulos" (*népios*) a los seres sencillos, regocijémonos de este título. Párvulos son, en efecto, los espíritus nuevos que han recobrado su razón en medio de tanta locura, y se yerguen en el horizonte de la Nueva Alianza. Recientemente Dios se ha dado a conocer por la venida de Cristo: "pues nadie ha llegado a conocer al Padre, sino el Hijo, y aquel a quien el Hijo se lo revela" (Mt. 11:27; Lc. 10:22).

3. Son los nuevos los que forman el pueblo nuevo en oposición al pueblo antiguo, y conocen los nuevos bienes. Nosotros poseemos la fecunda ventaja de la edad joven, la juventud que no envejece, en la que, con plenitud de fuerzas, nos encaminamos hacia el conocimiento, siempre jóvenes, siempre dulces, siempre nuevos, pues necesariamente son nuevos los que participan del nuevo Logos[38].

> Somos cándidos cuando somos dóciles y moldeables en la bondad, y la cólera no hace mella en nosotros, ni el rencor, ni el menor sentimiento de maldad ni de perversidad. La generación pasada era falsa. Si los detractores de la infancia dicen de nosotros que somos "necios", mirad cómo blasfeman contra el Señor, pues consideran necios a los que han encontrado refugio en Dios.

---

[36] Cf. Hch. 2:40: "Sed salvos de esta perversa generación". Fil. 2:15.
[37] Cf. Mt. 19:8; Mc. 10:5: "Por la dureza de vuestro corazón".
[38] Cf. Is. 40:31: "Mas los que esperan a Jehová tendrán nuevas fuerzas; levantarán las alas como águilas, correrán, y no se cansarán, caminarán, y no se fatigarán".

4. Así como lo que participa de la eternidad suele asemejarse a lo incorruptible, así también el nombre que expresa nuestra condición de niños llena de primavera nuestra vida, ya que la verdad en nosotros no envejece e informa toda nuestra personalidad.

21.1. La sabiduría es siempre joven, idéntica a sí misma, no cambia. "Los niños –dice la Escritura– serán llevados a hombros y consolados sobre las rodillas; como la madre consuela a su hijo, así os consolaré yo" (Is. 66:12-13).[39] La madre lleva en brazos a sus pequeños, y nosotros buscamos a nuestra madre, la Iglesia.

2. El que es débil y tierno, y, por su misma fragilidad, necesitado de ayuda, es agradable, dulce y encantador; a una criatura así Dios no deja de prestarle su auxilio. Así como los padres y las madres miran con más afecto a sus pequeños: los caballos, a sus potros; los bueyes, a sus becerros; el león, al cachorro; el ciervo, a su cervatillo, y el hombre, a su hijo, así también, el Padre de todos acoge a los que en Él buscan refugio y, habiéndoles regenerado con su Espíritu y adoptado como hijos, se complace en su dulzura, los ama, les presta singular ayuda, lucha por ellos, y les da el nombre de "hijos".

3. Voy a referirme ahora a Isaac, el hijo. Isaac significa "risa". El rey, curioso, lo vio jugar con Rebeca, su esposa y colaboradora. El rey, llamado Abimelec, representa, en mi opinión, cierta sabiduría supramundana, que contempla desde lo alto el misterio del juego infantil. El nombre de Rebeca significa "constancia".

4. ¡Oh juego infantil lleno de sabiduría! La "constancia" ayuda a la "risa", mientras el rey observa. Se regocija el espíritu de los niños en Cristo, cuya vida transcurre en la constancia; y este es el juego que a Dios agrada.

22.1. Es el mismo juego al que, según Heráclito, jugaba Zeus. ¿Qué otra ocupación conviene a un ser sabio y perfecto que la de jugar y regocijarse con constancia en el

---

[39] "Porque así dice Jehová: He aquí que yo extiendo sobre ella paz como un río, y la gloria de las gentes como un arroyo que sale de madre; y mamaréis, y sobre el lado seréis traídos, y sobre las rodillas seréis regalados. Como aquel a quien consuela su madre, así os consolaré yo a vosotros, y en Jerusalén tomaréis consuelo" (RV).

bien, administrando rectamente los bienes y celebrando al mismo tiempo las fiestas santas con Dios?

2. El mensaje profético puede interpretarse también de otra manera: nosotros nos alegramos y reímos por nuestra salvación como Isaac. Éste se reía porque había sido liberado de la muerte, y se divertía y alegraba con su mujer, que, en sentido figurado, es la Iglesia, la ayuda de nuestra salvación. Lleva el nombre de "constancia", que viene a significar solidez, sea porque sólo ella permanece estable a través de los siglos, o porque está constituida por la constancia de los creyentes, es decir, de nosotros, que somos miembros de Cristo.[40] El testimonio de "los que perseveran hasta el fin" (Mt. 10:22) y la acción de gracias que se le rinde por ellos, constituyen el juego místico y la salvación auxiliadora, mediante la completa aceptación de la providencia.

3. El rey es Cristo, que desde arriba observa nuestra risa y, "asomándose por la ventana" (Gn. 26:8), como dice la Escritura, contempla la acción de gracias, la bendición, la alegría, el gozo, la constancia colaboradora y el ensamblado de todo, que es su Iglesia y vela por ella; Él muestra únicamente el de aquel [Padre] Dios que faltaba a su Iglesia, perfecta ya gracias a la cabeza del rey.[41]

23.1. Pero ¿dónde estaba la ventana por la que miraba el Señor? Era la carne por la que se ha hecho visible.[42] El mismo Isaac –ya que es posible interpretar el pasaje desde otro punto de vista– es el sello del Señor: niño en cuanto hijo –porque era hijo de Abraham, como Cristo lo es de Dios–; víctima como el Señor. Mas él no fue sacrificado como el Señor; Isaac sólo llevó la madera para el sacrificio, como el Señor el madero de la cruz.

2. Su risa, con significado misterioso, profetizaba que el Señor nos colmaría de alegría, porque hemos sido redimidos de la perdición por la sangre del Señor.[43] Pero

---

[40] Cf. 1ª Co. 6:15: "¿No sabéis que vuestros cuerpos son miembros de Cristo?" Ef. 5:30.

[41] Cf. Ef. 1:22, 5:23: "Y sometió todas las cosas debajo de sus pies, y lo dió por cabeza sobre todas las cosas a la iglesia. Cristo es cabeza de la Iglesia; y Él es el que da la salud al cuerpo".

[42] Cf. 1ª Ti. 3:16: "Grande es el misterio de la piedad: Dios ha sido manifestado en carne".

[43] Cf. 1ª P. 1:18, 19: "Sabiendo que habéis sido rescatados de vuestra vana conversación, la cual recibisteis de vuestros padres, no con cosas

Isaac no sufrió. Así que, no solamente reservó –como es lógico– la primacía del sufrimiento para el Logos, sino que, además, por el hecho de haber sido inmolado, apunta simbólicamente a la divinidad del Señor. Porque Jesús, después de haber sido sepultado, resucitó sin haber sufrido la corrupción, del mismo modo que Isaac fue librado del sacrificio.

24.1. Quiero aportar, siguiendo con mi propósito, otro testimonio de suma importancia: el Espíritu, cuando profetizó por boca de Isaías, dio al mismo Señor el nombre de "niño": "He aquí que nos ha nacido un niño, nos ha sido dado un hijo, cuyo imperio reposa sobre su hombro y se le ha dado el nombre de Ángel de Gran Consejo" (Is. 9:6). ¿Quién es este niño, a cuya imagen somos también nosotros niños? De su grandeza nos habla el mismo profeta: "Consejero admirable, Dios fuerte, Padre eterno, Príncipe de la paz, que dispensa con generosidad su educación, y cuya paz no conoce límite" (Is. 9:6).[44]

¡Oh grandeza Dios! ¡Oh perfección de niño! El Hijo está en el Padre y el Padre en el Hijo. ¿Cómo no va a ser perfecta la pedagogía de este niño, si se extiende a todos nosotros que somos niños, guiando a todos sus pequeños? Él ha extendido sus manos hacia nosotros,[45] ellas son la mejor garantía de nuestra fe.

4. Juan que es "el profeta más grande entre los nacidos de la mujer" (Lc. 7:28), testifica acerca de este niño: "He aquí el cordero de Dios" (Jn. 1:29, 36), dado que la Escritura llama corderos a los niños pequeños,[46] y ha llamado "cordero de Dios" al Logos divino, hecho hombre por nosotros, que ha querido asemejarse en todo a nosotros, el Hijo de Dios, el pequeño del Padre.

---

corruptibles, como oro o plata, sino con la sangre preciosa de Cristo, como de un cordero sin mancha y sin contaminación".

[44] "Porque un niño nos es nacido, hijo nos es dado; y el principado sobre su hombro: y se llamará su nombre Admirable, Consejero, Dios fuerte, Padre eterno, Príncipe de paz" (RV).
[45] Cf. Is. 65:2: "Extendí mis manos todo el día".
[46] Is. 40:11; 15:4.

7

Contra los que suponen que los nombres "niños" y "párvulos" aluden, en sentido figurado, a la enseñanza de las ciencias elementales

25.1. Con razón podemos atacar a los que encuentran satisfacción en las continuas disputas por palabras. El nombre de "niños" y de "párvulos" no se nos da por el hecho de haber recibido una enseñanza pueril y menospreciable, como alegan calumniosamente los hinchados de su saber.[47] Porque, al ser regenerados, hemos recibido lo que es perfecto, lo que constituía el objeto mismo de nuestra afanosa búsqueda. Hemos sido iluminados;[48] es decir, hemos conocido a Dios. Y es imposible que sea imperfecto quien ha llegado a conocer al que es perfecto. No me recriminéis si os confieso que he conocido a Dios; porque así agradó al Logos afirmarlo, y Él es libre (Jn. 8: 35, 36).

2. Así, después del bautismo del Señor, se oyó desde el Cielo una voz que daba testimonio del Amado: "Tú eres mi hijo amado, yo te he engendrado hoy" (Mt. 3:17; Mr. 1:11; Lc. 3:22). Preguntemos a esos sabios: ¿El Cristo que hoy ha sido reengendrado es ya perfecto, o –lo que sería del todo absurdo– le falta alguna cosa? En este caso, forzoso es que aprenda; pero es imposible que aprenda alguna cosa, porque es Dios. Pues nadie podría ser más grande que el Logos, ni ser maestro del único Maestro.

3. ¿Reconocerán, entonces, nuestros adversarios, bien a su pesar, que el Logos, nacido perfecto del Padre perfecto, ha sido reengendrado perfecto, según la prefiguración del plan divino? Y si ya era perfecto, ¿por qué, siendo perfecto, se hizo bautizar? Porque convenía –dicen– cumplir la promesa hecha al hombre. De acuerdo, también yo lo admito. ¿Recibió, entonces, la perfección en el momento mismo de ser bautizado por Juan? Es evidente que sí. ¿Y

> Al ser regenerados, hemos recibido lo que es perfecto, lo que constituía el objeto mismo de nuestra afanosa búsqueda. Hemos sido iluminados; es decir, hemos conocido a Dios. Y es imposible que sea imperfecto quien ha llegado a conocer al que es perfecto. ¿Recibió la perfección en el momento mismo de ser bautizado por Juan? Es evidente que sí.

---

[47] Alusión a los gnósticos, para quienes la salvación consistía en el conocimiento perfecto.

[48] "Iluminado" es un título corriente aplicado a los bautizados. Cf. Cirilo de Jerusalén, *El sello del Espíritu. Catequesis bautismales* (CLIE, 2002).

Una vez bautizados, hemos sido iluminados; iluminados, hemos sido adoptados como hijos; adoptados, hemos sido hechos perfectos; perfectos, hemos adquirido la inmortalidad. Esta obra recibe múltiples nombres: gracia, iluminación, perfección, baño.¿qué puede faltarle a quien ha conocido a Dios? Sería realmente absurdo llamar gracia de Dios a lo que no es perfecto y completo.

no aprendió de él nada más? No. ¿Recibió la perfección por la sola recepción del bautismo y se santificó por la venida del Espíritu? Así es.

26.1. Lo mismo ocurre con nosotros de quienes el Señor fue el modelo: una vez bautizados, hemos sido iluminados; iluminados, hemos sido adoptados como hijos; adoptados, hemos sido hechos perfectos; perfectos, hemos adquirido la inmortalidad. Está escrito: "Yo os dije: dioses sois, y todos hijos del Altísimo" (Sal. 82:6).[49]

2. Esta obra recibe múltiples nombres: gracia, iluminación, perfección, baño. Baño, por el que somos purificados de nuestros pecados; gracia, por la que se nos perdona la pena por ellos merecida; iluminación, por la que contemplamos aquella santa y salvadora luz, es decir, aquella por la que podemos llegar a contemplar lo divino; y perfección, decimos, finalmente, porque de nada carece.

3. Pues, ¿qué puede faltarle a quien ha conocido a Dios? Sería realmente absurdo llamar gracia de Dios a lo que no es perfecto y completo: quien es perfecto concederá, sin duda, gracias perfectas. Así como todas las cosas llegan a existir en el instante mismo en que Él lo ordena, así también, al solo querer Él conceder una gracia, hace que ésta se produzca en toda su plenitud; pues por el poder de su voluntad se anticipa el tiempo futuro. Además, la liberación del mal es el principio de la salvación.

27.1. Así pues, sólo quienes hemos sido primeramente iniciados[50] en el umbral de la vida, somos ya perfectos, y ya vivimos quienes hemos sido separados de la muerte. Seguir a Cristo es salvación: "Lo que fue hecho en Él, es vida" (Jn 1:3, 4). "En verdad, en verdad os digo –asegura–, el que escucha mi palabra y cree en quien me ha enviado, tiene la vida eterna, y no viene a juicio, sino que pasa de la muerte a la vida" (Jn. 5:24).[51]

---

[49] Aparece aquí una idea muy querida a los escritores cristianos envueltos en el ambiente griego: la salvación entendida como deificación, no consustancial sino por participación. Cf. Francisco Lacueva y Alfonso Ropero, art. "Deificación", *Diccionario teológico ilustrado* (CLIE, 2001).

[50] Sinónimo del bautismo.

[51] "De cierto, de cierto os digo: El que oye mi palabra, y cree al que me ha enviado, tiene vida eterna; y no vendrá a condenación, mas pasó de muerte a vida" (RV).

2. De modo que el solo hecho de creer y ser regenerado es la perfección en la Vida, porque Dios no es jamás deficiente. Así como su querer es realización de la obra que llamamos "mundo", así también su voluntad es la salvación de los hombres que se llama "Iglesia". Él conoce a los que ha llamado, y a los que ha llamado los ha salvado; los ha llamado y salvado al mismo tiempo.[52] "Porque vosotros –dice el Apóstol– sois instruidos por Dios" (1 Ts. 4:9).

3. No nos es lícito considerar como imperfecta la enseñanza que nos viene de Dios, y esta enseñanza es la salvación eterna que nos da el Salvador eterno, al cual sea la gracia por los siglos de los siglos, Amén. Sólo el que ha sido regenerado ha sido también liberado de las tinieblas, y como el nombre indica, "iluminado", por eso mismo ha recibido la luz.

28.1. Como aquellos que, sacudidos del sueño, se despiertan en seguida y vuelven en sí, o mejor, como los que intentan quitarse de los ojos las cataratas, que les impiden recibir la luz exterior de la que se ven privados, pero consiguen al fin despojarse de lo que obstruía sus ojos, dejando libre su pupila, así también nosotros, al recibir el bautismo, nos desembarazamos de los pecados que, cual sombrías nubes, oscurecían al Espíritu Divino; dejamos libre el ojo luminoso del espíritu, el único que nos hace capaces de contemplar lo divino, puesto que el Espíritu Santo desciende desde el cielo y se derrama en nosotros.

2. Este rayo de luz eterna está capacitado para ver la luz, porque lo semejante es amigo de lo semejante; y lo santo es amigo de Aquel de quien procede la santidad, que recibe con propiedad el nombre de "luz": "Porque vosotros erais en otro tiempo tinieblas, pero ahora sois luz en el Señor" (Ef. 5:8), de ahí que, según creo, el hombre fuera llamado "luz" entre los antiguos.

3. Sin embargo –se dice–, aún no ha recibido el don perfecto; también yo lo admito; con todo, está en la luz y la oscuridad no le aprisiona. Entre la luz y la oscuridad no hay nada intermedio: la perfección está reservada para

Como aquellos que, sacudidos del sueño, se despiertan en seguida y vuelven en sí, también nosotros, al recibir el bautismo, nos desembarazamos de los pecados que, cual sombrías nubes, oscurecían al Espíritu Divino; dejamos libre el ojo luminoso del espíritu, el único que nos hace capaces de contemplar lo divino, puesto que el Espíritu Santo desciende desde el cielo y se derrama en nosotros.

---

[52] Cf. Ro. 8:30: "Y a los que predestinó, a éstos también llamó; y a los que llamó, a éstos también justificó; y a los que justificó, a éstos también glorificó".

la resurrección de los creyentes, y no consiste en la consecución de otro bien, sino en tomar posesión del objeto anteriormente prometido.

4. No decimos que se den simultáneamente ambas cosas: la llegada a la meta y su previsión. No son, ciertamente, cosas idénticas la eternidad y el tiempo, ni el punto de partida y la meta. Mas ambas se refieren al mismo proceso y tienen por objeto un único ser.

5. Y así, puede decirse que el punto de partida es la fe –generada en el tiempo– y la meta es la posesión por toda la eternidad del objeto prometido. El Señor mismo ha revelado claramente la universalidad de la salvación con estas palabras: "Esta es la voluntad de mi Padre: que todo aquel que ve al Hijo y cree en Él tenga vida eterna, y le resucite yo en el último día" (Jn. 6:40).

29.1. Según esto, nosotros estamos firmemente convencidos de haber alcanzado ya relativamente la perfección en este mundo, designado simbólicamente como "el último día", puesto que es reservado hasta el final.[53] La fe, en efecto, es la perfección del aprendizaje; por eso se nos dice: "El que cree en el Hijo tiene vida eterna" (Jn 3:36).

2. Pues bien, si nosotros, que hemos creído, tenemos la vida, ¿qué otra cosa nos resta por recibir superior a la consecución de la vida eterna? Nada falta a la fe, que es perfecta en sí y completa. Si algo le faltara, no sería perfecta; ni sería tal fe, si fuera deficiente en lo más mínimo. Después de la partida de este mundo, los que han creído no tienen ninguna otra cosa que esperar: han recibido las arras aquí abajo y para siempre.[54]

3. Este futuro que ahora poseemos anticipadamente por la fe, lo poseeremos del todo después de la resurrección; de modo que se cumpla la palabra: "Hágase en vosotros según vuestra fe" (Mt. 9:29). Donde está la fe, allí está el cumplimiento de la promesa, y la plenitud de la promesa es el descanso final. Cierto que el conocimiento

---

[53] Cf. 2ª P. 3:7: "Mas los cielos que son ahora, y la tierra, son conservados por la misma Palabra, guardados para el fuego en el día del juicio".

[54] Cf. 2ª Co. 1:22: "Nos ha sellado, y dado la prenda del Espíritu en nuestros corazones". Ef. 1:14: "Que es las arras de nuestra herencia, para la redención de la posesión adquirida para alabanza de su gloria".

está en la iluminación, pero el término del conocimiento es el reposo, objetivo final de nuestros deseos.

4. Así como la inexperiencia desaparece con la experiencia y la indigencia con la abundancia, así también, necesariamente, con la luz se disipa la oscuridad. La oscuridad es la ignorancia que produce nuestras caídas en el pecado y nos ciega para alcanzar la verdad. El conocimiento (*gnosis*), por tanto, es la iluminación que disipa la ignorancia y nos otorga la capacidad de ver con claridad.

5. Puede decirse también que el rechazo de las cosas peores pone de manifiesto las mejores. Pues lo que la ignorancia mantenía desgraciadamente atado, para nuestro mal, lo desata felizmente el conocimiento, para nuestro bien. La gracia de Dios y la fe del hombre rompen con fuerza estas ataduras y nuestros pecados son lavados por el único remedio saludable: el bautismo en el Logos.[55]

30.1. Quedamos lavados de todos nuestros pecados y en el acto dejamos de ser malos; es la gracia singular de la iluminación, por la que nuestra conducta ya no es la misma que la de antes del baño bautismal. Y como el conocimiento, que ilumina la inteligencia, surge al mismo tiempo que la iluminación, así, en el acto, sin haber aprendido nada, oímos llamarnos discípulos; la enseñanza nos fue conferida anteriormente, pero no puede concretarse en qué momento.

2. La catequesis conduce a la fe;[56] y la fe es ilustrada por el Espíritu Santo en el momento del santo bautismo.[57] El apóstol ha explicado con gran precisión que la fe es el único y universal medio de salvación de la humanidad, y

---

[55] Cf. Gá. 3:27: "Todos los que habéis sido bautizados en Cristo, de Cristo estáis vestidos". Ro. 6:3: "¿No sabéis que todos los que somos bautizados en Cristo Jesús, somos bautizados en su muerte?"

[56] Cf. Ro. 10:17: "La fe es por el oír; y el oír por la palabra de Dios".

[57] "Una vez más la fe no aparece producida por el Espíritu, sino sólo enseñada o iluminada por su acción. La fe lleva, pues, al bautismo, y en éste se recibe al Espíritu. La fe y el bautismo no son, pues, dos medios distintos de recibir la gracia, sino que están mutuamente implicados… Infusión del Espíritu Santo y bautismo coinciden, por tanto, en el tiempo. No olvidemos que esta teología bautismal está construida sobre el paradigma del bautismo de Jesús en el Jordán, en él, con la venida del Espíritu, quedó santificada la humanidad de Jesús. Lo mismo ocurre en el bautismo del creyente" (Luis F. Ladaria, *El Espíritu en Clemente Alejandrino*, p. 169. Pub. Univ. Pontificia Comillas, Madrid 1980).

que es un don que el Dios justo y bueno da a todos por igual: "Antes de llegar la fe, estábamos sujetos a la custodia de la ley, a la espera de la fe que había de revelarse. De suerte que la ley fue nuestro pedagogo para llevarnos a Cristo, para que fuésemos justificados por la fe. Pero, llegada ésta, ya no estamos bajo el pedagogo" (Gá. 3:23-25).

31.1. ¿Es que no sabéis que ya no estamos bajo la dirección de aquella ley informada por el temor, sino bajo el Logos, el Pedagogo de la libertad? Más adelante, añade el apóstol unas palabras que excluyen toda acepción de personas: "Todos, pues, sois hijos de Dios por la fe en Cristo Jesús. Porque cuantos habéis sido bautizados en Cristo os habéis revestido de Cristo: ya no hay judío ni griego, ni esclavo ni libre, ni hombre ni mujer, porque todos sois un cuerpo en Cristo Jesús" (Gá. 3:26-28).

2. Así pues, no son unos "gnósticos", y otros "psíquicos" en el mismo Logos; sino que todos los que se han despojado la concupiscencia de la carne son iguales y todos "pneumáticos" [espirituales] para el Señor. Por otra parte, insiste todavía el Apóstol: "Todos nosotros hemos sido bautizados en un solo espíritu para formar un solo cuerpo, ya judíos, ya griegos, ya esclavos, ya libres; y todos hemos bebido una sola bebida" (1ª Co. 12:13).

32.1. Sin embargo, no está fuera de lugar utilizar el mismo lenguaje de aquellos que afirman que el recuerdo de las cosas buenas constituye un "filtro" del espíritu. Entienden por "filtración" la separación del mal, operación que se consigue por el recuerdo de las cosas buenas. El que llega a recordar el bien se arrepiente necesariamente de sus malas obras; el mismo espíritu, alegan ellos, se arrepiente y se eleva presuroso hacia lo alto. Así también nosotros, cuando nos arrepentimos de nuestros pecados y renunciamos a sus malas consecuencias, pasamos por el "filtro" del bautismo y corremos hacia la luz eterna, como hijos hacia el Padre.

2. Jesús, rebosante de gozo bajo la acción del Espíritu Santo, dice: "Yo te alabo, Padre, Dios del cielo y de la tierra, porque has ocultado estas cosas a los sabios y a los prudentes, y las has revelado a los más pequeños" (Lc. 10:21). "Pequeños": así nos llama nuestro Pedagogo y Maestro,

a nosotros [sus párvulos] que estamos mejor dispuestos para la salvación que los sabios de este mundo, quienes por creerse sabios han quedado ciegos.⁵⁸

3. Rebosante de júbilo y de alegría, Jesús reclama, como imitando el balbuceo de los párvulos: "Sí, Padre, porque así te agradó" (Lc. 10:21; Mt. 11:26). Por eso, lo que se mantuvo oculto a los sabios y a los prudentes de este siglo, fue revelado a los más pequeños.

4. Son pequeños, ciertamente, los hijos de Dios, pues se han despojado del hombre viejo, se han quitado la túnica de la maldad y se han revestido de la incorruptibilidad de Cristo,⁵⁹ a fin de que, renovados, pueblo santo,⁶⁰ regenerados, conservemos al hombre sin mancha alguna y seamos niños, recién nacidos de Dios, purificado de la fornicación y de la maldad.

33.1. Con gran claridad el bienaventurado Pablo ha expuesto la cuestión en su primera carta a los Corintios: "Hermanos, no seáis niños en el sentido, sino sed niños en la malicia, pero adultos en el juicio" (1ª Co. 14:20).

2. Por otra parte, añade: "Cuando yo era niño, hablaba como niño, pensaba como niño, juzgaba como niño" (1ª Co. 13:11), aludiendo a su vida conforme a la ley. Con esto no quiere decir que ya entonces fuese sencillo; por el contrario, como insensato perseguía al Logos, pues pensaba como niño, y blasfemaba del Logos porque hablaba como un niño. Y es que la palabra "niño" tiene un doble sentido.

3. Pablo dice a continuación: "Cuando ya fui hombre hecho, dejé lo que era de niño". Cuando afirma haber dejado y superado la niñez y las cosas infantiles no se refiere al escaso número de años, ni a una medida determinada de tiempo, ni a otras enseñanzas secretas de doctrinas propias de hombres adultos y bien formados. Él llama "niños" a los que viven bajo la ley y están turbados por el miedo, como los niños por el "coco"; llama, en

Son pequeños los hijos de Dios, pues se han despojado del hombre viejo, se han quitado la túnica de la maldad y se han revestido de la incorruptibilidad de Cristo, a fin de que, renovados, pueblo santo, regenerados, conservemos al hombre sin mancha alguna y seamos niños, recién nacidos de Dios, purificado de la fornicación y de la maldad.

---

⁵⁸ Cf. Ro. 1:22: "Diciéndose ser sabios, se hicieron necios".

⁵⁹ Cf. Ef. 4:24: "Y vestir el nuevo hombre que es creado conforme a Dios en justicia y en santidad de verdad". "De modo que si alguno está en Cristo, nueva criatura es: las cosas viejas pasaron; he aquí todas son hechas nuevas" (2 Cor. 5:17).

⁶⁰ Cf. 1ª P. 2:9: "Vosotros sois linaje escogido, real sacerdocio, gente santa, pueblo adquirido".

Mira cómo llama niños a los que estaban bajo el temor y el pecado, y, en cambio, dio el nombre de "hijos" a los que están bajo la fe, equiparándolos a los adultos, para diferenciarlos de los pequeños que están bajo la ley. "Pero desde que me hice hombre" ya no tengo pensamientos de niño, es decir, de la Ley, sino pensamientos de hombre, es decir, de Cristo, sólo de Aquel a quien la Escritura –como apuntábamos más arriba– llama hombre, "he dejado las cosas de niño".

cambio, "hombres" a los que son dóciles al Logos y actúan libremente. Nosotros, que hemos creído, somos salvados por una elección libre, y si sentimos temor no es fruto de nuestra insensatez, sino de nuestra cordura.

4. El mismo apóstol testifica acerca del particular, al afirmar que los judíos son los herederos según la antigua Alianza,[61] y que nosotros lo somos según la promesa: "Entre tanto que el heredero es niño, en nada difiere del siervo, aunque es señor de todo; mas está debajo de tutores y curadores hasta el tiempo señalado por el padre. Así también nosotros, cuando éramos niños, éramos siervos bajo los rudimentos del mundo. Mas venido el cumplimiento del tiempo, Dios envió su Hijo, hecho de mujer, hecho súbdito a la ley, para que redimiese a los que estaban bajo la ley, a fin de que recibiésemos la adopción de hijos" (Gá. 4:1-5).

34.1. Mira cómo llama niños a los que estaban bajo el temor y el pecado, y, en cambio, dio el nombre de "hijos" a los que están bajo la fe, equiparándolos a los adultos, para diferenciarlos de los pequeños que están bajo la ley. Dice: "Ya no eres esclavo, sino hijo; y si hijo, también heredero de Dios" (Gá. 4:7). Y ¿qué puede faltarle al hijo después de recibir la herencia?

2. Es muy acertado interpretar así este pasaje: "Cuando era niño", es decir, cuando era judío –Pablo era, en efecto, de origen hebreo–, "razonaba como un niño", porque seguía la Ley. "Pero desde que me hice hombre" ya no tengo pensamientos de niño, es decir, de la Ley, sino pensamientos de hombre, es decir, de Cristo, sólo de Aquel a quien la Escritura –como apuntábamos más arriba– llama hombre, "he dejado las cosas de niño". En efecto, la condición de niño en Cristo es la perfección en comparación con la Ley.

3. Llegados aquí debemos abordar la defensa de nuestra condición de niños y tratar, además, de dar una explicación de las palabras del apóstol: "Como a niños en Cristo os di a beber leche, y no vianda: porque aún no podíais, ni aún podéis ahora" (1 Co. 3:1, 2). No creo que deba interpretarse este pasaje refiriéndolo a los judíos. En efecto, citaré, por contraste, otro texto de la Escritura: "Os conduciré a una tierra próspera, que mana leche y miel" (Éx. 3:8,17).

35.1. La comparación de ambos pasajes presenta una seria dificultad de comprensión. Si la infancia con su régimen alimenticio de leche es principio de la fe en Cristo, y se la desprecia como infantil e imperfecta, ¿cómo el supremo reposo del hombre perfecto y "gnóstico", que ha tomado alimento sólido, se le ofrezca de nuevo como recompensa la leche infantil?

2. Quizás la palabra "como", por indicar una comparación, indique una analogía; y tal vez el pasaje debe interpretarse de esta forma: "Os di de beber leche en Cristo" (1ª Co. 3:1), y, tras una breve pausa, añadir: "como a niños", de modo que la pausa en la lectura permita esta interpretación:

3. "Os he instruido en Cristo con un alimento simple, verdadero, natural y espiritual." Tal es la sustancia nutritiva de la leche, que brota de los pechos que rebosan amor; de manera que en conjunto puede entenderse así: como las nodrizas alimentan con su leche a los recién nacidos, así también yo os alimento vitalmente con la leche espiritual de Cristo.

36.1. Así pues, la leche perfecta es un alimento perfecto, que conduce al estado que no tiene fin. Por esta razón, para el eterno reposo se promete esta misma leche y miel. Con razón el Señor promete aún leche a los hombres justos, para mostrar que el Logos es, a la vez, alfa y omega, principio y fin.[62] Algo parecido vaticinó ya Homero, cuando, sin proponérselo, llama a los hombres justos seres que se alimentan de leche (*Ilíada*, XIII, 5-6).

2. Pero también puede interpretarse dicho pasaje de la Escritura desde otro punto de vista: "Yo, hermanos, no pude hablaros como a hombres espirituales, sino como a seres carnales, como a niños en Cristo" (1ª Co. 3:1). Por *carnales* puede entenderse los recién instruidos, todavía niños en Cristo.

3. El apóstol llama *espirituales* a los que ya han creído por el Espíritu Santo, mientras que a los recién catequizados, que no han sido purificados, los llama "carnales".

"Os he instruido en Cristo con un alimento simple, verdadero, natural y espiritual." Tal es la sustancia nutritiva de la leche, que brota de los pechos que rebosan amor. La leche perfecta es un alimento perfecto, que conduce al estado que no tiene fin. Por esta razón, para el eterno reposo se promete esta misma leche y miel. Por *carnales* puede entenderse los recién instruidos, todavía niños en Cristo.

---

[61] Clemente es el primero en utilizar la designación Antigua y Nueva Alianza o Testamento.

[62] Cf. Ap. 1:8, 11 y 21:6: "Yo soy el Alfa y la Omega, principio y fin, dice el Señor, que es y que era y que ha de venir, el Todopoderoso".

> "Mi sangre –dice el Señor–, es verdadera bebida". Cuando el apóstol dice: "Os di de beber leche", ¿alude, quizás, a la perfecta alegría que se encuentra en la leche, es decir, el Logos, y en el conocimiento verdadero? Si la promesa se realiza tras nuestra partida de esta tierra, y se refiere a "aquello que jamás ojo alguno vio, ni pasó por mente de hombre", ¿cómo pretenden algunos conocer, sin la ayuda del Espíritu, sino mediante el estudio, "lo que jamás oreja oyó"?

Naturalmente, los llama carnales porque, al igual que los paganos, tienen aún pensamientos carnales.

4. "Porque todavía sois carnales, pues habiendo entre vosotros celos, y contiendas, y disensiones, ¿no sois carnales, y andáis como hombres?" (1ª Co. 3:3). De ahí que el apóstol diga: "Os di de beber leche" (v. 2), que viene a significar: os he dispensado conocimiento, que, a través de la catequesis, os nutrirá para la vida eterna. La expresión "os di de beber" es el símbolo de una participación perfecta; son los adultos los que "beben", los niños, en cambio, "maman".

5. "Mi sangre –dice el Señor–, es verdadera bebida" (Jn. 6:55). Cuando el apóstol dice: "Os di de beber leche", ¿alude, quizás, a la perfecta alegría que se encuentra en la leche, es decir, el Logos, y en el conocimiento verdadero? Lo que a continuación dice: "No alimento sólido, pues aún no podíais", puede significar la clara revelación que, a modo de alimento, se hará cara a cara en la vida futura.[63]

6. "Porque ahora vemos, como en un espejo –dice el apóstol–, mas luego cara a cara" (1ª Co. 13:12). Y aún añade: "Ni aun podéis ahora; porque todavía sois carnales" (1ª Co. 3:2, 3), puesto que albergáis pensamientos propios de la carne, deseos, amores, celos, cóleras, envidias; no porque aún estemos en la carne, como algunos han creído; porque con esta carne y con faz angélica, veremos cara a cara la promesa.

37.1. Si la promesa se realiza tras nuestra partida de esta tierra, y se refiere a "aquello que jamás ojo alguno vio, ni pasó por mente de hombre" (1ª Co. 2:9), ¿cómo pretenden algunos conocer, sin la ayuda del Espíritu, sino mediante el estudio, "lo que jamás oreja oyó", o sólo aquello "que ha sido arrebatado hasta el tercer cielo" (2ª Co. 12:4)? Y aun éste ha recibido la orden de callarse.

2. Si, por el contrario, como también puede suponerse, el conocimiento del que se enorgullecen es una sabiduría humana, escucha la advertencia de la Escritura: "Que no se gloríe el sabio en su sabiduría, que el fuerte no se gloríe en su fuerza" (Jr. 9:22); "el que se gloríe, gloríese en el

---

[63] Cf. 1ª Co. 13:12: "Ahora vemos por espejo, en obscuridad; mas entonces veremos cara a cara: ahora conozco en parte; mas entonces conoceré como soy conocido".

Señor " (1ª Co. 1:31; 2ª Co. 10:17). Pero nosotros, "que hemos sido instruidos por Dios" (1ª Ts. 4:9), nos gloriamos en el nombre de Cristo.[64]

3. ¿Cómo, pues, no suponer que el apóstol ha pensado en la "leche de los infantes" en este sentido? Los jefes de la Iglesia son los pastores, según el modelo del buen Pastor, y nosotros somos su rebaño, por tanto, cuando el apóstol afirma que el Señor es la leche del rebaño, ¿acaso no se expresa así para mantener el paralelismo de la alegoría? En este sentido debemos interpretar el pasaje citado: "Os di de beber leche, no alimento sólido, porque aún no erais capaces" (1ª Co. 3:2): esto no significa que el alimento sólido sea distinto de la leche, pues en esencia son lo mismo. Así también, el Logos es siempre el mismo; suave y dulce como la leche; sólido y consistente como alimento sólido.

38.1. Sin embargo, aunque interpretamos el texto así, podemos pensar que la predicación es leche derramada con abundancia, y el alimento sólido es la fe, que se convierte en firme fundamento mediante la catequesis; la fe tiene más consistencia que la palabra que entra por el oído, y se la compara por eso al alimento sólido en cuanto se ha adquirido consistencia en el alma.

2. El Señor nos da a conocer este alimento en el Evangelio de Juan, mediante símbolos: "Comed mi carne y bebed mi sangre" (Jn. 6:53), dice, aludiendo alegóricamente con las palabras comida y bebida a lo que se manifiesta por medio de la fe y de la promesa.

3. La Iglesia, como el hombre, se compone de múltiples miembros, se reaviva, se desarrolla, se cohesiona y adquiere consistencia por este doble alimento: la fe es su cuerpo; la esperanza, su alma; al igual que el Señor, que tenía carne y sangre. La esperanza, en realidad, es la sangre de la fe; gracias a ella, como alma, se conserva la fe. Y si la esperanza se desvanece, a modo de un flujo de sangre, la fuerza vital de la fe se desvanece.

39.1. Pero si los que tienen ganas de discutir se empeñan en seguir afirmando que la leche significa las pri-

---

[64] Cf. Fil. 3:3: "Nosotros somos la circuncisión, los que servimos en espíritu a Dios, y nos gloriamos en Cristo Jesús, no teniendo confianza en la carne".

meras enseñanzas, es decir, los primeros alimentos, mientras que el alimento sólido simboliza los conocimientos espirituales, de manera que serían ellos mismos quienes se hallan en el más alto nivel del conocimiento, deben saber que, si llaman comida al alimento sólido, a la carne y a la sangre de Jesús, se enfrentan, por su presuntuosa sabiduría, a la simple verdad.

2. La sangre es, sin duda, el primer elemento generado en el hombre; algunos, incluso, se han atrevido a sostener que constituye la sustancia del alma.[65] Ciertamente la sangre se transforma, por fermentación natural, una vez que la madre ha dado a luz. Por una especie de simpatía de ternura palidece y se vuelve blanca, para que el niño no se asuste. La sangre es, además, lo más fluido de la carne; algo así como una especie de carne fluida; la leche, por su parte, es lo más sabroso y refinado de la sangre.

3. Este alimento tan apetecible para el recién nacido no es otra cosa, sino sangre que se transforma, ya se trate de la sangre aportada al embrión y que le es enviada por el cordón umbilical de la matriz o se trate de la mera sangre menstrual, cuyo ciclo natural ha quedado interrumpido. Y se prepara por una efusión natural de la sangre, cuando Dios —que engendra y alimenta a todos los seres— la hace fluir hacia los pechos ya dilatados y es alterada por un soplo caliente. Los pechos, más que otros miembros del cuerpo, están en estrecha relación con la matriz.

4. En efecto, durante el parto queda cortado el conducto por el que circulaba la sangre hasta el embrión, se produce una interrupción del circuito y la sangre lleva hacia los pechos la dirección de su impulso y éstos se dilatan por hacerse el aflujo muy abundante: y la sangre se transforma en leche de la misma manera que se transforma en pus en un proceso ulceroso.

5. También puede ser que por la dilatación de las venas que hay en los pechos, debida a la distensión del parto, la sangre fluya a las cavidades naturales de los pechos. Entonces el soplo (*pneúma*) impulsado desde las arterias

---

[65] La mentalidad antigua solía identificar la sangre con el alma. En el Antiguo Testamento la sangre es sinónimo de vida (Lv. 17:11-14).

vecinas se mezcla con la sangre, que, aun manteniendo íntegra su sustancia, al desbordarse, se vuelve blanca y se transforma en espuma por este choque. Experimenta la sangre algo parecido a la mar, que, bajo el embate de los vientos, "escupe espuma salina" (Homero, *Ilíada*, IV, 426). Con todo, sustancialmente, sigue siendo sangre.

40.1. También los ríos "bullen de espuma" (Homero) cuando en su impetuoso curso son azotados por el viento que se abate sobre la superficie. Algo parecido ocurre también con nuestra saliva, que se hace blanca cuando soplamos. Partiendo de estos hechos, ¿qué hay de absurdo en pensar que la sangre por efecto del soplo (*pneúma*) se transforme en materia brillante y muy blanca? La transformación la experimenta en su cualidad, no en su sustancia.

2. Con toda seguridad, sería muy difícil encontrar algo más nutritivo, más dulce y más blanco que la leche. Pues bien, el alimento espiritual se le parece en todo; es, en efecto, dulce, por la gracia; nutritivo, porque es vida; blanco como el día de Cristo; y ha quedado bien claro que la sangre del Logos es como leche.

Sería muy difícil encontrar algo más nutritivo, más dulce y más blanco que la leche. Pues bien, el alimento espiritual se le parece en todo; es, en efecto, dulce, por la gracia; nutritivo, porque es vida; blanco como el día de Cristo; y ha quedado bien claro que la sangre del Logos es como leche.

41.1. La leche que así se elabora durante el embarazo, se le aporta al recién nacido, y los pechos que hasta entonces se dirigían erguidos hacia el marido se inclinan ahora hacia el niño, aprendiendo a ofrecerle el alimento fácil de digerir elaborado por la naturaleza para su saludable nutrición. Los pechos, sin embargo, no están como las fuentes, repletos de leche ya preparada, sino que transformando dentro de sí mismos el alimento, elaboran la leche que fluye de ellos.

2. Éste es el alimento apropiado y conveniente para un niño recién nacido y recién constituido, alimento elaborado por Dios –padre nutricio de todos los seres generados y regenerados–, como el maná que llovía del cielo para los antiguos hebreos, el alimento celeste de los ángeles (Éx. 16:1ss.; Sal. 78:23-26).

3. Tal vez por esto las nodrizas también hoy llaman "maná" al primer manar de la leche, por homonimia con aquel alimento. Las mujeres embarazadas, al llegar a ser madres, manan leche; pero Cristo, el Señor, el fruto de la

¡Qué misterio admirable! Hay un Padre de todos, un Logos de todos, y un Espíritu Santo que está en todas partes; y también una sola virgen hecha madre; me gusta llamarla Iglesia. Esta madre es la única que no tuvo leche, porque es la única que no fue mujer; es al mismo tiempo virgen y madre; íntegra como virgen, llena de amor como madre. ¡Santo parto! ¡Santos pañales! El Logos lo es todo para esa criatura: padre y madre, pedagogo y nodriza. Dice: "Comed mi carne y bebed mi sangre".

Virgen, no llamó bienaventurados aquellos pechos,[66] ni los juzgó nutricios, sino que cuando el Padre, amante y benigno para con el hombre, esparció como rocío el Logos, se convirtió Él en alimento espiritual para los sencillos.

42.1. ¡Qué misterio admirable! Hay un Padre de todos, un Logos de todos, y un Espíritu Santo que está en todas partes; y también una sola virgen hecha madre; me gusta llamarla Iglesia.[67] Esta madre es la única que no tuvo leche, porque es la única que no fue mujer; es al mismo tiempo virgen y madre; íntegra como virgen, llena de amor como madre. Ella llama por su nombre a sus hijos y los alimenta, amamantándolos con la leche santa, con el Logos nutricio.

2. No tuvo leche porque la leche era ese pequeño niño bello y familiar: el cuerpo de Cristo. Con el Logos alimenta al joven pueblo, que el mismo Señor trajo al mundo con dolores de parto y al que envolvió en pañales con su preciosa sangre.

3. ¡Santo parto! ¡Santos pañales! El Logos lo es todo para esa criatura: padre y madre, pedagogo y nodriza. Dice: "Comed mi carne y bebed mi sangre" (Jn. 6:53). He aquí el provechoso alimento que el Señor nos depara: nos ofrece su carne y nos derrama su sangre. Nada les falta a los niños para que crezcan.

43.1. ¡Extraordinario misterio! Se nos manda despojarnos de la vieja corrupción de la carne –como nos hemos despojado del viejo alimento– y seguir un nuevo régimen de vida: el de Cristo; y, recibiéndolo, si nos es posible, hacerlo nuestro y meter al Salvador en nosotros para destruir así las pasiones de la carne.

2. Pero quizás no quieras entenderlo en este sentido, y prefieras una explicación más general; escucha, pues,

---

[66] Cf. Lc. 11:27, 28: "Y acontenció que diciendo estas cosas, una mujer de la compañía, levantando la voz, le dijo: Bienaventurado el vientre que te trajo, y los pechos que mamaste. Y él dijo: Antes bienaventurados los que oyen la palabra de Dios, y la guardan".

[67] "La Iglesia, madre virgen de los nuevos hijos de Dios, ocupa aquí un curioso cuarto lugar junto a las tres personas de la Trinidad... Esta fórmula parece tener como preocupación esencial la de la unidad de todo en Dios y, consiguientemente, la unidad de todos los hombres en la Iglesia a la que Dios ha dado a su Hijo, el Logos" (L. F. Ladaria, *op. cit.* p. 257).

esta interpretación: la carne es una alegoría del Espíritu Santo, ya que la carne ha sido creada por Él. La sangre alude alegóricamente al Logos, puesto que, como sangre preciosa, el Logos se derrama sobre nuestra vida; la mezcla mutua es el Señor, alimento de las criaturas. El Señor es, en efecto, Espíritu y Logos. El Señor, mezcla de ambos, es alimento de los párvulos; porque el Señor es Espíritu y Logos.

3. El alimento –el Señor Jesús, el Logos de Dios– es espíritu hecho carne, carne celestial santificada. El alimento es la leche del Padre, por quien únicamente nosotros, los párvulos, somos amamantados. Y Él, el Logos "amado", quien nos alimenta, ha derramado su sangre por nosotros, salvando así a la humanidad.[68]

4. Nosotros, que por su mediación hemos creído en Dios, nos refugiamos en el regazo del Padre "que hace olvidar los dolores" (Homero, *Ilíada* XXII, 83), es decir, en el Logos. Sólo Él, como es natural, ofrece a los pequeños, a nosotros, la leche del amor; y sólo son verdaderamente felices quienes se alimentan de estos pechos.

44.1. Por eso dice Pedro: "Despojaos de toda maldad y de todo engaño, de la hipocresía, la envidia y la maledicencia; como niños recién nacidos, desead la leche espiritual, a fin de que, alimentados por ella, crezcáis para la salvación, si es que habéis gustado cuán bueno es el Señor" (1ª P. 2:1-3). Pero si se les concediera [a nuestros oponentes] que el alimento sólido es de diferente naturaleza que la leche, ¿cómo no van a caer en contradicción consigo mismos por no haber comprendido las leyes de la naturaleza?

2. En invierno, cuando el clima lo paraliza todo, y no deja salir al exterior el calor que permanece encerrado en el cuerpo, el alimento digerido y consumido se convierte en sangre que fluye por las venas. Éstas, privadas de transpiración, por estar llenas de sangre, se distienden al máximo y laten con fuerza; y es precisamente entonces cuando las nodrizas están repletas de leche.

3. Hemos demostrado hace poco que, al dar a luz, la sangre se transforma en leche sin tener lugar una mutación

La carne es una alegoría del Espíritu Santo, ya que la carne ha sido creada por Él. La sangre alude alegóricamente al Logos, puesto que, como sangre preciosa, el Logos se derrama sobre nuestra vida. El alimento –el Señor Jesús, el Logos de Dios– es espíritu hecho carne, carne celestial santificada. El alimento es la leche del Padre, por quien únicamente nosotros, los párvulos, somos amamantados.

---

[68] Afirmación rotunda del sacrificio de Cristo en la cruz contra quienes pensaban que el Hijo de Dios había sufrido sólo en apariencia.

sustancial, como sucede con los cabellos rubios que se tornan blancos al ir envejeciendo. En cambio, en el verano, el cuerpo, al estar más dilatado, deja pasar el alimento con más facilidad y la leche no abunda, porque tampoco abunda la sangre, pues no se retiene todo el alimento.

45.1. Si, pues, la transformación del alimento produce la sangre y ésta se convierte en leche, la sangre es preparación de la leche, como el semen lo es del hombre y la pepita de la uva de la vid. De modo que nada más nacer, somos amamantados con la leche, este alimento del Señor, y, del mismo modo, desde el momento en que somos regenerados, recibimos una buena nueva: la esperanza del reposo final en la Jerusalén de arriba (Gá. 4:26), donde, como está escrito, manan leche y miel. Bajo el signo de este alimento material se nos promete también el alimento santo.

2. Los alimentos, como dice el apóstol, se destruyen, mas el alimento que proporciona la leche conduce hasta los cielos, convirtiéndonos en ciudadanos de los cielos e incorporándonos al coro de los ángeles. Y como el Logos es "fuente de vida" (Ap. 21:6) que brota, y recibe también el nombre de "río de aceite" (Ez. 32:14), se comprende que Pablo lo llame alegóricamente "leche", cuando dice: "Os di de beber" (1ª Co. 3:2), porque el Logos, alimento de la verdad, se bebe. Ciertamente, puede decirse que la bebida es un alimento líquido.

3. Un mismo alimento puede considerarse sólido o líquido, según, claro está, el aspecto que consideremos. Por ejemplo, el queso es coagulación de leche o leche coagulada. No me preocupa ahora la precisión de las palabras; sólo pretendo decir que una única sustancia suministra dos tipos de alimento. Así, la leche es de gran provecho para los lactantes y es, a la vez, para ellos, bebida y alimento sólido.

4. El Señor dijo: "Yo tengo un alimento que vosotros no conocéis; mi alimento consiste en cumplir la voluntad del que me ha enviado" (Jn. 4:32, 34). He aquí otra cosa –la voluntad de Dios– que, de manera semejante a la leche, se llama alegóricamente, alimento.

46.1. También en lenguaje figurado, llama "cáliz" (Mt. 20:22-23; Mr. 10:38-39; Lc. 22:42; Jn. 18:11) al cumplimiento de su pasión, porque tenía que beberlo y apurarlo hasta el final Él sólo. Así, para Cristo, el alimento era el cumpli-

Contra los que suponen que los nombres "niños" y "párvulos"... 79

miento de la voluntad del Padre, mientras que para nosotros, pequeños, que mamamos del Logos celeste, el alimento es el mismo Cristo; de ahí que la palabra "procurar" sea sinónima de "buscar", ya que los pequeños que buscan el Logos se nutren de la leche que les proporcionan los amorosos pechos del Padre.

2. El Logos también se llama a sí mismo "pan del cielo": "No os dio Moisés el pan del cielo, sino mi Padre, os da el verdadero pan del cielo. Porque el pan de Dios es el que desciende del cielo y da vida al mundo, el pan que yo os daré, es mi carne para la vida del mundo" (Jn. 6:32-33, 51).

3. Aquí se advierte el sentido místico del "pan", que llama carne, y de la que se dice que resucitará; como germina el trigo tras la siembra y la descomposición, también su carne mediante el fuego se reconstituye, para alegría de la Iglesia, como pan que ha sido cocido.

47.1. Pero mostraremos de nuevo con más detenimiento y claridad estas cuestiones en nuestro tratado *Sobre la Resurrección*. Porque dijo: "Y el pan que yo os daré es mi carne" (Jn. 6:51), y la carne es irrigada por la sangre, y el vino designa alegóricamente la sangre. Como es sabido, cuando echamos trozos de pan a una mezcla de agua y vino, éstos absorben el vino y dejan el agua; pues bien, así también la carne del Señor, el pan del cielo, absorbe la sangre, y este alimento eleva al hombre para que alcance la incorruptibilidad y deje aquellos deseos carnales que llevan a la corrupción.

2. De muchas formas es el Logos designado alegóricamente: alimento, carne, comida, pan, sangre, leche. El Señor es todo beneficio nuestro, pues hemos creído en Él. Que nadie se extrañe si alegóricamente llamamos leche a la sangre del Señor. ¿No se llama esa sangre, también alegóricamente, vino? "El que lava en el vino su manto y en la sangre de la viña su vestido" (Gn. 49:11). Dice que el cuerpo del Logos se embellecerá en su propia sangre, como también alimentará con su espíritu a los que tengan hambre del Logos.[69] Que la sangre es el Logos lo atestigua la

> De muchas formas es el Logos designado alegóricamente: alimento, carne, comida, pan, sangre, leche. El Señor es todo beneficio nuestro, pues hemos creído en Él. Que nadie se extrañe si alegóricamente llamamos leche a la sangre del Señor. ¿No se llama esa sangre, también alegóricamente, vino?

---

[69] Esta hambre del Logos parece identificarse con la fe en Él. Creer en Jesús, por tanto, es lo mismo que tener hambre de Él, el único camino para que se nos comunique su Espíritu, su misma vida.

sangre del justo Abel, que clama a Dios (Gn. 4:10; Mt. 23:35; He. 11:4).

4. Ya que es imposible a la sangre emitir sonidos, es necesario pensar que con la palabra "sangre" nos estemos refiriendo alegóricamente al Logos. Aquel justo antiguo era figura del nuevo Justo, y la sangre antigua hablaba en nombre de la sangre nueva. Quien clama a Dios es la sangre, es decir, el Logos, y revelaba que el Logos estaba destinado a sufrir.

48.1. Por lo demás, la carne misma y la sangre que en ella se contiene, es irrigada y crece con la leche, como fiel testimonio de amor filial. La formación del embrión se lleva a cabo cuando el esperma se une al residuo puro que queda después del flujo menstrual.[70] La potencia del esperma, al coagular la naturaleza de la sangre, como el cuajo coagula la leche, elabora la sustancia de lo que se conformará posteriormente. La mezcla equilibrada germina, pero el exceso puede originar la esterilidad.

2. La semilla de la tierra, cuando es inundada por una lluvia excesiva, se echa a perder y, si por la sequedad está falta de humedad, se seca; contrariamente, una humedad viscosa permite la cohesión de la semilla y la hace germinar.

3. Algunos[71] suponen que la semilla del ser vivo es sustancialmente la espuma de la sangre que, agitada violentamente por el calor natural del macho en el momento de la unión, forma espuma y se esparce por las venas espermáticas. De ahí pretende Diógenes de Apolonia que han tomado el nombre de "afrodisia".

49.1. Todo esto indica que la sangre constituye la sustancia del cuerpo humano. Lo que hay inicialmente en el seno de la mujer es un conglomerado líquido de aspecto lechoso; luego, este conglomerado se convierte en sangre y después en carne, condensándose en el útero por la acción del hálito (*pneuma*) natural y caliente, que configura el embrión y le da vida.

---

[70] En la época de Clemente, y en especial la escuela *pneúmatica*, se creía que el esperma era la causa eficiente que coagula la sangre menstrual, que a su vez constituye la causa material.

[71] Hipócrates, Galeno.

2. Después del parto, el niño sigue alimentándose aún gracias a esta misma sangre, puesto que el producir leche está en la naturaleza de la sangre y la leche es fuente de nutrición; por ella se evidencia también que realmente la mujer ha dado a luz y se ha convertido en madre. Con la leche adquiere la mujer el encanto de la ternura maternal. Por eso el Espíritu Santo que estaba en el apóstol habla misteriosamente las palabras del Señor: "Os di de beber leche" (1ª Co. 3:2).

3. Si hemos sido regenerados en Cristo, el que nos ha regenerado nos alimenta con su propia leche, es decir, el Logos. Es natural que todo progenitor procure alimento al ser que acaba de engendrar. Y como la regeneración del hombre ha sido espiritual, del mismo modo lo es su alimento.

4. Hemos sido asimilados a Cristo en todo: en parentesco por su sangre que nos ha redimido; en afinidad por la alimentación y educación que hemos recibido del Logos; en inmortalidad gracias a la formación que Él nos ha donado.

Entre los mortales, educar a los hijos da a menudo más satisfacciones que engendrarlos.[72]

La sangre y la leche son, indistintamente, símbolo de la pasión y de las enseñanzas del Señor.

50.1. Por tanto, como párvulos que somos, podemos gloriarnos en el Señor y exclamar:

Me enorgullezco de haber nacido de un padre tan bueno y de su sangre.[73]

Que la leche procede de la sangre por un proceso de transformación, está más que claro; no obstante, podemos fijarnos, a modo de lección práctica, en los pequeños rebaños de ovejas y de vacas.

2. Durante la estación que nosotros convenimos en llamar primavera, cuando el clima es húmedo, y la hierba y los pastos son abundantes y frescos, estos animales se hinchan primero de sangre, a juzgar por la distensión de las venas que dilatan los vasos; esta sangre se convierte en leche abundante. En cambio, en verano, sucede todo lo

---

[72] Biotos, *Medea*.
[73] Homero, *Ilíada* XXI, 109 y XX, 241.

contrario, pues la sangre se calienta y se reseca por el calor, paralizando dicho proceso de transformación; por tanto, al ordeñar, se obtiene menor cantidad de leche.

3. La leche tiene una cierta afinidad natural con el agua, semejante a la que tiene el lavatorio espiritual con el alimento espiritual.[74] Si, por ejemplo, a la leche añadimos un poco de agua fresca, la combinación es muy beneficiosa, porque la mezcla de la leche con el agua impide que leche se agrie, al mismo tiempo que favorece su digestión, en virtud de la afinidad de la leche con el agua.

4. El Logos tiene con el bautismo la misma afinidad que la leche con el agua. La leche es el único líquido que posee esta propiedad: se mezcla con el agua para purificarnos, como también se recibe el bautismo para la purificación de los pecados.

51.1. La leche también se mezcla con la miel, buscando un efecto purificador, al tiempo que resulta agradable. El Logos, al mezclarse con el amor del hombre, cura las pasiones y purifica también los pecados. Pienso que aquello de que su "voz fluía más dulce que la miel",[75] se refería al Logos, que es miel. En diversos lugares la profecía lo eleva "por encima de la miel y del jugo de los panales" (Sal. 19:10; 119:103).

2. La leche se mezcla también con el vino dulce, y dicha mezcla resulta saludable; es como si su naturaleza, al mezclarla, se volviera incorruptible: bajo el efecto del vino, la leche se transforma en suero, se descompone, y lo descompuesto se desecha. Así la unión espiritual entre la fe y el hombre sometido a las pasiones, convirtiendo en suero los deseos de la carne, confiere al hombre una mayor firmeza para la eternidad, haciéndole inmortal juntamente con los seres celestiales.

3. Son muchos los que para alumbrarse utilizan la parte grasa de la leche, que recibe el nombre de manteca; es una manera de simbolizar claramente al Logos, rico en aceite: el único, en verdad, que alimenta, fortifica e ilumina a los párvulos.

---

[74] Durante los primeros siglos del cristianismo, la iniciación cristiana comenzaba con el bautismo, precedido de varios años de catecumenado, y se completaba con la Santa Cena: "lavatorio" y "alimento" espirituales respectivamente. Cf. Cirilo de Jerusalén, *op. cit.*

[75] Homero, *Ilíada* I, 249.

52.1. Por eso la Escritura dice del Señor: "Lo hizo subir sobre las alturas de la tierra, y comió los frutos del campo, e hizo que chupase miel de la peña, y aceite del duro pedernal; manteca de vacas y leche de ovejas, con grosura de corderos" (Dt. 32:13-14); éstos fueron los alimentos que, entre otros, le proporcionó. Y el profeta, anunciando el nacimiento del niño, manifiesta que "se alimentará de manteca y miel" (Is. 7:15).

2. A veces, me sorprende que algunos se atrevan a llamarse "perfectos" y "gnósticos", y, llenos de orgullo y arrogancia, se consideren superiores al apóstol, cuando Pablo dice de sí mismo: "No que ya haya alcanzado, ni que ya sea perfecto; sino que prosigo, por ver si alcanzo aquello para lo cual fui también alcanzado de Cristo Jesús. Hermanos, yo mismo no hago cuenta de haber lo ya alcanzado; pero una cosa hago: olvidando ciertamente lo que queda atrás, y extendiéndome a lo que está delante, prosigo al blanco, al premio de la soberana vocación de Dios en Cristo Jesús" (Fil. 3:12-14).

3. Si se considera perfecto es por haber abandonado su vida anterior y porque tiende a una vida mejor; se considera perfecto, no en el conocimiento, sino porque desea la perfección, por eso añade: "Así que, todos los que somos perfectos, esto mismo sintamos" (Fil. 3:15). Es evidente que lo que él llama perfección es la liberación del pecado, el renacimiento de la fe en Aquel que es el único perfecto, olvidando los pecados anteriores.

7

Quién es el Pedagogo y cuál su pedagogía

El Logos es llamado Pedagogo, porque a nosotros, los niños, nos conduce a la salvación. Con toda claridad, el Logos dice de sí mismo por boca de Oseas: "Yo soy vuestro educador". La religión es pedagogía, porque es aprendizaje del servicio de Dios, y educación para alcanzar el conocimiento de la verdad y la recta formación que conduce al cielo. La pedagogía divina es la que indica el camino recto de la verdad.

53.1. Tras haber mostrado que la Escritura nos da a todos el nombre de niños, y que cuando seguimos a Cristo se nos llama alegóricamente párvulos (*népioi*), y que sólo el Padre de todos es perfecto: en Él está el Hijo, y en el Hijo está el Padre (Jn. 10:38; 17:21). Siguiendo nuestro plan, debemos decir ahora quién es nuestro Pedagogo.

2. Se llama Jesús. Algunas veces se llama a sí mismo pastor, y exclama: "Yo soy el buen pastor" (Jn. 10:11, 14). Con una metáfora tomada de los pastores que guían sus ovejas se indica al Pedagogo que guía a los niños, solícito pastor de los párvulos, a los cuales se les llama alegóricamente "ovejas" por su sencillez.

3. "Todos formarán –dice– un solo rebaño y un solo pastor" (Jn 10:16). Con razón el Logos es llamado Pedagogo, porque a nosotros, los niños, nos conduce a la salvación. Con toda claridad, el Logos dice de sí mismo por boca de Oseas: "Yo soy vuestro educador" (Os. 5:2).[76] La religión es pedagogía, porque es aprendizaje del servicio de Dios, y educación para alcanzar el conocimiento de la verdad y la recta formación que conduce al cielo.

54.1. La palabra "pedagogía" tiene diversos significados: puede referirse al que es guiado y aprende; al que dirige y enseña; en tercer lugar, a la educación misma; y, en cuarto lugar, a las cosas enseñadas: por ejemplo, los mandamientos. La pedagogía divina es la que indica el camino recto de la verdad que lleva a la contemplación de Dios;[77] y es también el modelo de la conducta santa en una eterna perseverancia.

2. Como el general que dirige el grueso de su ejército velando por la salvación de sus soldados, o como el piloto que gobierna su nave y procura poner a salvo a la tripulación, así también el Pedagogo por su solicitud hacia

---

[76] El texto hebreo, como traduce RV dice: "Yo seré la corrección de todos ellos".

[77] Cf. Platón, *Fedro*, 250.

nosotros guía a los niños hacia un género de vida saludable. Si obedecemos al Pedagogo, obtendremos de Dios todo lo que razonablemente pidamos (Jn. 14:13).

3. Así como el piloto no siempre cede ante el empuje embravecido de los vientos, sino que en ocasiones se coloca con la proa frente a las borrascas, así el Pedagogo no se deja llevar de los vientos que soplan en este mundo, ni expone al niño frente a ellos como si de un barco se tratara para que lo haga pedazos, en medio de una vida animal y desenfrenada; al contrario, llevado sólo por el Espíritu de verdad, bien equipado, agarra con firmeza el timón del niño –me refiero a sus oídos– hasta que lo ancla sano y salvo en el puerto celestial. Lo que los hombres suelen llamar educación paterna es transitoria; la educación divina, en cambio, permanece para siempre.

55.1. Se dice que el Pedagogo de Aquiles era Fénix, y el de los hijos de Creso, Adrasto; el de Alejandro, Leónidas; el de Filipo, Nausito. Pero Fénix era un mujeriego, y Adrasto, un desterrado; Leónidas no abatió la soberbia del macedonio, ni Nausito logró curar la embriaguez del de Pela. El tracio Zopiro no logró contener la lujuria de Alcibíades; Zopiro era un esclavo comprado por dinero, y Siquino, el pedagogo de los hijos de Temístocles, era un esclavo negligente. Cuentan de él que bailaba, y que fue el inventor de la conocida danza "sicinis".

2. No me olvido de los pedagogos que los persas llamaban "reales". Eran elegidos entre todos los persas en número de cuatro; los reyes les confiaban la educación de sus hijos. Sin embargo, los niños sólo aprendían de ellos el manejo del arco, y, cuando llegaban a la pubertad, se unían a sus hermanas en relaciones íntimas, a sus madres y a innumerables mujeres, legítimas o concubinas; practicaban las relaciones sexuales como los jabalíes. Nuestro Pedagogo, en cambio, es el Santo Dios, Jesús, el Logos que guía a toda la humanidad; Dios mismo, que ama a los hombres, es nuestro pedagogo.

56.1. El Espíritu Santo en un lugar del Cántico, habla de Él así: "Lo halló en tierra de desierto, y en desierto horrible y yermo; lo trajo alrededor, lo instruyó, lo guardó como la niña de su ojo. Como el águila despierta su nidada, revolotea sobre sus pollos, extiende sus alas, los

> Así como el piloto no siempre cede ante el empuje embravecido de los vientos, sino que en ocasiones se coloca con la proa frente a las borrascas, así el Pedagogo no se deja llevar de los vientos que soplan en este mundo. Nuestro Pedagogo es el Santo Dios, Jesús el Logos que guía a toda la humanidad; Dios mismo, que ama a los hombres, es nuestro pedagogo.

En los días de Jacob, el Señor Dios aún no tenía nombre, porque aún no se había hecho hombre. Sin embargo, "Jacob llamó a este lugar 'rostro de Dios', porque dijo: he visto a Dios cara a cara, y mi vida ha quedado a salvo". La cara de Dios es el Logos, por el que Dios es iluminado y conocido. Fue entonces cuando Jacob recibió el nombre de Israel, porque vio al Señor Dios.

toma, los lleva sobre sus plumas: el Señor solo le guió, que no hubo con él dios ajeno" (Dt. 32:10-12). Me parece que la Escritura presenta el Pedagogo y describe su pedagogía de forma muy clara.

2. De nuevo, hablando en su propio nombre, se considera a sí mismo pedagogo: "Yo soy el Señor tu Dios, que te ha sacado de la tierra de Egipto" (Éx. 29:46). ¿Quién es el que tiene poder para conducir dentro o sacar fuera? ¿No es el Pedagogo? Él se apareció a Abraham y le dijo: "Yo soy tu Dios; sé grato a mis ojos" (Gn. 17:1).

3. Como excelente pedagogo va educando al niño en la fidelidad, y le dice: "Sé irreprochable; yo estableceré mi alianza contigo y con tu descendencia" (Gn. 17:1, 2, 7). Se da aquí una comunicación de amistad por parte del maestro. Es evidente que fue también el Pedagogo de Jacob.

4. "Mira –le dijo–, yo estaré contigo y te guardaré dondequiera que vayas, te devolveré a esta tierra, y no te abandonaré hasta haber cumplido mi promesa" (Gn. 28:15). Y se añade que luchó con él: "Jacob se quedó solo y un hombre –el Pedagogo– combatió con él hasta el alba" (Gn. 32:25).

57.1. Él era el hombre que combatía y que luchaba con él, y que, untándole con aceite,[78] entrenaba al luchador Jacob contra el Maligno. Puesto que el Logos era a la vez entrenador de Jacob y Pedagogo de la humanidad, la Escritura dice: "le preguntó y le dijo: Revélame tu nombre; a lo que el Señor respondió: ¿Por qué preguntas mi nombre?" (Gn. 32:30). En efecto, reservaba el nombre nuevo para el pueblo joven, para el párvulo.

2. El Señor Dios aún no tenía nombre, porque aún no se había hecho hombre. Sin embargo, "Jacob llamó a este lugar 'rostro de Dios', porque dijo: he visto a Dios cara a cara, y mi vida ha quedado a salvo" (Gn. 32:31). La cara de Dios es el Logos, por el que Dios es iluminado y conocido. Fue entonces cuando Jacob recibió el nombre de Israel, porque vio al Señor Dios (Gn. 32:29).

3. Fue también Dios, el Logos, el Pedagogo, quien le dijo en otra ocasión: "No tengas miedo de ir a Egipto" (Gn.

---

[78] Antes de cualquier competición atlética se untaba al luchador o deportista con aceite.

46:3). Observa cómo el Pedagogo acompaña al hombre justo, y cómo entrena al luchador, enseñándole a derribar al adversario.

4. Él mismo enseña a Moisés el oficio de pedagogía; en efecto, dice el Señor: "Si alguno peca contra mí, yo le borraré de mi libro. Y ahora, vete y conduce a tu pueblo al lugar que te he dicho" (Éx. 32:33ss.).

58.1. Aquí es maestro de pedagogía. El Señor, por medio de Moisés, fue realmente el Pedagogo del pueblo antiguo, pero es Él mismo en persona, el que cara a cara guía al pueblo nuevo. Dice a Moisés: "He aquí mi ángel irá delante de ti" (Éx. 32:34), poniendo ante él la potencia del Logos como mensajero y guía.

2. Pero se reserva la dignidad de Señor y afirma: "En el día de mi visitación yo visitaré en ellos su pecado" (Éx. 32:34). Lo que viene a decir: el día en que me constituya juez, les haré pagar el precio de sus pecados, pues es, al mismo tiempo, pedagogo y juez que juzga a los que transgreden sus mandatos; y como amante que es de los hombres, el Logos no silencia sus pecados; muy al contrario, se los reprocha para que se conviertan: "El Señor quiere el arrepentimiento del pecador y no su muerte" (Ez. 18:23, 32; 33:11).

3. Nosotros, como los párvulos, cuando oímos hablar de los pecados de otros, tememos vernos amenazados con castigos semejantes y procuramos evitar esos mismos pecados. ¿En qué pecaron? "En su furor mataron varón, y en su voluntad arrancaron muro. Maldito su furor" (Gn. 49:6, 7).

59.1. ¿Quién podría educarnos con más cariño que Él? Primero hubo una antigua alianza para el pueblo antiguo; la Ley educaba al pueblo en el temor, y el Logos era su Ángel. Pero el pueblo nuevo y joven ha recibido una nueva y joven alianza; el Logos ha sido engendrado, el miedo se ha trocado en amor, y aquel ángel místico, Jesús, ha nacido.

2. Es Él, el mismo Pedagogo que en otro tiempo dijo: "Temerás al Señor tu Dios" (Dt. 6:13;10:20), y que nos exhorta ahora: "Amarás al Señor tu Dios" (Mt. 22:37). Por esta misma razón nos ordena: "Apártate del mal –los antiguos pecados–, y haz el bien" (Sal. 34:14); "Dejad de

> El Señor, por medio de Moisés, fue realmente el Pedagogo del pueblo antiguo, pero es Él mismo en persona, el que cara a cara guía al pueblo nuevo. ¿Quién podría educarnos con más cariño que Él? Primero hubo una antigua alianza para el pueblo antiguo; la Ley educaba al pueblo en el temor, y el Logos era su Ángel. Pero el pueblo nuevo y joven ha recibido una nueva y joven alianza; el Logos ha sido engendrado, el miedo se ha trocado en amor, y aquel ángel místico, Jesús, ha nacido.

La Ley fue una antigua gracia otorgada por el Verbo por mediación de Moisés. Moisés cede proféticamente el lugar al Logos, el perfecto Pedagogo, prediciendo su nombre y su pedagogía, al mismo tiempo que presenta el Pedagogo a su pueblo, con la obligación de obedecerle. "El Señor nuestro Dios –dice– levantará un profeta como yo entre vuestros hermanos."

hacer lo malo: aprended a hacer bien" (Is. 1:16, 17); "tú has amado la justicia y has aborrecido la maldad" (Sal. 45:7). Ésta es mi nueva alianza grabada en letra antigua. Así pues, no se debe menospreciar la novedad del Logos.

3. En el Libro de Jeremías dice el Señor: "No digas: yo soy un niño; antes de formarte en el vientre de tu madre ya te conocía; y antes de que salieses del seno materno ya te consagré" (Jer. 1:7, 5). Es posible que esta palabra profética se refiriera simbólicamente a nosotros, que fuimos conocidos por Dios, en cuanto destinados a la fe, antes de la creación del mundo (Ef. 1:4; 1ª P. 1:20); pero niños todavía, pues la voluntad de Dios acaba de cumplirse recientemente. En cuanto a la vocación y a la salvación somos recién nacidos.

60.1. Por esto añade: "Te di por profeta a las naciones" (Jr. 1:5); con ello le dice que debía ser profeta y que el tratamiento de "niño" no debía interpretarse como un deshonor para los que son llamados "párvulos". La Ley fue una antigua gracia otorgada por el Verbo por mediación de Moisés. Por eso dice la Escritura: "La Ley fue dada por medio de Moisés" (Jn. 1:17); no por Moisés, sino por el Logos; Moisés hizo de intermediario, como siervo suyo; por eso fue una ley transitoria. Mas "la gracia eterna y la verdad han venido por medio de Jesucristo" (Jn. 1:17).

2. Considerad estas palabras de la Escritura: respecto a la Ley, sólo afirma que "fue dada", mas la verdad, que es una gracia del Padre, es la obra eterna del Logos; la Escritura no dice que "fue dada", sino que fue hecha "por Jesús", "sin el cual nada ha sido hecho" (Jn. 1:3). Moisés, pues, cede proféticamente el lugar al Logos, el perfecto Pedagogo, prediciendo su nombre y su pedagogía, al mismo tiempo que presenta el Pedagogo a su pueblo, con la obligación de obedecerle.

3. "El Señor nuestro Dios –dice– levantará un profeta como yo entre vuestros hermanos" (Dt. 18:15). Es Jesús, hijo de Navé, que alegóricamente significa Jesús, el Hijo de Dios. Porque el nombre de Jesús anunciado en la Ley era una figura del Señor. Moisés aconseja prudentemente al pueblo: "A él escucharéis, y el hombre que no escuche a este profeta" (Dt. 18:15, 19), y sigue con amenazas. Así nos anuncia proféticamente el nombre del Salvador Pedagogo.

61.1. La profecía le atribuye también una vara, una vara de pedagogo, de mando, propia del que ejerce la autoridad. A quienes el Logos persuasivo no sana, los sanará la amenaza; y si tampoco la vara los cura, el fuego los consumirá. "Saldrá –dice la Escritura– un brote de la vara de Jesé" (Is. 11:1).

2. Considera la solicitud, la sabiduría y el poder del Pedagogo. "No juzgará según la vista de sus ojos, ni argüirá por lo que oyeren sus oídos; sino que juzgará con justicia a los pobres, y argüirá con equidad por los mansos de la tierra" (Is. 11:3-4). Y, por boca de David, exclama: "El Señor, que educa, me corrigió, pero no me entregó a la muerte" (Sal. 118:18).[79] Ser castigado por el Señor y tenerlo por Pedagogo, equivale a ser liberado de la muerte.

3. Por boca del mismo profeta añade: "Con vara de hierro los regirás" (Sal. 2:9). Asimismo, el apóstol, inspirado, escribe a los corintios: "¿Qué queréis? ¿Que venga a vosotros con la vara, o con amor y espíritu de mansedumbre?" (1ª Co. 4:21). Y todavía, por boca de otro profeta, añade: "El Señor hará surgir de Sión su vara de poder" (Sal. 110:2). "Tu vara y tu cayado –el pedagógico– me han persuadido" (Sal. 23:4), dice por boca de otro. Tal es el poder del Pedagogo: firme, consolador y salvador.

> La profecía le atribuye también una vara, una vara de pedagogo, de mando, propia del que ejerce la autoridad. A quienes el Logos persuasivo no sana, los sanará la amenaza; y si tampoco la vara los cura, el fuego los consumirá. Ser castigado por el Señor y tenerlo por Pedagogo, equivale a ser liberado de la muerte. "¿Qué queréis? ¿Que venga a vosotros con la vara, o con amor y espíritu de mansedumbre?".

---

[79] "Me castigó gravemente el Señor, mas no me entregó a la muerte" (RV).

8

Contra quienes consideran que el Justo no es Bueno

62.1. Algunos se empeñan en decir que el Señor no es bueno porque usa la vara, y se sirve de la amenaza y del temor. Según parece, no han entendido el pasaje de la Escritura que dice así: "El que teme al Señor se convierte en su corazón" (*Eclesiástico* 21:6); además, olvidan su gran amor que le llevó a hacerse hombre por nosotros.

2. Precisamente por esa razón el profeta le dirige esta afectuosa súplica: "Acuérdate de nosotros, porque somos polvo" (Sal. 103:4), es decir, compadécete de nosotros, pues has experimentado la debilidad de la carne.[80] Sin lugar a dudas, el Señor, nuestro Pedagogo, es sumamente bueno e irreprochable, porque, en su inestimable amor hacia los hombres, ha participado de los sufrimientos de cada uno.

3. "Nada hay que el Señor odie" (*Sabiduría* 11:24). Es imposible que odie una cosa y querer al mismo tiempo su existencia; ni puede querer que no exista algo, y hacer que exista aquello que no quiere que sea, ni puede querer que no sea lo que es. Si el Logos odia alguna cosa, quiere que esa cosa no exista; y ninguna cosa existe si Dios no le da existencia. Nada hay, pues, que sea odiado por Dios; y, por tanto, nada es odiado por el Logos.

4. Porque ambos son Dios: "En el principio el Logos estaba en Dios y el Logos era Dios" (Jn. 1:1). Y si el Logos no odia a ninguno de los seres que ha creado, es evidente que los ama.

63.1. Y, como es natural, amará al hombre más que a los otros, porque es la más bella de todas sus criaturas, un ser viviente capaz de amar a Dios. Por tanto, Dios ama al hombre; luego, el Logos ama al hombre. Quien ama desea ser útil al ser amado; y ser útil es superior a no serlo. Por otra parte, nada es superior al bien; así pues, el bien es

---

[80] Cf. He. 4:15: "No tenemos un pontífice que no se pueda compadecer de nuestras flaquezas; sino uno que fue tentado en todo según nuestra semejanza, pero sin pecado".

útil. Dios es bueno –todos lo reconocemos–; por tanto, Dios es útil.

2. Y lo bueno, en tanto que bueno, no hace otra cosa que ser útil, luego Dios es útil en todo. No se puede decir que es útil al hombre, pero que no se preocupa de él; ni tampoco que se preocupa, pero que no se cuida de él, porque ser útil deliberadamente es superior a serlo sin proponérselo, y nada es mejor que Dios. Por otra parte, ser útil deliberadamente no es otra cosa que ocuparse del objeto de su solicitud; en consecuencia, Dios cuida y se preocupa del hombre.

3. Y lo demuestra con hechos, educándolo por medio del Logos, que es el verdadero aliado del amor de Dios hacia los hombres. El bien no es tal porque tenga la virtud de ser bueno, como a la justicia no se le da el nombre de bien por tener virtud, ya que ella misma, de por sí, es una virtud, sino por el hecho de ser buena en sí misma y por sí misma.

64.1. Con otras palabras: se dice que lo útil es un bien, no porque agrade, sino porque es conveniente. Ésta es la naturaleza de la justicia: es un bien, porque es virtud y merece elegirse por ella misma, no porque produzca placer; pues no juzga conforme a lo que agrada, sino que da a cada uno lo que merece. Así, pues, lo útil es lo que conviene.

2. Sean cuales fueren los elementos constitutivos del bien, también la justicia presenta esas características: de los mismos rasgos participan ambos; las cosas que se caracterizan por lo mismo son iguales entre sí y semejantes; por consiguiente, la justicia es un bien.

3. Entonces, dicen algunos, ¿por qué se irrita y castiga el Señor, si ama a los hombres y es bueno? Es necesario decir algo más sobre este asunto, aunque sea de manera breve; pues este modo de proceder es de suma utilidad en orden a la recta educación de los niños y juega un papel de recurso indispensable.

4. La mayor parte de las pasiones se curan por medio de castigos y preceptos muy rígidos, y por la enseñanza de algunos principios. La represión es como una especie de cirugía para las pasiones del alma, ya que las pasiones son como una úlcera de la verdad y deben eliminarse enteramente por extirpación.

> Entonces, dicen algunos, ¿por qué se irrita y castiga el Señor, si ama a los hombres y es bueno? La mayor parte de las pasiones se curan por medio de castigos y preceptos muy rígidos, y por la enseñanza de algunos principios. La represión es como una especie de cirugía para las pasiones del alma, ya que las pasiones son como una úlcera de la verdad y deben eliminarse enteramente por extirpación.

El Señor no reprende al hombre por odio; podría destruirlo por sus pecados, y, sin embargo, Él mismo sufrió por nosotros. Con admirable habilidad del buen pedagogo que es, suaviza la recriminación con la amonestación, y emplea palabras duras como látigo para despertar la mente embotada; luego, cambiando de método, procura exhortar a la conversión a quienes ha castigado.

65.1. El reproche se parece mucho a un medicamento que disuelve los endurecimientos de las pasiones, limpia la suciedad de las impurezas de la vida, la lujuria, y alisa aun las hinchazones de la soberbia, restituyendo al hombre a la sanidad y a la verdad.

2. La amonestación es como una especie de régimen para el alma enferma; aconseja lo que conviene comer y prohibe lo que no se debe tomar. Todo esto conduce a la salvación y a la salud eterna. El general que impone a los culpables multas pecuniarias o castigos corporales, encarcelándolos y castigándolos con las peores deshonras, a veces incluso con la muerte, persigue un fin bueno; pues ejerce su autoridad para la corrección de sus subordinados.

3. Del mismo modo, el Logos, este gran general nuestro, Señor del Universo, reprendiendo a los que desobedecen la ley, los libera de la esclavitud, del error y de la cautividad del enemigo; reprime las pasiones de su alma y los conduce en paz hacia la concordia de nuestra vida.

66.1. Así como la persuasión y la exhortación pertenecen al género deliberativo, el reproche y la censura pertenecen al género laudatorio. Este género es una especie de arte de la represión; mas reprender es signo de buena voluntad, no de odio. Las amonestaciones pueden llevarlas a cabo el amigo y el enemigo: éste, con espíritu de burla; aquél, con amor.

2. El Señor no reprende al hombre por odio; podría destruirlo por sus pecados, y, sin embargo, Él mismo sufrió por nosotros. Con admirable habilidad del buen pedagogo que es, suaviza la recriminación con la amonestación, y emplea palabras duras como látigo para despertar la mente embotada; luego, cambiando de método, procura exhortar a la conversión a quienes ha castigado.

3. A quienes la exhortación no conviene, los estimula la represión; y a los que como si fuesen cadáveres la represión no logra despertar a la salvación, el áspero lenguaje los resucita a la verdad. "Azotes y disciplina son siempre principio de sabiduría. Enseñar a un necio es como componer un cacharro roto" (*Eclesiástico* 22:6-7), suele decirse, como hacer comprender a la tierra y estimular a la cordura al que ha perdido la esperanza. Por eso añade la misma Escritura: "Es como despertar de profun-

do sueño al que está dormido" (v. 9); sueño que se parece mucho a la muerte.

4. El mismo Señor revela claramente su forma de proceder, cuando describe alegóricamente la multiplicidad y utilidad de sus cuidados: "Yo soy la vid verdadera, y mi Padre es el viñador", y añade: "Todo sarmiento que en mí no da fruto, lo arranca; y todo el que da fruto lo poda, para que dé más fruto" (Jn 15:1, 2). Si la vid no es podada, se hace silvestre; lo mismo le ocurre al hombre.

5. El Logos es el machete que poda y limpia las ramificaciones insolentes y las encauza para que den fruto y no se pierdan en simples deseos. La represión de los pecadores tiene por finalidad su salvación; el Logos se adapta como una melodía al modo de ser de cada uno: unas veces tensa las cuerdas; otras, las afloja.

67.1. De forma bien clara se expresó Moisés: "No temáis; que por probaros vino Dios, y porque su temor esté en vuestra presencia para que no pequéis" (Éx. 20:20). De aquí lo aprendió bien Platón cuando dice: "Todos los que sufren un castigo reciben en realidad un gran bien, ya que se benefician en el sentido de que su alma, al ser justamente castigados, experimenta una notable mejora".[81]

2. Platón, al creer que los hombres corregidos por un justo obtienen un gran beneficio, reconoce que el justo es bueno. Ciertamente el temor tiene en sí algo provechoso; y se reconoce como algo bueno para el hombre: "El espíritu de los que temen al Señor vivirá, pues su esperanza está puesta en aquel que los salva" (*Eclesiástico* 34:13).

3. Este mismo Logos es juez cuando nos castiga. Isaías dice de Él: "El Señor lo ha entregado por nuestros pecados" (Is. 53:6); es decir, como reformador y enmendador de nuestros pecados.

68.1. Constituido Pedagogo por el Padre de todos, únicamente Él puede perdonar los pecados, sólo es capaz de discernir la obediencia de la desobediencia. Cuando

---

[81] Platón, *Georgias* 477. Clemente, como Justino y otros, siguiendo a Filón, creía en la "teoría del préstamo", es decir, que Platón y otros filósofos griegos habían conocido las Escrituras hebreas y tomado prestado de ellas algunas de sus ideas. Con esto, tanto los apologistas judíos como cristianos, pretendían demostrar la superioridad de la revelación bíblica respecto de la sabiduría griega.

amenaza, es evidente que no busca el mal, ni desea cumplir sus amenazas; mas, al suscitar el miedo, reprime el impulso que lleva al pecado; muestra su amor a los hombres, retardándolos y haciéndoles ver los sufrimientos que les aguardan si permanecen en sus pecados, pero no actúa como la serpiente que ataca y muerde súbitamente a su presa.

2. Dios, pues, es bueno. El Señor, la mayoría de las veces, prefiere advertir antes que actuar: "Emplearé en ellos mis saetas. Consumidos serán de hambre, y comidos de fiebre ardiente y de amarga pestilencia; diente de bestias enviaré también sobre ellos, con veneno de serpiente de la tierra. De fuera desolará la espada, Y dentro de las cámaras el espanto" (Dt. 32:23-25).

3. Dios no se deja llevar por la cólera, como algunos suponen. La mayoría de las veces amenaza, y siempre exhorta a la humanidad, mostrándole lo que debe hacer. Es éste un excelente método: suscitar el temor para que evitemos el pecado. "El temor del Señor aleja de los pecados; sin temor es imposible ser justificado" (*Eclesiástico* 1:21), dice la Escritura. Dios no impone el castigo movido por su cólera, sino por su justicia; porque considera que no es bueno menospreciar la justicia por nuestra causa.

69.1. Cada uno de nosotros escoge su propio castigo cuando peca voluntariamente. "Cada uno es responsable de su elección; Dios no es culpable".[82] "Pero si nuestra injusticia pone de manifiesto la justicia de Dios, ¿qué diremos? ¿Que será, tal vez, injusto Dios al descargar su cólera? De ninguna manera" (Ro. 3:5, 6).[83] Habla amenazando: "Si afilare mi reluciente espada, y mi mano arrebatare el juicio, yo volveré la venganza a mis enemigos, y daré el pago a los que me aborrecen. Embriagaré de sangre mis saetas, y mi espada devorará carne: en la sangre de los muertos y de los cautivos" (Dt. 32:41, 42).

2. Es evidente que quienes no son enemigos de la verdad y no odian al Logos, tampoco odian su salvación, ni se hacen acreedores de los castigos que nacen del odio.

---

[82] Platón, *La República* X, 617.

[83] "Y si nuestra iniquidad encarece la justicia de Dios, ¿qué diremos? ¿Será injusto Dios que da castigo? (hablo como hombre). En ninguna manera" (RV).

"El temor del Señor es la plenitud de la sabiduría" (*Eclesiástico* 1:18), dice la Sabiduría.

3. Por boca del profeta Amós, el Logos ha revelado claramente su propósito: "Os destruí como cuando Dios destruyó a Sodoma y a Gomorra, y fuisteis como tizón escapado del fuego: mas no os tornasteis a mí, dice el Señor" (Am. 4:11).

70.1. Ved cómo Dios, por su bondad, busca nuestro arrepentimiento, y cómo, en la misma amenaza, muestra tácitamente su amor al hombre: "Les ocultaré mi rostro –dice–, a ver qué será de ellos" (Dt. 32:20).[84] Allí donde el Señor dirige su mirada hay paz y alegría; pero allí donde la aparta, a escondidas se introduce el mal.

2. Él no quiere mirar el mal, porque es bueno.[85] Pero si voluntariamente aparta sus ojos, el mal hace presa de la especie humana por su infidelidad.[86] Dice San Pablo: "Considerad, pues, la bondad de Dios y su severidad; severidad con los que cayeron; bondad contigo, para que perseveres en la bondad" ((Ro. 11:22), es decir, en la fe de Cristo. Él, que es bueno, precisamente porque lo es por naturaleza, odia el mal.

3. En consecuencia, reconozco que su castigo alcanza a los infieles –el castigo es bueno y provechoso para el que lo recibe; es corrección para quien se resiste–, pero no quiere la venganza. Porque la venganza consiste en devolver mal por mal, y persigue la utilidad del vengador. Y es claro que no desea la venganza el que nos enseña a orar por los que nos calumnian (Mt. 5:44; Lc. 6:28).

71.1. Todos reconocen que Dios es bueno, aunque algunos muy a pesar suyo; pero para demostrar que Dios es justo, me veré obligado a presentar, sin más discursos, el testimonio del Señor, en un pasaje del Evangelio; en él dice de sí mismo que es uno: "para que todos sean uno; como tú, Padre, en mí y yo en ti, para que también ellos en nosotros sean uno a fin de que el mundo crea que tú

---

[84] "Y dijo: Esconderé de ellos mi rostro, veré cuál será su postrimería" (RV).

[85] Cf. Hab. 1:13: "Muy limpio eres de ojos para ver el mal, ni puedes ver el agravio".

[86] Cf. Sal. 104:29: "Escondes tu rostro, se turban".

me has enviado. Y yo les he dado la gloria que tú me diste, para que ellos sean uno como nosotros somos uno: yo en ellos y tú en mí para ser perfectamente uno" (Jn. 17:21-23). Dios es "uno", y está más allá del uno y de la misma mónada.[87]

2. Por eso el pronombre "tú", en su sentido deíctico (demostrativo), designa al Dios único, realmente existente, el que fue, que es y que será (Ap. 11:17). Un solo nombre se emplea para los tres tiempos: "El que es" (Éx. 3:14). Que este mismo ser, el Dios único, es "justo", lo atestigua el Señor en el Evangelio, cuando dice: "Padre, los que me has dado, quiero que, donde yo estoy, también ellos estén conmigo, para que contemplen la gloria que me has dado, porque me amaste antes de la creación del mundo. Padre justo, el mundo no te reconoció, mas yo te conocí; y éstos también conocieron que tú me enviaste. Y yo les manifesté tu nombre, y se lo daré a conocer" (Jn. 17:24-26).

3. Él es quien "visita la maldad de los padres sobre los hijos, sobre los terceros y sobre los cuartos, a los que me aborrecen, y que hago misericordia en millares a los que me aman" (Éx. 20:5, 6). Él es el que coloca a unos a su derecha y a otros a su izquierda (Mt. 25:33), considerado como Padre, puesto que es Bueno, recibe Él solo el nombre de "bueno" (Mt. 19:17).[88] En tanto que Hijo, y siendo su Logos, está en el Padre y recibe el nombre de "justo", por su recíproco amor; y esta denominación implica una igualdad de poder. Dice la Escritura: "juzgará al hombre conforme a sus obras" (*Eclesiástico* 16:11). Dios nos ha revelado en Jesús el rostro de la balanza equilibrada de la justicia divina, pues, por medio de Él, hemos conocido a

---

[87] Mónada, sinónimo de "unidad" entre los griegos.
[88] Tanto el Dios del Antiguo como del Nuevo Testamento, que son uno y el mismo, es bueno y justo por el mismo hecho de la creación y de la salvación, temas que unifican ambas dispensaciones. La unicidad de Dios y de su Logos en relación con las Escrituras, que por un mismo Espíritu hablan tanto en el Viejo como el Nuevo Testamento, sin diferenciar esencialmente, en cuanto a inspiración divina, entre la boca de Moisés, Isaías, Pedro o Pablo, que expresan la voluntad del Logos-Dios, forma parte de la polémica antimarcionista de Clemente, que llena su obra, como también la de Ireneo y Orígenes. Frente a Marción, y todos los que enfrentan al Dios de la ira de la antigua Alianza, y el Dios de amor de la nueva, Clemente presenta una sola Alianza de Dios con los hombres, que se inicia en el principio del mundo, con la creación, y llega hasta el presente.

Dios [Padre], pues son como los platillos iguales de una balanza.

72.1. De Él habla abiertamente la Sabiduría: "Piedad y cólera están en Él" (*Eclesiástico* 16:12); pues Él es, en efecto, el Señor de ambas,"poderoso en el perdón, al tiempo que derrama su cólera; grande en su misericordia, y grande también en su severidad" (*Eclesiástico* 16:11, 12). Misericordia y severidad tienen como fin la salvación de quienes son objeto de represión.

2. Que el "Dios y Padre de Nuestro Señor Jesús" (2ª Co. 1:3), es bueno, lo confiesa de nuevo el mismo Logos: "Es benigno para con los ingratos y malos" (Lc. 6:35). Y sigue: "Sed misericordiosos como vuestro Padre es misericordioso" (Lc. 6:36). Y añade de forma más explícita: "Nadie es bueno sino mi Padre, que está en los cielos" (Mt. 19:17; Mr. 10:18); y agrega: "Mi padre hace brillar el sol sobre todos" (Mt. 5:45).

3. Hay que hacer notar aquí que reconoce que su Padre es bueno y que es el Creador; y que el creador es justo no se discute. Y de nuevo afirma: "Mi Padre hace llover sobre justos e injustos" (Mt. 5:45). Como autor de la lluvia, es el creador del agua y de las nubes; en cuanto que provoca la lluvia sobre todos, reparte sus dones justa y equitativamente; y por ser bueno, hace llover igualmente sobre justos e injustos.

73.1. Con toda evidencia podemos, pues, concluir que Dios es uno y el mismo; el Espíritu Santo lo afirmó cantando: "Cuando veo tus cielos, obra de tus dedos" (Sal. 8:3), y "El que ha creado los cielos habita en ellos" (Sal. 2:4), y "El cielo es su trono" (Sal. 11:4). Por su parte, el Señor se ha expresado así en su oración: "Padre nuestro que estás en los cielos" (Mt. 6:9). Los cielos pertenecen a quien ha creado el mundo; de manera que, sin discusión, creemos que el Señor es también Hijo del Creador. Y si todos reconocen que el Creador es justo, y que el Señor es Hijo del Creador, se infiere que el Señor es Hijo del Justo.

2. Por eso dice también Pablo: "Ahora, sin ley, se ha manifestado la justicia de Dios" (Ro. 3:21), y de nuevo, para que puedas comprender mejor que Dios es justo: "La justicia de Dios por la fe de Jesucristo, para todos los que creen en él: porque no hay diferencia" (Ro. 3:22); y todavía,

---

Con toda evidencia podemos, pues, concluir que Dios es uno y el mismo; el Espíritu Santo lo afirmó cantando: "Cuando veo tus cielos, obra de tus dedos", y "El que ha creado los cielos habita en ellos", y "El cielo es su trono. Los cielos pertenecen a quien ha creado el mundo; de forma que, sin discusión, creemos que el Señor es también Hijo del Creador. Y si todos reconocen que el Creador es justo, y que el Señor es Hijo del Creador, se infiere que el Señor es Hijo del Justo.

Es evidente, en verdad, que el Dios del universo es uno solo, bueno, justo, creador, hijo en el Padre, para quien sea la gloria por los siglos de los siglos, amén. Pero no es contrario al carácter del Logos salvador el reprender con solicitud. Si la exhortación es necesaria, no lo es menos la represión, a la hora de herir ligeramente el alma que se ha descarriado, no para buscar su muerte, sino su salvación: un pequeño dolor para evitar una muerte eterna.

para dar testimonio de la verdad, escribe más adelante: "En el tiempo de la paciencia de Dios: para la demostración de su justicia en el tiempo presente, y para mostrar que es justo y que justifica a todo el que cree en Jesús" (Ro. 3:26).

3. Y como sabe que el justo es bueno, lo pone de manifiesto cuando dice: "De manera que la ley a la verdad es santa, y el mandamiento santo, y justo, y bueno" (Ro. 7:12); emplea los dos términos para referirse al mismo poder.[89]

74.1. Sin embargo, "nadie es bueno sino mi Padre" (Mt. 19:17); y es que su mismo Padre, que es uno, se manifiesta con múltiples poderes. "Nadie ha conocido al Padre" (Mt. 11:27), pues Él mismo lo era todo antes de la llegada de su Hijo. Así que es evidente, en verdad, que el Dios del universo es uno solo, bueno, justo, creador, hijo en el Padre, para quien sea la gloria por los siglos de los siglos, amén.

2. Pero no es contrario al carácter del Logos salvador el reprender con solicitud. Se trata, sin duda, de una medicina del amor divino que hace nacer el rubor del pudor y la vergüenza ante el pecado. Si la exhortación es necesaria, no lo es menos la represión, a la hora de herir ligeramente el alma que se ha descarriado, no para buscar su muerte, sino su salvación: un pequeño dolor para evitar una muerte eterna.

3. La sabiduría de su pedagogía es grande y son varias las formas que adopta en orden a nuestra salvación. El Pedagogo da testimonio en favor de los que practican el bien, y exhorta a los elegidos a obrar mejor; desvía el impulso de quienes habían emprendido el camino del pecado, y los anima a seguir una vida mejor.

4. La apasionada cólera de Dios –si realmente es correcto llamar así a la represión de que nos hace– es una prueba de su amor hacia el hombre, pues por el hombre, Dios ha condescendido en compartir los sentimientos del hombre, por quien también el Logos de Dios se ha hecho hombre (Jn. 1:14).

---

[89] Los falsos gnósticos no admitían que la Ley fuera justa y buena al mismo tiempo.

9

Al mismo poder pertenece premiar y castigar justamente. ¿Cuál es, pues, el método pedagógico del Logos?

75.1. El Pedagogo de la humanidad, nuestro Logos divino, con todas sus fuerzas, sirviéndose de los múltiples recursos de su sabiduría, empeñado en sus pequeños; amonesta, reprende, increpa, reprocha, amenaza, cura, promete, premia, "atando como con muchas riendas" (Platón) los impulsos irracionales de la naturaleza humana.

2. En una palabra, el Señor hace con nosotros lo que nosotros hacemos con nuestros hijos. "¿Tienes hijos? Edúcalos –recomienda la Sabiduría–, doblégalos desde su infancia. ¿Tienes hijas? Cuida de su cuerpo, y no les muestres un rostro complaciente" (*Eclesiástico* 7:23-24). Y, ciertamente, a nuestros hijos, niños y niñas, los queremos mucho, por encima de cualquier cosa.

3. Hay quienes con sus palabras sólo persiguen un agradecimiento efímero y tratan de agradar a sus oyentes, pero su afecto es escaso; pero hay otros que buscan lo que es provechoso y aunque al presente parezcan molestos, sin embargo benefician cara al futuro. El Señor no persigue el placer momentáneo, sino la felicidad futura. Mas volvamos a la bondadosa pedagogía del Logos, según el testimonio de los profetas.

76.1. La amonestación es una censura afectuosa que estimula la mente. El Pedagogo amonesta así, como cuando dice en el Evangelio: "¡Cuántas veces quise recoger a tus hijos, como la gallina recoge a sus polluelos bajo sus alas, y vosotros no quisisteis" (Mt. 23:37; Lc. 13:34). De nuevo amonesta la Escritura: "Han cometido adulterio con la piedra y con el leño, y han quemado perfumes a Baal" (Jer. 3:9; 7:9; 32:29).

2. La prueba más grande de su amor hacia el hombre es que, a pesar de conocer perfectamente la desvergüenza de este pueblo reacio y rebelde, lo llama al arrepentimiento, y exclama por boca de Ezequiel: "Hijo de hombre, tú habitas entre escorpiones; háblales, si es que te escuchan" (Ez. 2:6,7; 3:11).

La amonestación es una censura afectuosa que estimula la mente. La prueba más grande de su amor hacia el hombre es que, a pesar de conocer perfectamente la desvergüenza de este pueblo reacio y rebelde, lo llama al arrepentimiento, y exclama por boca de Ezequiel: "Hijo de hombre, tú habitas entre escorpiones; háblales, si es que te escuchan".

La represión es una censura por los malos actos, que dispone para el bien. El reproche es una censura que se hace a los negligentes o despreocupados. El Pedagogo emplea este tipo de pedagogía cuando afirma por boca de Isaías: "Escuchad, cielos; presta oído, tierra; es el Señor quien habla: Engendré hijos y los eduqué, mas ellos se han rebelado contra mí. El buey conoce a su amo, y el asno el pesebre de su dueño, pero Israel no me conoce".

3. También dice a Moisés: "Ve y di al Faraón que deje marchar al pueblo; pero bien sé yo que no los dejará marchar" (Éx. 3:18ss.). Pone de manifiesto dos cosas: su divinidad, pues conoce el futuro, y su amor hacia el hombre, pues concede el primer impulso para el arrepentimiento al libre albedrío del alma.

4. Amonesta también preocupándose por el pueblo cuando, por boca de Isaías, dice: "Este pueblo me honra con sus labios, mas su corazón está lejos de mí" (Is. 29:13); lo cual es un reproche acusador: "en vano me rinden culto, pues enseñan doctrinas que son mandamientos de hombres" (Is. 29:13; Mt. 15:8, 9). Aquí, la solicitud divina, a la vez que revela el pecado, muestra el remedio de la salvación.

77.1. La represión es una censura por los malos actos, que dispone para el bien. Un buen ejemplo nos lo ofrece por boca de Jeremías: "Como caballos bien hartos fueron a la mañana, cada cual relinchaba a la mujer de su prójimo. ¿No había de hacer visitación sobre esto? dijo el Señor. De una gente como ésta ¿no se había de vengar mi alma?" (Jer. 5:8, 9). Todo está informado por el temor, porque "el temor del Señor es el principio de la sabiduría" (Pr. 1:7).

2. De nuevo, por boca de Oseas: "¿No los reprenderé porque tienen tratos con prostitutas, ofrecen sacrificios con los iniciados, y el pueblo inteligente se une a la prostitución?" (Os. 4:14).[90] Denuncia claramente su pecado afirmando que tienen plena conciencia de él, como quienes pecan deliberadamente. La inteligencia es el ojo del alma.[91] Por eso, Israel significa "el que ve a Dios", es decir, el que ve interiormente a Dios.

3. El reproche es una censura que se hace a los negligentes o despreocupados. El Pedagogo emplea este tipo de pedagogía cuando afirma por boca de Isaías: "Escuchad, cielos; presta oído, tierra; es el Señor quien habla: Engendré hijos y los eduqué, mas ellos se han rebelado contra mí. El buey conoce a su amo, y el asno el pesebre de su dueño, pero Israel no me conoce" (Is. 1:2, 3).

---

[90] "¿No visitaré sobre vuestras hijas cuando fornicaren, y sobre vuestras nueras cuando adulteraren: porque ellos ofrecen con las rameras, y con las malas mujeres sacrifican: por tanto, el pueblo sin entendimiento caerá" (RV).

[91] Platón, *La República* VII, 533.

4. ¿No es, en verdad, asombroso que el que ha visto a Dios no reconozca al Señor? El buey y el asno, bestias estúpidas e insensatas, conocen al que las alimenta; en cambio, Israel se muestra más necio que estas bestias. Y, por medio de Jeremías, tras exteriorizar su descontento, añade: "Me han abandonado, dice el Señor" (Jer. 1:16; 2: 13, 19).

78.1. La reprimenda es una censura severa, un reproche duro. El Pedagogo se sirve de él cuando exclama por boca de Isaías: "¡Ay de los hijos que se apartan, dice el Señor, para tomar consejo, y no de mí" (Is. 30:1). En cada caso se sirve del temor como un revulsivo muy fuerte; por medio de él abre las llagas del pueblo al tiempo que lo dirige hacia la salvación; de forma parecida a como suele hacerse con la lana que se va a teñir: se le aplica una sustancia para que quede bien preparada para recibir el tinte.

2. La reprobación consiste en exponer públicamente los pecados. El Pedagogo utiliza con frecuencia dicho procedimiento por considerarlo necesario, a causa del relajamiento de la fe de muchos. Así habla por boca de Isaías: "Habéis abandonado al Señor y habéis despreciado al Santo de Israel" (Is. 1:4); y por boca de Jeremías: "Espantaos, cielos, sobre esto, y horrorizaos; desolaos en gran manera, dijo el Señor. Porque dos males ha hecho mi pueblo: me dejaron a mí, fuente de agua viva, por cavar para sí cisternas, cisternas rotas que no detienen aguas" (Jer. 2:12, 13).

3. Y, de nuevo, por boca del mismo profeta: "Pecado cometió Jerusalén; por lo cual ella ha sido removida: Todos los que la honraban la han menospreciado, porque vieron su vergüenza" (Lm. 1:8).

4. El Pedagogo suaviza la severidad y dureza de esta reprobación cuando exhorta por boca de Salomón, mostrando tácitamente la bondad de su pedagogía: "No deseches, hijo mío, el castigo del Señor; ni te fatigues de su corrección: Porque al que ama castiga, como el padre al hijo a quien quiere" (Pr. 3:11-12). Porque "el pecador huye de la represión" (*Eclesiástico* 35:17). Por eso, la Escritura añade: "Que el justo me castigue, será un favor, y que me reprenda será un excelente bálsamo que no me herirá la cabeza" (Sal. 141:5).

> La reprimenda es una censura severa, un reproche duro. La reprobación consiste en exponer públicamente los pecados. El Pedagogo utiliza con frecuencia dicho procedimiento por considerarlo necesario, a causa del relajamiento de la fe de muchos.

79.1. La represión es una amonestación que hace a uno más reflexivo. El Pedagogo no deja de utilizar dicha pedagogía; al contrario, afirma por boca de Jeremías: "¿Hasta cuándo gritaré sin que me escuchen? He aquí que sus oídos son incircuncisos" (Jer. 6:10). ¡Bendita paciencia! De nuevo habla por boca del mismo profeta: "Todas las naciones son incircuncisas, mas este pueblo tiene el corazón incircunciso" (Jer. 9:25). "Porque es un pueblo rebelde: hijos –dice– que no tienen fe" (Is. 30:9).

2. La supervisión (*episkopé*) es una severa represión. El Pedagogo se sirve de ella en el Evangelio: "Jerusalén, Jerusalén, que matas a los profetas y apedreas a los que te han sido enviados" (Mt. 23:37; Lc. 13:34). La repetición del nombre confiere a la represión mayor dureza. En efecto, quien conoce a Dios, ¿cómo puede perseguir a sus servidores?

3. Por eso añade: "Vuestra casa quedará desierta; porque os digo: a partir de ahora no me veréis más hasta que digáis: Bendito el que viene en nombre del Señor" (Mt. 23:38, 39). Porque si no recibís su bondad, conoceréis su autoridad.

80.1. La invectiva es una represión muy grave. El Pedagogo lo emplea como medicina, cuando habla por boca de Isaías: "¡Oh gente pecadora, pueblo cargado de maldad, generación de malignos, hijos depravados!" (Is. 1:4), y en el Evangelio por boca de Juan: "Serpientes, raza de víboras" (Mt. 3:7).

2. La recriminación es una represión dirigida a los pecadores. De ella se sirve el Pedagogo cuando habla por boca de David: "Pueblo que yo no conocía, me sirvió. Así que hubo oído, me obedeció; los hijos de extraños se sometieron a mí; los extraños flaquearon" (Sal. 18:43, 44); y por boca de Jeremías exclama: "Le di la carta de repudio, mas la rebelde Judá no temió" (Jer. 3:8), y de nuevo: "La casa de Israel me traicionó, y la casa de Judá renegó del Señor" (Jer. 5:11).

3. La queja es una represión disfrazada; con singular habilidad procura también nuestra salvación veladamente. El Pedagogo la utiliza cuando habla por boca de Jeremías: "¡Cómo está sentada sola la ciudad populosa! La grande entre las naciones se ha vuelto como viuda, la señora de provincias es hecha tributaria. Amargamente llora en la noche" (Lm. 1:1, 2).

La represión es una amonestación que hace a uno más reflexivo. El Pedagogo no deja de utilizar dicha pedagogía. La supervisión (episkopé) es una severa represión. El Pedagogo se sirve de ella en el Evangelio. La invectiva es una represión muy grave. El Pedagogo lo usa como medicina, cuando habla por boca de Isaías. La recriminación es una represión dirigida a los pecadores. De ella se sirve el Pedagogo cuando habla por boca de David.

81.1. El vituperio es una reprensión que ridiculiza. El divino Pedagogo utiliza este recurso cuando exclama por boca de Jeremías: "Has adquirido aspecto de ramera; te mostraste desvergonzada con todos. Y ¿no me has llamado a tu casa, a mí, que soy el padre y guardián de tu virginidad? ¡La bella y graciosa prostituta, maestra de sortilegios!" (Jer. 3:3, 4). Con gran habilidad ha ridiculizado a la muchacha llamándola prostituta; luego, el Pedagogo, cambiando de tono, la exhorta a convertirse y recuperar su dignidad.

2. La reprimenda es un reproche legal, una censura a los hijos que se rebelan contra el deber. Así educaba el Pedagogo hablando por boca de Moisés: "Generación torcida y perversa. ¿Así pagáis al Señor, pueblo loco e ignorante? ¿No es él tu padre que te poseyó? Él te hizo y te ha organizado" (Dt. 32:5-6). Y, por boca de Isaías, dice: "Tus príncipes son desobedientes y cómplices de ladrones; aman el soborno y persiguen recompensas, y no hacen justicia al huérfano" (Is. 1:23).

3. En resumen: su arte en el empleo del temor es fuente de salvación; y salvar es propio del que es bueno. "La misericordia del Señor se extiende a toda carne; acusa, educa y enseña, como hace el pastor con su rebaño. Se apiada de quienes aceptan su correctivo, y de los que buscan la unión con él" (*Eclesiástico* 18:13, 14). Así guió a los "seiscientos mil hombres a pie, unidos por la dureza de su corazón, azotándolos, compadeciéndose de ellos, golpeándolos, prodigándoles sus cuidados, los custodió con la compasión y la educación" (*Eclesiástico* 16:10ss.); "pues su severidad es tan grande como su misericordia" (*Eclesiástico* 16:12). Si es hermoso no pecar, también lo es que el pecador se arrepienta; así como es un bien excelente estar siempre sano, también lo es recobrar la salud tras la enfermedad.

82.1. Esto es lo que nos advierte también por boca de Salomón: "Castiga a tu hijo con la vara, y librarás su alma de la muerte" (Pr. 23:14), y de nuevo: "No ahorres al muchacho correctivos; castígale con la vara, que no morirá" (Pr. 23:13).

2. La corrección y el castigo, como sus mismos nombres indican, son golpes que afectan al alma; reprimen los pecados y alejan la muerte, y conducen de nuevo a la

> La queja es una reprensión disfrazada; con singular habilidad procura también nuestra salvación veladamente. El vituperio es una reprensión que ridiculiza. El divino Pedagogo utiliza este recurso. La reprimenda es un reproche legal, una censura a los hijos que se rebelan contra el deber. Así educaba el Pedagogo. Su arte en el empleo del temor es fuente de salvación; y salvar es propio del que es bueno.

El mismo Platón reconoce la gran fuerza de la corrección y el decisivo efecto purificador del castigo y, siguiendo al Logos, afirma que el hombre que ha cometido las mayores impurezas se convierte en incorregible y vicioso por no haber sido reprendido, "y es necesario que el hombre, destinado a la felicidad, sea purísimo y bellísimo".

moderación a quienes se han dejado llevar por la intemperancia.

3. El mismo Platón reconoce la gran fuerza de la corrección y el decisivo efecto purificador del castigo y, siguiendo al Logos, afirma que el hombre que ha cometido las mayores impurezas se convierte en incorregible y vicioso por no haber sido reprendido, "y es necesario que el hombre, destinado a la felicidad, sea purísimo y bellísimo" (*El sofista*, 230).

4. Pues si "los magistrados no deben ser objeto de temor cuando se obra bien" (Ro. 13:3), ¿cómo Dios, que es bueno por naturaleza, va a ser objeto de temor por parte del que no peca? "Pero si haces mal, teme" (Ro. 13:4), dice el apóstol.

83.1. Por esa razón el apóstol reprende a cada una de las iglesias, siguiendo el ejemplo del Señor, y, consciente de su franqueza y de la debilidad de sus oyentes, dice a los gálatas: "¿Acaso me he convertido en vuestro enemigo por deciros la verdad?" (Gá. 4:16).

2. Los sanos no necesitan los cuidados del médico, porque están bien, pero sí necesitan de su arte los enfermos,[92] así también nosotros, que en esta vida somos enfermos, aquejados por nuestros vergonzosos deseos, por nuestros excesos vituperables y por las demás inflamaciones de las pasiones, necesitamos del Salvador. Él nos aplica remedios no sólo dulces, sino también ásperos: las raíces amargas del temor detienen las úlceras de los pecados. Por eso el temor es saludable, aunque resulte amargo.

3. Nosotros, pues, enfermos, necesitamos del Salvador; extraviados, necesitamos quien nos guíe; ciegos, necesitamos quien nos ilumine; sedientos, necesitamos de la fuente de la vida; quienes de ella beben jamás tendrán sed (Jn. 4:14); muertos, necesitamos de la vida; rebaño, necesitamos de pastor; niños, necesitamos pedagogos; y toda la humanidad necesita a Jesús; no sea que, sin guía y pecadores, caigamos en la condenación final. Antes al contrario, es preciso que estemos separados de la paja[93] y

---

[92] Cf. "Los que están sanos no necesitan médico, sino los que están enfermos" (Lc. 5:31; Mt. 9:12; Mr. 2:17).

[93] Para la falsa gnosis unos hombres eran físicamente *paja*, destinados

amontonados en el granero del Padre. "El bieldo está en la mano" (Mt. 3:12) del Señor, y con él separa del trigo la paja destinada al fuego (Mr. 3:12; Lc. 3:17).

84.1. Si queréis, nos es posible comprender la profunda sabiduría del Santo Pastor y Pedagogo, el todopoderoso y Logos del Padre, cuando se expresa alegóricamente y se llama a sí mismo pastor del rebaño (Jn. 10:2ss.); Él es también pedagogo de los niños.

2. Es así como por boca de Ezequiel, se dirige a los ancianos, ofreciéndoles el ejemplo de una solicitud probada: "Yo buscaré la perdida, y ligaré la perniquebrada, y corroboraré la enferma. Yo las apacentaré. En buenos pastos las apacentaré, y en los altos montes de Israel será su majada" (Ez. 36:16, 14). Esta es la promesa propia de un buen pastor. ¡Haznos pastar a nosotros, párvulos, como a un rebaño!

3. ¡Sí, Señor, sácianos con tu pasto, que es tu justicia; sí, Pedagogo, condúcenos hasta tu monte santo, hasta tu Iglesia, que está colocada en lo alto, por encima de las nubes, la que toca los Cielos! "Yo seré –añade– su pastor, y estaré cerca de ellos" (Ez. 34:23), como la túnica de su piel. Quiere salvar mi carne, revistiéndola con la túnica de la incorruptibilidad, y ha ungido mi piel.

4. Ellos me llamarán –continúa–, y yo les diré: "Heme aquí" (Is. 58:9). Señor, me has escuchado mucho antes de lo que yo esperaba. "Si cruzan las aguas, no resbalarán, dice el Señor" (Is. 43:2). No caeremos en la corrupción los que dirigimos nuestros pasos a la incorruptibilidad, porque Él nos sostendrá. Lo ha dicho Él, y así lo ha querido.

85.1. Así es nuestro Pedagogo: justamente bueno. "Yo no he venido –dice– para ser servido, sino para servir" (Mt. 20:28). Por eso el Evangelio nos lo muestra fatigado;[94] se fatiga por nosotros y ha prometido "dar su alma como rescate por muchos" (Jn. 10:11).

2. Sólo el buen pastor –añade– se comporta así. ¡Qué generoso el que por nosotros entrega lo mejor que tiene:

¡Sí, Señor, sácianos con tu pasto, que es tu justicia; sí, Pedagogo, condúcenos hasta tu monte santo, hasta tu Iglesia, que está colocada en lo alto, por encima de las nubes, la que toca los Cielos! No caeremos en la corrupción los que dirigimos nuestros pasos a la incorruptibilidad, porque Él nos sostendrá. Lo ha dicho Él, y así lo ha querido. Sólo el buen pastor se comporta así. ¡Qué generoso que por nosotros entrega lo mejor que tiene su vida!

---

por su misma naturaleza a la destrucción en el fuego, otros eran por naturaleza *trigo*, predestinados a la salvación. La teoría de la "doble predestinación" ha aparecido a lo largo de la historia en muy diferentes lugares y sistemas teológicos.

[94] Cf. Jn. 4:6: "Jesús, cansado del camino, así se sentó a la fuente"

> David explica con suma claridad los motivos de su amenaza: "No dieron crédito a sus maravillas. Si los mataba, entonces buscaban a Dios; y se acordaban que Dios era su refugio. Y el Dios Alto su redentor". Él sabe que el temor es lo que les mueve a convertirse, y que desprecian su amor por los hombres. Por regla general suele menospreciarse el bien que se tiene constantemente, mientras que se aprecia mucho el recuerdo que aviva el amoroso temor de la justicia.

su vida![95] ¡Qué gran benefactor y amigo del hombre, que ha querido ser su hermano, cuando podía ser su Señor![96] Y hasta tal extremo ha llegado su bondad, que ha muerto por nosotros.

3. Pero su justicia clama a gritos: "Si venís a mí con rectitud, yo seré recto con vosotros, dice el Señor de los ejércitos" (Lv. 26:21, 23, 27).[97] Llama alegóricamente sendas tortuosas a las represiones de los pecadores. El camino recto y natural simbolizado con la letra *iota* del nombre de Jesús en su bondad, que es inmutable e inconmovible para quienes han llegado "a la obediencia de la fe" (Ro. 1:5): "Por cuanto llamé, y no quisisteis –dice el Señor–. Antes desechasteis todo consejo mío, y mi reprensión no quisisteis" (Pr. 1:24, 25). Y es que la reprensión del Señor es valiosísima.

86.1. Sobre este particular exclama por boca de David: "Generación contumaz y rebelde; generación que no apercibió su corazón, ni fue fiel para con Dios su espíritu. No guardaron el pacto de Dios, ni quisieron andar en su ley" (Sal. 78:8, 10). He aquí los motivos de su ira, por lo que el juez viene a administrar justicia contra quienes han rehusado seguir una buena conducta.

2. Razón por la que se comporta con ellos con extrema dureza, por ver si puede frenar el impulso que les conduce a la muerte. Por boca de David explica con suma claridad los motivos de su amenaza: "No dieron crédito a sus maravillas. Si los mataba, entonces buscaban a Dios; y se acordaban que Dios era su refugio. Y el Dios Alto su redentor" (Sal. 78:34, 35).

3. Él sabe que el temor es lo que les mueve a convertirse, y que desprecian su amor por los hombres. Por regla general suele menospreciarse el bien que se tiene constan-

---

[95] Cf. Jn. 15:13: "Nadie tiene mayor amor que este, que ponga alguno su vida por sus amigos".

[96] Cf. He. 2:11: "El que santifica y los que son santificados, de uno son todos; por lo cual no se avergüenza de llamarlos hermanos".

[97] "Si anduviereis conmigo en oposición, y no me quisiereis oír, yo añadiré sobre vosotros siete veces más plagas según vuestros pecados. Y si con estas cosas no fuereis corregidos, sino que anduviereis conmigo en oposición. Y si con esto no me oyereis, mas procediereis conmigo en oposición" (RV).

temente, mientras que se aprecia mucho el recuerdo que aviva el amoroso temor de la justicia.

87.1. Hay dos tipos de temor: uno, que incluye el respeto, y es el temor que experimentan los ciudadanos con respecto a los buenos gobernantes; este es el que nosotros sentimos para con Dios, semejante al que los niños prudentes muestran para con sus padres. "Un caballo indómito –dice la Escritura– se hace ingobernable, y un hijo consentido se hace insolente" (*Eclesiástico* 30:8). El otro tipo de temor incluye el odio; es el temor de los esclavos ante los amos severos; es el que tenían los hebreos hacia Dios, a quien no consideraban como padre, sino como amo.

2. En mi opinión existe notable diferencia –casi total– entre las cosas que por la piedad se llevan a cabo libre y voluntariamente, y las que se hacen a la fuerza. Dice la Escritura: "Él es compasivo; perdonaba la maldad, y no los destruía; y abundó para apartar su ira, y no despertó todo su enojo" (Sal. 78:38). Observa cómo se muestra la justicia del Pedagogo en sus castigos, y la bondad de Dios en su misericordia.

3. Por eso, David –es decir, el Espíritu Santo que habla por su boca–, aunando ambas cosas, dice del mismo Dios en el Salmo: "Justicia y juicio son el asiento de tu trono: Misericordia y verdad van delante de tu rostro" (Sal. 89:14). Reconoce que pertenecen al mismo poder juzgar y beneficiar; en ambas funciones se ejerce el poder del Justo que discierne entre lo justo y lo injusto.

88.1. Siendo Dios, Él es justo y bueno, Él es todo y el mismo en todo, porque Él es Dios, Dios único. Así como el espejo no es malo por reflejar el rostro de un hombre feo, pues lo refleja tal cual es, ni lo es tampoco el médico para el enfermo porque le diga que tiene fiebre, pues el médico no le produce la fiebre; sólo le indica que la tiene, así tampoco es malo el que reprende severamente al que tiene enferma el alma, pues no pone en él las faltas, sino que le muestra las que tiene, para que abandone semejante forma de proceder.

2. Así, Dios es bueno en sí mismo, y es justo con respecto a nosotros, y esto porque es bueno. Por mediación del Logos nos muestra su justicia, desde el momento en

Hay dos tipos de temor: uno, que incluye el respeto, y es el temor que experimentan los ciudadanos con respecto a los buenos gobernantes; este es el que nosotros sentimos para con Dios, semejante al que los niños prudentes muestran para con sus padres. El otro tipo de temor incluye el odio; es el temor de los esclavos ante los amos severos; es el que tenían los hebreos hacia Dios, a quien no consideraban como padre, sino como amo.

La justicia descendió hasta los hombres, en la letra y en la carne para empujar a la humanidad a una conversión saludable, porque esa justicia era buena. Y, sin embargo, ¿tú no obedeces a Dios? No olvides que tú mismo eres la causa de la venida del Juez.

que ha llegado a ser Padre. Antes de llegar a ser Creador era, ciertamente, Dios. Era bueno, razón por la que ha querido ser Creador y Padre. Y esta disposición amorosa es el principio de su justicia, tanto cuando hace brillar su sol, como cuando envía a su Hijo. Éste, en primer lugar, anunció la buena justicia venida del cielo: "Nadie –dijo– conoce al Hijo, sino el Padre", y "nadie conoce al Padre sino el Hijo" (Mt. 11:27).

3. Este mutuo e igual conocimiento es un símbolo de la justicia original. Después la justicia descendió hasta los hombres, en la letra y en la carne –es decir, por la Ley y por el Logos– para empujar a la humanidad a una conversión saludable, porque esa justicia era buena. Y, sin embargo, ¿tú no obedeces a Dios? No olvides que tú mismo eres la causa de la venida del Juez.

10

El mismo Dios, por medio de su Logos, aparta a los hombres de los pecados con amenazas, y los salva exhortándoles

89.1. Hemos demostrado que el método de reprender a la humanidad es justo y saludable, y que el Logos lo ha adoptado necesariamente por eso, por ser un método adecuado para provocar el arrepentimiento y evitar el pecado. Ahora debemos considerar la benignidad del Logos. Como hemos visto, Él es justo, sus exhortaciones conducen a la salvación y, por medio de estas advertencias, quiere, por voluntad de su Padre, llevarnos al conocimiento de lo bello y lo útil.

2. Piensa en esto: lo bello es propio del género encomiástico, y lo útil, del deliberativo. El género deliberativo tiene dos formas: una persuade y otra disuade; el género encomiástico tiene también dos formas: una encomiástica y otra de censura. El razonamiento deliberativo es, en parte, exhortatorio y, en parte, disuasorio.

3. Asimismo, el género encomiástico adopta, en ocasiones, la forma de censura y, a veces, la forma de alabanza. De todo esto se ocupa especialmente el Pedagogo justo, que busca nuestro bien. Como ya hemos hablado antes del género de la censura y del de la disuasión, debemos considerar ahora el género exhortatorio y laudatorio, equilibrando así, como en una balanza, los dos platillos iguales del Justo.

90.1. El Pedagogo, por boca de Salomón, se sirve de la exhortación para lograr cosas provechosas: "Oh hombres, a vosotros clamo; y mi voz es a los hijos de los hombres. Oíd, porque hablaré cosas excelentes; y abriré mis labios para cosas rectas" (Pr. 8:4, 6). Da consejos saludables, y el consejo se acepta o se rechaza, como hace por medio de David: "Feliz el varón que no sigue el consejo de los impíos, ni pone sus pies en el camino de los pecadores, ni se sienta en la cátedra de los maledicientes, sino que tiene puesta su voluntad en la ley del Señor" (Sal. 1:1ss.).

Como ya hemos hablado antes del género de la censura y del de la disuasión, debemos considerar ahora el género exhortatorio y laudatorio, equilibrando así, como en una balanza, los dos platillos iguales del Justo. El Pedagogo, por boca de Salomón, se sirve de la exhortación para lograr cosas provechosas. Da consejos saludables, y el consejo se acepta o se rechaza.

2. Hay tres formas de aconsejar: la primera consiste en tomar los ejemplos del pasado, por ejemplo, mostrando el castigo que sufrieron los hebreos por haber rendido culto idólatra al becerro de oro, o el que sufrieron cuando fornicaron, y otros por el estilo. La segunda consiste en tomar ejemplo de cosas del presente, perceptibles a los sentidos, como de aquel consejo que les fue dado a los que preguntaban al Señor: "¿Eres tú el Cristo, o esperamos a otro? Id y decid a Juan: Los ciegos ven, los sordos oyen, los leprosos están limpios, los muertos resucitan, y bienaventurado aquel que no se escandalizare de mí" (Mt. 11:3-6). Todo esto lo había profetizado David: "Como lo oímos, así hemos visto" (Sal. 48:8).

91.1. La tercera forma de aconsejar se sirve de acontecimientos futuros, y exhorta a precaverse de las consecuencias. Así, se lee: los que caigan en el pecado "serán arrojados a las tinieblas exteriores; allí será el llanto y el rechinar de dientes" (Mt. 8:12; 22:13), y otros semejantes. Todo esto pone de manifiesto que el Señor exhorta a la humanidad a la salvación, empleando todo tipo de recursos.

2. Con las exhortaciones mitiga las faltas, hasta que disminuye el deseo y, al mismo tiempo, infunde esperanza de salvación. Dice por medio de Ezequiel: "Convertíos a mí con todo vuestro corazón y decid: 'Padre', entonces yo os escucharé como a un pueblo santo",[98] y de nuevo: "Venid a mí cuantos andáis fatigados y agobiados, que yo os aliviaré" (Mt. 11:28), y otras palabras pronunciadas por el mismo Señor.

3. Por boca de Salomón, nos invita al bien: "Bienaventurado el hombre que halla la sabiduría, Y que obtiene la inteligencia" (Pr. 3:13). Porque el bien lo alcanza quien lo busca, y suele dejarse ver por quien lo ha hallado.

En cuanto a la prudencia, explica por boca de Jeremías: "Somos dichosos, Israel –dice–, porque conocemos lo que agrada a Dios",[99] y lo conocemos por mediación del Logos, y por Él somos dichosos y prudentes. El conocimiento (*gnosis*) es llamado prudencia por el mismo pro-

---

[98] Hay aquí un pequeño desliz en Clemente que cita de memoria. Los pasajes citados corresponden a Joel 2:12.

[99] Es una confusión respecto al profeta. Se trata de una cita de *Baruc* 4:4.

feta: "Escucha, Israel, preceptos de vida; aplica tus oídos para conocer la prudencia" (Baruc 3:9).

4. Por su gran amor hacia los hombres promete también, por boca de Moisés, una recompensa a quienes se esfuerzan por su salvación: "Yo os conduciré a la buena tierra que el Señor prometió a vuestros padres" (Dt. 31:7), y luego, por boca de Isaías exclama: "Yo os conduciré al monte santo y os alegraré" (Is. 56:7).

92.1. La pedagogía del Logos reviste aún otra forma: el macarismo.[100] "Bienaventurado –dice por boca de David– es el varón que no ha cometido pecado; será como el árbol plantado junto a las corrientes de las aguas, que dará fruto a su tiempo, cuyas hojas no se marchitarán —con estas palabras se refiere a la resurrección— y todo cuanto hace prosperará" (Sal. 1:3). Así quiere que seamos nosotros, para que consigamos la felicidad.

2. Pero, de nuevo, equilibrando el otro platillo de la balanza –el de la justicia– exclama: "No así los malos que son como el tamo que arrebata el viento" (v. 4). El Pedagogo, mostrando el castigo de los pecadores y la fugacidad e inconsciencia de su suerte, los aparta de la culpa por medio de la pena; y exhibiendo la amenaza del castigo merecido, pone de manifiesto la bondad de su obra, porque, con gran habilidad, nos conduce por este medio al disfrute y plena posesión de lo bello.

3. Sí, ciertamente, también nos invita al conocimiento, cuando, por boca de Jeremías, dice: "Si anduvieras por el camino de Dios, vivirías en paz eternamente" (Baruc 3:13).[101] Cuando evoca el conocimiento prometido como recompensa invita a los prudentes a desearlo; y a los que se han extraviado, perdonándolos, les anima: "Vuelve, vuelve como vendimiador a los cestos" (Jer. 6:9). ¿Ves cómo la bondad de su justicia llama al arrepentimiento?

93.1. También por medio de Jeremías hace resplandecer la verdad ante los descarriados: "Así dice el Señor: Paraos en los caminos, y mirad, y preguntad por las sendas antiguas, cuál sea el buen camino, y andad por él, y

---

[100] Gr. *makarismós*, bendición, bienaventuranza.
[101] De nuevo Clemente confunde al profeta Jeremías con Baruc.

Los que se resisten a ser curados, se curan por la amenaza, la censura y al castigo, como el hierro por el fuego, el martillo y el yunque; los otros, los que se entregan a la fe, como autodidactas y libres, crecen con la alabanza. Reprender es sinónimo de advertir, pues la advertencia es lo que despierta la mente; por eso el género reprobatorio potencia la mente.

hallaréis descanso para vuestra alma" (Jer. 6:16). Nos lleva a la conversión para darnos la gracia de la salvación. Por eso dice: si te arrepientes, "el Señor purificará tu corazón y el corazón de tu descendencia" (Dt. 30:6).

2. Ciertamente hubiese podido apelar en defensa de esta tesis a algunos filósofos, que afirman que sólo el hombre perfecto es digno de alabanza, y que el malvado es digno de reproche. Mas, como algunos acusan al Ser bienaventurado, diciendo que no tiene actividad alguna ni en sí mismo, ni respecto a ningún otro, pues ignoran su amor al hombre, en atención a éstos y también a causa de quienes no identifican al Justo con lo Bueno, hemos prescindido de este razonamiento.

3. En consecuencia sería inútil, pues, afirmar que la pedagogía de la represión y del castigo es adecuada para los hombres, pues –dicen– todos son de mala condición; sólo Dios es sabio; y de Él procede la sabiduría; sólo Él es perfecto y, por eso, sólo Él es digno de alabanza.

94.1. Mas yo no comparto este razonamiento; antes al contrario afirmo que la alabanza y la censura, y todo lo que se parezca a la alabanza y a la censura, son, entre todos, remedios altamente necesarios para los hombres. Los que se resisten a ser curados, se curan por la amenaza, la censura y al castigo, como el hierro por el fuego, el martillo y el yunque; los otros, los que se entregan a la fe, como autodidactas y libres, crecen con la alabanza:
*La virtud que es alabada,
como un árbol crece.*[102]

Me parece que Pitágoras de Samos lo había comprendido bien, cuando recomienda:
*Si has obrado mal, repréndete;
si has obrado bien, alégrate.*[103]

2. Reprender es sinónimo de advertir, pues, etimológicamente, la advertencia (*nouthetésis*) es lo que despierta la mente (*noûs*); por eso el género reprobatorio potencia la mente. Mas, son miles los preceptos que se han ideado para estimular a buscar el bien y huir del mal: "No hay paz para los malos, dice el Señor" (Is. 48:22).

---

[102] Baquílides, *Fragmenta*, 56.
[103] Pitágoras, *Versos áureos*, 44.

3. De ahí que, por boca de Salomón, recomienda a los niños tener cuidado: "Hijo mío, cuida de que no te seduzcan los pecadores; no sigas su camino; no vayas con ellos si te llaman y dicen: Ven con nosotros, compartamos la sangre inocente, borremos injustamente de la tierra al hombre justo, hagámosle desaparecer como hace el Hades con los vivos" (Pr. 1:10, 15, 10-12).

95.1. Esto es, seguramente, una profecía referida a la pasión del Señor. A través de Ezequiel, la Vida da también preceptos: "El alma que pecare, esa morirá; pero el hombre justo, el que practica la justicia y no come por los montes, ni alza sus ojos a ídolos de la casa de Israel, ni deshonra a la mujer de su prójimo, ni se acerca a su mujer durante la menstruación; el que no oprime a nadie y paga lo que debe; devuelve la prenda al deudor, no comete robo, da su pan al hambriento, viste al desnudo, no presta con usura ni exige interés, aparta su mano de la maldad, administra honrada justicia entre un hombre y su vecino, vive según mis leyes y observa mis preceptos para ponerlos en práctica, ese tal es justo y tendrá vida, dice el Señor" (Ez. 18:4-9. LXX). Estas palabras contienen un modelo de vida cristiana y una admirable exhortación a la vida feliz, al premio de la bienaventuranza, a la vida eterna.

> Por boca de Salomón, recomienda a los niños tener cuidado: "Hijo mío, cuida de que no te seduzcan los pecadores; no sigas su camino; no vayas con ellos si te llaman y dicen: Ven con nosotros, compartamos la sangre inocente, borremos injustamente de la tierra al hombre justo, hagámosle desaparecer como hace el Hades con los vivos".

11

El Logos nos ha educado por medio de la Ley y de los Profetas

Antiguamente el Logos educaba por medio de Moisés; más tarde lo hizo por medio de los profetas. El mismo Moisés fue también un profeta: la Ley es, pues, la pedagogía de los niños difíciles: Una vez saciados –dice–, se levantaron para divertirse. Dice saciados, no alimentados, para indicar el irracional exceso de alimento. "La Ley ha sido dada –dice San Pablo– para llevarnos a Cristo".

96.1. En la medida de nuestras fuerzas, hemos mostrado cómo es su amor a los hombres y su pedagogía. El Logos ha realizado una magnífica descripción de sí mismo, comparándose a "un grano de mostaza" (Mt. 13:31); al hacerlo, expresa alegóricamente la naturaleza espiritual y fecunda del Logos que es sembrado, y su gran poder, capaz de crecer todavía más. Por otra parte, muestra, por la acritud de la semilla, que el carácter acre y purificador de su corrección tiene un efecto provechoso.

2. Por medio de este grano diminuto, entendido en su sentido alegórico, se dispensa a toda la humanidad el gran beneficio de la salvación. Ciertamente la miel, que es muy dulce, puede producir bilis, como la bondad puede producir el desprecio, que es la causa del pecado. La mostaza, en cambio, disminuye la bilis, es decir, la cólera, y corta la inflamación, esto es, la soberbia. Del Logos, por lo tanto, proviene la verdadera salud del alma y un duradero equilibrio.

3. Antiguamente el Logos educaba por medio de Moisés; más tarde lo hizo por medio de los profetas. El mismo Moisés fue también un profeta: la Ley es, pues, la pedagogía de los niños difíciles: Una vez saciados –dice–, se levantaron para divertirse (Éx. 32:6). Dice *saciados*, no *alimentados*, para indicar el irracional exceso de alimento.

97.1. Y como después de saciarse desordenadamente se dedicaron a divertirse también de modo desordenado, vino a continuación la Ley y el temor para alejarlos de los pecados y exhortarles a la buena conducta, preparándolos así para obedecer dócilmente al verdadero Pedagogo: el mismo y único Logos que se adapta según la necesidad. "La Ley ha sido dada –dice San Pablo– para llevarnos a Cristo" (Gá. 3:24).

2. Es, pues, evidente, que el Logos de Dios, el Hijo Jesús, el único, verdadero, bueno, justo, a imagen y semejanza del Padre, es nuestro Pedagogo; a Él nos ha confiado Dios, como el padre cariñoso confía sus hijos a un

verdadero pedagogo; Él mismo nos lo ha manifestado con toda claridad: "Éste es mi hijo amado, escuchadle" (Mr. 9:7; Mt. 17:5; Lc. 9:35).

3. El divino Pedagogo es digno de toda nuestra confianza, porque posee tres preciosas cualidades: la ciencia, la benevolencia y la franqueza. La ciencia, porque es la sabiduría del Padre: "Toda sabiduría procede del Señor, y permanece en Él eternamente" (*Eclesiástico* 1:1); la franqueza, porque Él es Dios y Creador: "todas las cosas fueron hechas por Él, y, sin Él, nada fue hecho" (Jn. 1:3); la benevolencia, porque se ha entregado a sí mismo como víctima única por nosotros: "El buen pastor da su vida por sus ovejas" (Jn. 10:11), y Él, efectivamente, la dio, pues la benevolencia no es más que querer el bien del prójimo, por Él mismo.

> El divino Pedagogo es digno de toda nuestra confianza, porque posee tres preciosas cualidades: la ciencia, la benevolencia y la franqueza. La ciencia, porque es la sabiduría del Padre; la franqueza, porque Él es Dios y Creador; la benevolencia, porque se ha entregado a sí mismo como víctima única por nosotros.

12

El Pedagogo, con la actitud propia de un padre, usa de la severidad y de la benignidad

Fue Cristo quien modeló al hombre con el polvo de la tierra, lo regeneró con el agua, lo ha hecho crecer por el Espíritu, lo educó con la palabra, dirigiéndolo con santos preceptos a la adopción de hijo y a la salvación, para transformar al hombre terrestre en un hombre santo y celestial, y se cumpla así la palabra de Dios: "Hagamos al hombre a nuestra imagen y semejanza". Cristo es la realización plena de lo que Dios había dicho.

98.1. En relación con lo anteriormente expuesto, podríamos concluir afirmando que Jesús, nuestro Pedagogo, ha grabado en nosotros el modelo de la vida auténtica y ha educado al hombre en Cristo. Su carácter no es demasiado severo, ni demasiado blando por su bondad. Manda, pero lo hace de manera que podamos cumplir sus mandamientos.

2. Fue Él mismo, en mi opinión, quien modeló al hombre con el polvo de la tierra, lo regeneró con el agua, lo ha hecho crecer por el Espíritu, lo educó con la palabra, dirigiéndolo con santos preceptos a la adopción de hijo y a la salvación, para transformar finalmente al hombre terrestre en un hombre santo y celestial, y se cumpla así plenamente la palabra de Dios: "Hagamos al hombre a nuestra imagen y semejanza" (Gn. 1:26).

3. Cristo ha sido la realización plena de lo que Dios había dicho; los demás hombres, en cambio, se parecen a Dios sólo según su imagen. Nosotros, hijos de un Padre bueno, alumnos de un buen Pedagogo, cumplamos la voluntad del Padre, escuchemos al Logos e imprimamos en nosotros la vida realmente salvadora de nuestro Salvador. Viviendo, ya desde ahora en la tierra, la vida celestial que nos diviniza, unjámonos con el óleo de la alegría, siempre viva, y con el perfume de la pureza, contemplando la vida del Señor como un ejemplo radiante de incorruptibilidad y siguiendo las huellas de Dios. A Él sólo corresponde el cuidado –en el que se emplea a fondo– de ver cómo y de qué manera puede mejorar la vida de los hombres.

2. Pero nos enseña también a bastarnos a nosotros mismos, a prescindir de lo superfluo y a llevar la clase de vida sencilla y libre de preocupaciones que conviene al viajero que quiere llegar a la vida eterna y feliz, y nos enseña que cada uno de nosotros debe ser la despensa de sus provisiones: "No os preocupéis –dice– por el día de mañana" (Mt. 6:34); el que se ha comprometido a seguir

a Cristo, debe elegir una vida sencilla, sin necesidad de servidores, y vivir al día. Porque no somos educados para la guerra, sino para la paz.

99.1. Para la guerra hay que hacer muchos preparativos, y una vida de bienestar necesita abundantes provisiones; mas la paz y el amor, hermanas sencillas y tranquilas, no necesitan armas ni provisiones extraordinarias; su alimento es el Logos; el Logos que tiene la misión de guiarnos y educarnos; de Él aprendemos la simplicidad, la modestia, todo el amor a la libertad, a los hombres y al bien. Solamente por el Logos y la práctica de la virtud nos hacemos semejantes a Dios.[104]

2. Pero, tú, trabaja sin desmayo, pues llegarás a ser como no esperas, ni puedes llegar a imaginar. Así como hay un estilo de vida propio de los filósofos, otro, de los rétores, otro, de los luchadores, así también hay una noble disposición del alma, que corresponde a la voluntad amante del bien y que es consecuencia de la pedagogía de Cristo. Tal educación confiere a nuestro comportamiento una radiante nobleza que alcanza hasta a las acciones materiales: marcha, reposo, alimento, sueño, lecho, dieta, y demás aspectos de la vida, pues la formación que nos imparte el Logos es de tal naturaleza que no conduce al exceso, sino a la moderación.

100.1. Por esa razón el Logos es llamado Salvador, porque ha dispensado a los hombres estas medicinas racionales, para que puedan sentir rectamente y alcancen la salvación: Él sabe esperar el momento oportuno, reprender los vicios, hacer patente las causas de las pasiones, cortar la raíz de los apetitos irracionales, señalar aquello de lo que debemos abstenernos, y dispensar a los enfermos todos los antídotos saludables. Ésta es la más grande y regia obra de Dios: salvar a la humanidad.

2. Los enfermos se disgustan con el médico que no prescribe ningún remedio para la curación; ¿cómo no vamos a estar nosotros sumamente agradecidos al divino Pedagogo, que no calla ni transige con las desobediencias que conducen a la perdición, sino que, por el contrario, las

---

[104] Cf. Platón, *Teeteto*, 176 A.

reprende, corta los impulsos que llevan a ellas, y enseña las normas adecuadas para la recta conducta? Tengamos, pues, para con Él nuestro mayor reconocimiento.

3. El animal racional –el hombre, quiero decir– ¿qué otra cosa diríamos que necesita sino contemplar lo divino? Pero es necesario también –digo yo– contemplar la naturaleza humana, y vivir guiados por la verdad, amando por encima de todo al Pedagogo mismo y sus preceptos, pues ambas cosas son convenientes y concordes. Siguiendo dicho modelo, debemos vivir también una vida auténtica, armonizando nuestros actos con el Logos.

13

La buena acción es la que se realiza según la recta razón; el pecado, en cambio, es un acto contrario a la razón

101.1. Todo lo que es contra la recta razón (*logos*) es pecado. Así suelen definir los filósofos las pasiones más generales: la concupiscencia, que es un apetito que no obedece a la razón; el miedo, que es una aversión que no obedece a la razón; el placer, que es una exaltación del alma que no obedece a la razón; la tristeza, que es un encogimiento del alma que no obedece a la razón. Si la desobediencia a la razón (*logos*) genera pecado, ¿cómo no concluir necesariamente que la obediencia al Logos, que llamamos fe, genera lo que llamamos deber?

2. En efecto, la virtud es en sí misma una disposición del alma que sintoniza con la razón durante toda la vida. Y, lo que es más importante: la filosofía se define como práctica de la recta razón. De donde se deduce que toda acción cometida por un extravío de la razón, se llame también pecado.

3. Así se explica que, cuando el primer hombre pecó y desobedeció a Dios, "se hizo semejante a las bestias" (Sal. 49:12, 20). El hombre que ha pecado contra el Logos ha sido considerado como irracional con toda justicia y comparado a las bestias.

102.1. Por eso dice la Sabiduría: "El libidinoso y adúltero es un caballo en celo" (*Eclesiástico* 33:6), comparándolo a un animal irracional; y añade: "relincha cuando se le quiere montar". El hombre –afirma– ya no habla; pues no es ya racional el que comete una falta contra la razón, sino, más bien, un animal irracional, entregado a los apetitos desordenados, donde tienen su sede todos los placeres.

2. Los discípulos de los estoicos llaman a la acción recta, realizada por obediencia al Logos, "lo conveniente", y "lo debido". Lo debido es lo conveniente, y la obediencia se funda en los mandatos; éstos, que se identifican con los preceptos, tienen como objetivo la verdad

> La virtud es en sí misma una disposición del alma que sintoniza con la razón durante toda la vida. Y lo que es más importante: la filosofía se define como práctica de la recta razón. De donde se deduce que toda acción cometida por un extravío de la razón, se llame también pecado. Así se explica que, cuando el primer hombre pecó y desobedeció a Dios, "se hizo semejante a las bestias".

y conducen hasta la última cosa apetecible: lo que se identifica como fin.[105] Así, el fin de la religión es el reposo eterno en Dios, y nuestro fin es el principio de la eternidad.

3. El acto virtuoso, inspirado por la religión, cumple el deber por medio de las obras; por eso, justamente, los deberes consisten en obras y no en palabras. El comportamiento propio del cristiano es una actividad del alma racional, acorde con el buen juicio y con el amor a la verdad, realizada por medio del cuerpo, su compañero y aliado en la lucha.[106]

4. Así, pues, el deber en esta vida consiste en querer lo que Dios y Cristo quieren, en obrar rectamente para la vida eterna. La vida de los cristianos, que ahora enseñamos, consiste en un conjunto de acciones racionales, la práctica perseverante de lo que nos enseña el Logos y que nosotros llamamos fe.

103.1. Este conjunto está constituido por los preceptos del Señor, que, tratándose de instrucciones divinas, han sido consignadas por escrito como mandamientos espirituales, útiles para nosotros mismos y para los demás. Estos preceptos vuelven a nosotros como vuelve rebotando la pelota hacia quien la lanzó. Así pues, los deberes, dentro del plan de la pedagogía divina, son necesarios: han sido prescritos por Dios y están ordenados a nuestra salvación.

2. Por lo demás, entre las cosas necesarias, unas lo son únicamente para nuestra vida de aquí; otras, en cambio, nos dan alas para volar desde aquí a la vida feliz de allí arriba; análogamente, entre los deberes, unos conciernen a la vida presente y otros han sido ordenados con miras a la vida feliz. Los que están prescritos para la vida pagana, son bien conocidos por casi todos; mas los relativos a la vida feliz y de los que depende la vida eterna de allí arriba, podemos describirlos sumariamente, a partir de las mismas Escrituras.

---

[105] Crisipo, *Fragmentos morales*, 2, 3.
[106] Para Clemente, las "obras" son el resultado de la cooperación del alma y el cuerpo.

Libro II
La conducta
del seguidor de Cristo

1

Cómo debemos comportarnos en lo relativo a los alimentos

1.1. Siguiendo nuestro propósito, ahora vamos a describir brevemente, a la luz de los textos de la Escritura que se refieren a la parte práctica de la pedagogía, la conducta que debe seguir a lo largo de su vida, todo aquel que se llame cristiano. Comencemos por nosotros mismos y, más en concreto, por nuestra manera de comportarnos.

2. Para dar a nuestra exposición un tratamiento adecuado, debemos comenzar por describir el comportamiento correcto respecto a nuestro cuerpo o, mejor, cómo es necesario dirigirlo. En efecto, cuando uno, a partir de las cosas exteriores y del cuidado de su propio cuerpo, y con la ayuda que le brinda el Logos, se entrega a la meditación, adquiere un conocimiento perfecto de lo que hay en el hombre según la naturaleza, y aprende a no afanarse por las cosas exteriores, y a purificar lo que es propio del hombre: el ojo del alma, y a consagrar también la propia carne.

3. El que ha sido purificado y liberado de su incuestionable naturaleza de polvo, ¿qué otro medio más eficaz que sí mismo podría encontrar para llegar directamente a la visión de Dios?

4. Algunos hombres viven para comer, como los animales privados de razón, para quienes su vida no es más que su vientre.[107] A nosotros, el Pedagogo nos invita a comer para vivir; ni el comer debe ser nuestra obsesión, ni el placer nuestra meta; sino que el alimento es lícito para facilitarnos nuestra estancia aquí en la tierra, estancia que el Logos educa para la inmortalidad.

2.1. Nuestro alimento sea simple y sin refinamiento, como corresponde a la verdad; que se ajuste a la conveniencia de niños sencillos y simples, y que sirva para la vida, no para la sensualidad. Esta vida consta de dos elementos: la salud y el vigor, relacionados con un tipo de

---

[107] Cf. Fil. 3:19: "Cuyo fin será perdición, cuyo dios es el vientre, y su gloria es en confusión; que sólo sienten lo terreno".

Nuestro deber es rechazar toda variedad de manjares que produzcan diferentes daños, como las indisposiciones del cuerpo, las náuseas de estómago. Hay quienes se atreven a llamar alimentación a la afanosa búsqueda de la glotonería que nos hace resbalar por los placeres dañinos.

alimentación fácil de digerir, provechosa para la digestión y la ligereza corporal. Este alimento proporciona el crecimiento y mantiene la salud y la fuerza de forma equilibrada, y no ese vigor exagerado, peligroso y digno de lástima, propio de los atletas, que siguen un régimen alimentario forzado.

2. Nuestro deber es rechazar toda variedad de manjares que produzcan diferentes daños, como las indisposiciones del cuerpo, las náuseas de estómago. El gusto se adultera por los malos condimentos, por los artificios culinarios y por el vano aderezo de las confituras.[108] Hay quienes se atreven a llamar alimentación a la afanosa búsqueda de la glotonería que nos hace resbalar por los placeres dañinos.

3. Antífanes, médico de Delos, ha afirmado que una sola es la causa de la enfermedad: la multiplicidad de alimentos; característica de aquellos que, hastiados de la sencillez desdeñan, por su multiforme vanidad, la moderación del régimen alimentario, y se preocupan por alimentos allende los mares.

3.1. Me compadezco de los que sufren esta enfermedad, pero ellos no se avergüenzan de celebrar su glotonería. Su única preocupación se centra en las murenas del estrecho de Sicilia, en las anguilas del Meandro, en los cabritos de Milos, en los mújoles de Esciato, en los crustáceos del cabo Peloro, en las ostras de Abidos; no descuidan tampoco las anchoas de Líparis, ni la naba de Mantinea, ni tampoco las acelgas de Ascra y buscan los peces de Metimna y los rodaballos de Ática, los tordos de Dafne, los higos secos negros como golondrinas, por los que el infortunado persa[109] llegó a Grecia con cinco millones de hombres.

2. En cuanto a las aves, buscan las de Fasis, las perdices de Egipto y el pavo de Media. Y tras aderezar todo esto con salsas, los glotones abren su boca, de par en par, ante los platos. Y todo cuanto produce la tierra, las profundidades marinas y el espacio inconmensurable del aire,

---

[108] Clemente sigue aquí muchas ideas de Platón, contenidas en *Georgias*, 464, y *La República*, II, 404.

[109] Se refiere al rey Jerjes, de Persia, según se ve en una anécdota de Ateneo.

todo se lo procuran con vistas a saciar su glotonería. Parece realmente como si estos infatigables golosos quisieran pescar en sus redes al mundo entero para satisfacer su gula, deseosos de oír "chirriar las sartenes", pasando toda su vida entre mortero y almireces, estos comilones se apiñan como leña para el fuego. Incluso un alimento tan común como el pan, lo afeminan privando al trigo de sus efectos nutritivos, y así cambian en placer vergonzoso un alimento tan necesario.

> La glotonería humana no conoce límites. Los ricos son esclavos de los manjares, cuyos residuos, al poco rato son expulsados a la fosa; nosotros, en cambio, que dirigimos nuestros pasos en busca del alimento celeste, debemos dominar el vientre que se encuentra bajo el cielo.

4.1. La glotonería humana no conoce límites; los empuja hacia los pasteles, las golosinas y los dulces, ideando una gran variedad de postres y descubriendo toda clase de recetas. Me da la impresión de que un hombre glotón no es más que boca.

2. Dice la Escritura: "No codicies los manjares delicados, porque es pan engañoso" (Pr. 23:3). Los ricos son esclavos de los manjares, cuyos residuos, al poco rato son expulsados a la fosa; nosotros, en cambio, que dirigimos nuestros pasos en busca del alimento celeste, debemos dominar el vientre que se encuentra bajo el cielo, y, más aún, todo aquello que le es agradable, cosas que "Dios destruirá" (1ª Co. 6:13),[110] dice el apóstol, ya que repudia, como es natural, los deseos de la gula: "Los alimentos son para el vientre" y de ellos depende esta vida carnal y corruptora. Y si algunos se atreven a llamar, con un lenguaje desvergonzado, ágape[111] a ciertos platos que exhalan un olorcillo de asado y de salsa, injuriando con sus platos y salsas la obra bella y saludable del Logos, el ágape santo, santificado, blasfemando su nombre en la bebida, molicie y vapor oloroso, se equivocan si creen poder comprar con las comidas[112] las promesas divinas.

4. Si quisiéramos clasificar las reuniones cuya finalidad consiste en disfrutar conjuntamente, denominaríamos "comida", "desayuno" o "banquete" a este tipo de reunión, y estaríamos en nuestro derecho, mas el Señor a tales festines jamás los ha denominado *ágape*.

---

[110] "Las viandas para el vientre, y el vientre para las viandas; empero y a él y a ellas destruirá Dios" (RV).

[111] Comida fraternal entre cristianos. Cf. Tertuliano, *Apología*, XXXIX (CLIE, 2001).

[112] Clemente distingue entre "comida" o "cena" pagana y el "ágape" de los cristianos.

5. Dice en un pasaje: "Cuando fueres convidado de alguno a bodas, no te sientes en el primer lugar. Ve, y siéntate en el último lugar" (Lc. 14:8, 10). Luego dijo: "Cuando ofrezcas un banquete, llama a los pobres" (Lc. 14:12, 13). Con esta intención y no otra debe celebrarse un banquete. Y de nuevo, insiste: "Cierto hombre organizó un gran banquete e invitó a muchos" (Lc. 14:16).

5.1. Creo saber de dónde procede el engañoso título de cena, a juzgar por las palabras del cómico:

de la garganta y de la manía, huésped habitual en la comida.

En verdad, "la mayor parte de las cosas, para la mayoría de la gente, existen sólo en función de la cena". Sin duda, no se han dado cuenta de que Dios ha preparado para su obra –me refiero al hombre– alimento y bebida, para lograr su sustento, no para su placer.

2. Tampoco es natural que el cuerpo saque un gran provecho de una alimentación refinada, más bien todo lo contrario; quienes toman alimentos frugales son los más fuertes, los más sanos, los más vigorosos, como ocurre con los siervos respecto a sus amos, y con los labradores respecto a sus señores. Y no sólo son los más robustos, sino también los más sensatos, como en el caso de los filósofos respecto a los ricos, "ya que no han cegado su inteligencia con los alimentos, ni han pervertido su corazón con los placeres".

3. Un ágape es, realmente, un alimento celestial, un banquete espiritual: "Todo lo sufre, todo lo soporta, todo lo espera; el amor (*ágape*) jamás decae" (1ª Co. 13:7, 8). "Dichoso del que coma pan en el reino de Dios" (Lc. 14:15).

4. Lo peor que puede suceder es que el amor (*ágape*), que no debe decaer, caiga desde lo alto del cielo hasta la tierra, sobre la salsa. ¿Crees tú que yo considero cena lo que carece de valor? Dice la Escritura: "Si repartiere todos mis bienes, mas no tuviere amor (*ágape*), nada soy" (1ª Co. 13:3, 2).

6.1. Sobre este amor se fundamenta toda la Ley y el Logos. Y si amas al Señor tu Dios y a tu prójimo, este es el verdadero banquete que se celebra en los cielos, en tanto que al banquete terrestre se le llama cena (*deipnon*), como lo muestra la Escritura, puesto que el banquete tiene como móvil el amor, mas la cena no es caridad (*ágape*); es solamente una demostración de una generosa y comunitaria benevolencia.

2. "No sea pues blasfemado vuestro bien: que el reino de Dios no es comida ni bebida, –dice el Apóstol, de manera que lo efímero sea tenido lo por mejor–, sino justicia y paz y gozo por el Espíritu Santo" (Ro. 14:16, 17). Quien coma de este alimento poseerá el mejor de los bienes existentes, el Reino de Dios, preparándose desde aquí para la santa unión del amor, la Iglesia celestial.[113]

7.1. El amor (*ágape*) es, pues, algo puro y digno de Dios, y el fin de su obra es la liberalidad. Afirma la Sabiduría: "El desvelo por la educación es amor, y el amor consiste en la observancia de sus leyes" (*Eclesiástico* 6:17, 18). Los festejos tienen una cierta chispa de caridad (*ágape*), que habitúa a pasar del alimento vulgar al eterno. La caridad (*ágape*) no es, por consiguiente, una cena, más ésta debe perfeccionarse con la caridad.

2. "Que tus hijos amados, Señor, aprendan que no alimentan al hombre las diversas especies de frutos, sino tu Palabra, que conserva a aquellos que en ti creen" (*Eclesiástico* 16:26); porque "el hombre no vivirá de solo pan" (Dt. 8:3; Mt. 4:4; Lc. 4:4).

3. Que nuestro alimento sea frugal y ligero, que nos permita estar despiertos, sin mezcla de salsas variadas, lo que no significa falta de educación; ya que tenemos una excelente nodriza: la caridad, que al poseer abundante provisión para todos, introduce la moderación, que preside toda alimentación equilibrada, dando la salud al cuerpo y reparte también con el prójimo. En cambio, la dieta que sobrepasa la moderación es altamente nociva para el hombre, daña su alma y provoca que su cuerpo sea propenso a la enfermedad.

4. Sí, ciertamente, los placeres de la gula reciben nombres malsonantes: gula, glotonería, sibaritismo, deseo insaciable, voracidad. Semejante a éstos son los nombres de moscas, comadrejas, luchadores y "enjambres de salvajes parásitos".[114] Al placer del vientre algunos sacrifican la razón, otros la amistad y aun la vida misma, gente que

> El amor es algo puro y digno de Dios, y el fin de su obra es la libertad. Que nuestro alimento sea frugal y ligero, que nos permita estar despiertos, sin mezcla de salsas variadas, lo que no significa falta de educación; ya que tenemos una excelente nodriza: la caridad, que al poseer abundante provisión para todos, introduce la moderación, que preside toda alimentación equilibrada, dando la salud al cuerpo y reparte también con el prójimo.

---

[113] La Iglesia celestial es para Clemente el modelo de la terrestre. Aquélla goza de la perfección, ésta la busca.

[114] Los parásitos o clientes eran gentes que vivían de la abundancia de los ricos, quienes les pagaban para hablar bien de ellos, según cuenta Homero, *Ilíada*, XIX, 30.

Debo recordar ahora, a propósito de los que sacrifican a ídolos, la manera con que se recomienda el deber de abstenerse de ello. Me parecen francamente sucias y abominables estas carnes rociadas de sangre, almas de cadáveres, que salen del fondo del Erebo. Dice el apóstol: "No quiero que vosotros seáis partícipes con los demonios", ya que el alimento de los que se salven es distinto del alimento de los que van a perecer. Abstengámonos de tales alimentos, sin miedo alguno; los demonios carecen de poder.

arrastra el vientre, cual bestias con figura humana, a imagen de su padre, la bestia golosa.[115]

5. Pienso que los antiguos, al llamarles *asótoi* (perdidos), sugerían dejándolo entrever, el fin que perseguían, considerándolos *asóstoi* (insalvables), por la supresión de la letra sigma. ¿No son éstos, en verdad, los que centran su atención en los platos y en la fatigosa elaboración de los condimentos; seres infelices, formados de barro, ofuscados tan sólo por la persecución de una vida efímera, como si no estuvieran destinados a la vida eterna?

8.1. El Espíritu Santo se compadece de ellos, y por boca de Isaías, les llama miserables, rehusando tácitamente el nombre de ágape para sus banquetes, porque no eran conforme a la razón (*logos*): "He aquí gozo y alegría, matando vacas y degollando ovejas, comer carne y beber vino, diciendo: Comamos y bebamos, que mañana moriremos" (Is. 22:13; 1ª Co. 15:32). Y, como muestra de que considera un error esta vida desenfrenada, añade: "Este pecado no os será perdonado hasta que muráis, dice el Señor" (v. 14). No establece la muerte física como absolución de la falta, sino la satisfacción del pecado está en una muerte salvadora. "No te dejes arrastrar por un pequeño placer" (*Eclesiástico* 18:32), dice la Sabiduría.

3. Debo recordar ahora, a propósito de los que reciben el nombre de *idolóthytes* (que sacrifican a ídolos), la manera con que se recomienda el deber de abstenerse de ello.[116] Me parecen francamente sucias y abominables estas carnes rociadas de sangre,

almas de cadáveres, que salen del fondo del Erebo.[117]

4. Dice el apóstol: "No quiero que vosotros seáis partícipes con los demonios" (1ª Co. 10:20), ya que el alimento de los que se salven es distinto del alimento de los que van a perecer. Es preciso que nos abstengamos de tales alimentos, sin miedo alguno, ya que los demonios carecen de poder; con repugnancia, tanto por nuestra conciencia pura, como por la desvergüenza de los demonios, a quie-

---

[115] Alusión a Gn. 3:14: "Por cuanto esto hiciste, maldita serás entre todas las bestias y entre todos los animales del campo; *sobre tu pecho andarás*, y polvo comerás todos los días de tu vida".
[116] Hch. 15:29: "Que os abstengáis de cosas sacrificadas a ídolos".
[117] Homero, *Odisea*, XI, 37.

nes estos alimentos están consagrados, y aún por el carácter poco consistente de quienes dudan de todo, cuya "conciencia, siendo flaca, es contaminada. Si bien la vianda no nos hace más aceptos a Dios" (1ª Co. 8:7, 8). "No lo que entra por la boca contamina al hombre, sino lo que de ella sale" (Mt. 15:11).

9.1. Por tanto, el uso natural del alimento es algo indiferente: "ni que comamos, seremos más ricos; ni que no comamos, seremos más pobres" (1ª Co. 8:8); pero no es razonable compartir "la mesa de los demonios" (1ª Co. 10:21), cuando se nos ha invitado a participar del alimento divino y espiritual. Dice el Apóstol: "¿Acaso no tenemos derecho a comer y a beber, y a traer con nosotros mujer?" (1ª Co. 9:4-5). Con la abstinencia de los placeres frenamos los deseos; "mirad que esta vuestra libertad no sea tropezadero a los que son débiles" (1ª Co. 8:9).

2. No debemos abusar de los dones del Padre, llevando una vida disoluta como el hijo pródigo del Evangelio, por el contrario, debemos usar de ellos, como dueños, sin inclinarnos ante ellos. Fuimos destinados a dominar y a gobernar los alimentos, no a servirles de esclavos.

3. Es realmente admirable que, examinando con atención la verdad, podamos participar del alimento divino, y también saciarnos en la contemplación inextinguible del que es, sin lugar a dudas, el Ser único, gozando del placer sólido, estable y puro. Éste es el *ágape* que debemos esperar, como lo demuestra el manjar que Cristo nos ofrece.

4. Es irracional, inconveniente e inhumano comer para la muerte, como el ganado que engorda mirando sólo al suelo, formados como estamos de barro, y estar siempre recostados sobre las mesas a la caza de una vida licenciosamente golosa, enterrando en ella el bien para ocuparse de una vida sin porvenir alguno y con la mirada puesta en los manjares, que proporcionan más gozo a los cocineros que a los mismos agricultores. Lejos está de nosotros rechazar cualquier relación social; pero desconfiamos de este libertinaje (*symperiphorá*) que consideramos como una desgracia (*symphorá*).

10.1. Por eso debemos alejarnos del vicio de la gula tomando pocos alimentos, sólo los más indispensables. Y si algún infiel nos invita, y decidimos ir a su casa –en

No debemos abusar de los dones del Padre, llevando una vida disoluta como el hijo pródigo del Evangelio, al contrario, debemos usar de ellos, como dueños, sin inclinarnos ante ellos. Fuimos destinados a dominar y a gobernar los alimentos, no a servirles de esclavos. Es realmente admirable que, examinando con atención la verdad, podamos participar del alimento divino, y también saciarnos en la contemplación inextinguible del que es, sin duda, el Ser único, gozando del placer sólido, estable y puro.

realidad no es cosa buena tener tratos con los que viven desordenadamente–, el apóstol nos ordena comer sin escrúpulos de todo cuanto se nos ofrezca, "sin más averiguaciones por causa de la conciencia" (1ª Co. 10:27), y, asimismo, nos ha ordenado comprar todos los artículos que se venden en el mercado (v. 25).

2. No nos está prohibida la variedad de manjares, sino la preocupación por ella. Debemos tomar el alimento que se nos da como es conveniente a un cristiano, honrando así al invitado con una participación y una compañía sin descortesía, sin conceder importancia a la suntuosidad del servicio, y no dando importancia a los alimentos que dentro de poco ya no existirán.

3. "El que come, no menosprecie al que no come, y el que no come, no juzgue al que come" (Ro. 14:3). Y un poco más adelante dará razón de su consejo: "El que come, come para el Señor, porque da gracias a Dios; y el que no come, no come para el Señor, y da gracias a Dios" (v. 6), de manera que un manjar justo es una acción de gracias; y el que sin cesar está dando gracias, no tiene tiempo para dedicarse a los placeres.

4. Si quisiéramos encaminar hacia la virtud a alguno de nuestros comensales, tendríamos que abstenernos de aquel tipo de alimento refinado, comportándonos como un claro ejemplo de virtud, a imagen de Jesucristo. "Si la comida es a mi hermano ocasión de caer, jamás comeré carne por no escandalizar a mi hermano" (1ª Co. 8:13), afirma el apóstol; con una pequeña privación habré ganado a un hombre.

5. "Qué, ¿no tenemos potestad de comer y de beber?" (1ª Co. 9:4). Y sigue diciendo: "Los que han conocido la verdad" (1ª Ti. 4:3) saben que "un ídolo no es nada en este mundo, y que no hay más de un Dios" (1ª Co. 8:4), "del cual son todas las cosas, y nosotros en él: y un Señor Jesucristo" (v. 6) Pero, "por tu ciencia se perderá el hermano débil por el cual Cristo murió. De esta manera, pues, pecando contra los hermanos, e hiriendo su débil conciencia, contra Cristo pecáis" (vv. 11, 12).

6. De este modo el apóstol, con gran prudencia, establece una distinción entre los banquetes, afirmando: "no os envolváis, es a saber, que si alguno llamándose hermano fuere fornicario, o avaro, o idólatra, o maldiciente, o borracho, o ladrón, con el tal ni aun comáis" (1ª Co. 5:11);

ni se debe participar de su conversación ni de su comida. El apóstol teme la corrupción que ello pueda acarrear, como si se tratase de "la mesa de los demonios" (1ª Co. 10:21).

11.1. "Bueno es no comer carne ni beber vino" (Ro. 14:21). De esta opinión son también Pitágoras y su escuela, pero se refieren a la carne de caza mayor, cuyas espesas emanaciones oscurecen el alma en densas sombras. Mas, si alguno la prueba, no peca; sea moderado al tomarla, no sea ávido en exceso, ni esclavo; ni saque su lengua hacia el plato, porque oirá la voz: "No destruyas la obra de Dios por causa de la comida" (Ro. 14:20).

2. Es de persona necia contemplar y quedarse boquiabiertos ante los platos en un festín común, después de haber degustado el Logos; pero es, en verdad, mucho más insensato que nuestros semblantes se esclavicen ante los platos, y que la intemperancia sea, por así decirlo, paseada por los servidores.

3. ¿Cómo no va a ser inconveniente incorporarse sobre el triclinio (lecho), para lanzar la mirada sobre los platos, recostado hacia delante como en el borde de un nido, con el fin de, como comúnmente se dice, oler las ondas olorosas? ¿Cómo no va a ser estúpido mojar las manos en la salsa, o tenderlas a cada instante hacia el plato, pero no con ánimo de probarla, sino más bien de echar mano a los alimentos, sin moderación ni decoro alguno?

4. Puede decirse que los que así obran se asemejan, por su voracidad, a los puercos y a los perros más que a las personas, pues tan grande es su afán de hartazgo que hinchan los dos carrillos como si tuvieran unos recipientes en la cara; además, el sudor les empapa, pues les oprime su deseo insaciable, y están jadeantes de intemperancia. Revuelta y confusamente engullen los alimentos y llenan el vientre, como si fueran a aprovisionarse, pero no a digerirlos. La falta de moderación es siempre un mal, y se muestra, de manera especial, en lo relativo a los alimentos.

12.1. La gula (*opsofagía*) es la absoluta carencia de moderación en la utilización de alimentos; la golosinería (*laimargía*) es una locura de la gula, y la glotonería (*gastrimargía*) es una intemperancia en la alimentación, o,

> Es de persona necia contemplar y quedarse boquiabiertos ante los platos en un festín común, después de haber degustado el Logos; pero es, en verdad, mucho más insensato que nuestros semblantes se esclaviceen ante los platos, y que la intemperancia sea, por así decirlo, paseada por los servidores. La falta de moderación es siempre un mal, y se muestra, de manera especial, en lo relativo a los alimentos. La gula es la absoluta carencia de moderación en el uso de alimentos.

como su mismo nombre indica, un delirio de estómago, ya que *márgos* (loco) es sinónimo de ansioso.

2. El apóstol, a propósito de los que celebran festines comunes, afirma que no obran rectamente: "Porque cada cual, al comer, se adelanta a tomar su propia cena, y uno pasa hambre y otro se embriaga. ¿No tenéis casas para comer y beber? ¿O acaso menospreciáis a la Iglesia de Dios, y avergonzáis a los que no tienen?" (1ª Co. 11:21, 22). Pero en casa de los ricos los glotones, los insaciables, se avergüenzan a sí mismos. Unos y otros actúan mal: unos, porque incordian a los que nada tienen, y los otros, porque desnudan su incontinencia en casa de los ricos.

3. Convenía que el apóstol, después de haber hablado largamente contra aquellos que han perdido la vergüenza, y que abusan de las comidas con menos recato que los demás, es decir, contra los insaciables que nunca tienen suficiente, elevara por segunda vez la voz con enojo: "Así, que, hermanos míos, cuando os juntáis a comer, esperaos unos a otros. Si alguno tuviere hambre, coma en su casa, para que no os juntéis para juicio" (vv. 33, 34).

13.1. Es preciso, pues, abstenernos de toda grosería y desenfreno, tomar con moderación lo que se nos ofrezca, sin ensuciarse las manos, ni el lecho, ni la barbilla, antes bien conservar un aspecto digno, que no conozca deformación alguna, no hacer muecas ni en el momento de la deglución, sino procurar tender la mano con orden y a intervalos. También hay que procurar no hablar mientras se come, ya que la voz se torna desagradable y confusa ante la presión de las mandíbulas llenas, y por el agobio de los alimentos sobre la lengua, perdiendo con ello su espontánea naturalidad y emitiendo una pronunciación apagada.

2. Tampoco se debe comer y beber al mismo tiempo; es indicio de intemperancia manifiesta confundir los tiempos propios de cada cosa. Y como dice el apóstol: "Si coméis, o bebéis, hacedlo todo a gloria de Dios" (1ª Co. 10:31), tendiendo a la verdadera simplicidad, a la que, según creo, aludió el Señor cuando bendijo los panes y los peces asados y los repartió entre sus discípulos, dándoles un bello ejemplo de sencillez en la comida.

14.1. Aquel célebre pez que Pedro pescó, a instancias del Señor (Mt. 17:27), representa un alimento simple, moderado y un regalo de Dios. El Señor, en verdad aconseja quitar de los que salen las aguas [del bautismo], cogidos al cebo de la justicia, el desenfreno y el amor a las riquezas, como la moneda del pez, para rechazar nuestro amor a la vanagloria y con el fin de que, después de dar el estáter[118] a los aduaneros, se dé al César lo que es del César y se reserve para Dios lo que es de Dios.

2. El estáter encierra en sí mismo otras explicaciones, pero no viene al caso un comentario exhaustivo. Sólo basta con recordarlo; nosotros aprovechamos para hablar de nuestro tema las flores, que no son nota discordante en nuestro discurso. Así hemos actuado en repetidas ocasiones, desviando la fuente hacia la cuestión apremiante, manantial utilísimo para regar las plantas del Logos.

3. En efecto, "aunque todo me es lícito, no todo me conviene" (1ª Co. 10:23), por eso todos los que quieren hacer todo lo que es lícito, se deslizan rápidamente hacia lo ilícito. Y así como a través de la avaricia no se alcanza la justicia, ni la intemperancia es el verdadero camino de la moderación, así tampoco el régimen de vida de un cristiano se adquiere con una vida placentera; porque la mesa de la verdad está lejos de "las comidas lascivas".

4. Aunque todo ha sido creado exclusivamente para el hombre, no es conveniente usarlo todo, y muchísimo menos a cada instante. La ocasión, el tiempo, el modo, y el porqué tienen para el discípulo del Pedagogo una importancia no pequeña, capaz de determinar lo verdaderamente útil. Y lo conveniente tiene fuerza suficiente para paralizar una vida entregada al vientre, al que se pega la riqueza, no porque se mire con ansiedad, sino porque el exceso de riqueza le vuelve ciego por el vicio de la gula.

5. Nadie es pobre en lo que concierne a lo estrictamente necesario, ni nadie ha sido jamás abandonado, porque hay un ser único, Dios, que alimenta a los pájaros y a los peces, en una palabra, a los animales irracionales. Nada les falta, aunque no se preocupen de su alimento. Y nosotros valemos más que ellos, que somos sus dueños y estamos más cerca de Dios, porque somos más prudentes.

6. No hemos sido creados para comer y beber, sino para llegar al conocimiento de Dios. "El justo come hasta

---

[118] Moneda de la época, múltiplo del dracma.

No hemos sido creados para comer y beber, sino para llegar al conocimiento de Dios. "El justo come hasta saciar su alma: mas el vientre de los impíos tendrán necesidad", porque centran su deseo en las golosinas. No debe emplearse la riqueza para satisfacer nuestros solos placeres, sino para compartirla con los demás. Por eso, pues, nuestra obligación se centra en rechazar aquel tipo de alimento que, sin tener hambre, nos induzca a comer, porque estimulan nuestro apetito.

saciar su alma: mas el vientre de los impíos tendrá necesidad" (Pr. 13:25), porque centran su deseo en las golosinas. No debe emplearse la riqueza para satisfacer nuestros solos placeres, sino para compartirla con los demás.

15.1. Por eso, pues, nuestra obligación se centra en rechazar aquel tipo de alimento que, sin tener hambre, nos induzca a comer, porque estimulan nuestro apetito. Pero, ¿acaso no puede darse una sana variedad de alimentos en medio de una sana frugalidad? Cebollas, aceitunas, algunas legumbres, leche, queso, fruta y diversos manjares sin salsa. Y si es preciso ofrézcase carne asada o cocida.

2. "¿Tenéis algo que comer?", dijo el Señor a sus discípulos, después de su resurrección. Y, como los había instruido en la práctica de la simplicidad, éstos le ofrecieron un poco de pescado asado, y comió en presencia de ellos (Lc. 24:41-44).

3. Por otra parte, no hay que privar de postres ni de miel a quienes toman su alimento con moderación. Los alimentos más convenientes son aquellos que pueden tomarse al momento, sin necesidad de calentarlos, pues ya están preparados; luego existen los más sencillos, como antes hemos apuntado.

4. En cuanto a los que se inclinan sobre las mesas humeantes[119] como si amamantaran sus propias pasiones, tienen por guía un demonio muy glotón, al que yo no me avergonzaré de llamar "ventridemonio";[120] éste es, sin duda, el peor y el más funesto de los demonios; se parece al de un ventrílocuo. Es mucho mejor ser feliz que cohabitar con un demonio. Y la felicidad está en la práctica de la virtud.[121]

16.1. El apóstol Mateo se alimentaba de semillas y de frutos secos, de legumbres, pero sin probar jamás carne; Juan, por su parte, extremando su temperancia, "comía saltamontes y miel silvestre" (Mt. 3:4; Mr. 1:6).

2. Pedro también se abstenía de la carne de cerdo. Mas "le sobrevino un éxtasis –como se escribe en los Hechos de los Apóstoles– y vio el cielo abierto y una especie

---

[119] Plutarco, *Morales* 660.
[120] Demonio del vientre. Eulopis, *Fragmentos* 172.
[121] Aristóteles, *Ética a Nicómaco* I, 7.

de lienzo suspendido por sus cuatro extremos que descendía sobre la tierra; en el cual había toda clase de cuadrúpedos, reptiles de tierra y volátiles del cielo. Y sonó una voz que decía: 'Levántate; mata y come'. Mas Pedro repuso: 'De ninguna manera, Señor, pues jamás he comido cosa profana e impura'. Y una voz desde el cielo habló por segunda vez: 'Lo que Dios purificó, no lo hagas tú profano'" (10:10-15).

3. También para nosotros nos es indiferente el uso de los alimentos, porque "no lo que entra por la boca ensucia al hombre" (Mt. 15:11), sino el vano concepto sobre la intemperancia. Dios, después de modelar al hombre dijo: "Todo será para vuestro alimento" (Gn. 1:29; 9:3). " Vale más comer legumbres con amor, que toro cebado con odio" (Pr. 15:17).[122]

4. Esto viene a confirmar lo que anteriormente se ha dicho: que las legumbres no constituyen el *ágape*, pero que el amor (*ágape*) debe presidir todo alimento. El ánimo equilibrado es bueno en todo, y no menos en lo relativo a la preparación de los alimentos; ya que los extremos son peligrosos, el justo medio es lo mejor.[123] El justo medio consiste en no estar necesitado de lo indispensable, ya que los deseos naturales son acallados cuando tienen lo suficiente.

17.1. La Ley prescribe sabiamente a los judíos la frugalidad. El Pedagogo, por boca de Moisés, mandó abstenerse de muchos alimentos, indicando los motivos: de forma implícita, los de carácter espiritual; expresamente los carnales, en donde han depositado su confianza (Lc. 11:4-7; Dt. 14:7, 8). Se abstenían de los animales que tienen la pezuña hendida, entre los que no rumían (Lv. 11:10; Dt. 14:10). De los que no tienen escamas, entre los acuáticos. De esta manera, sólo podían comer el reducido número de animales que les quedaba.

2. Entre los permitidos, la Ley descartó a los que hubiesen muerto por enfermedad, los ofrecidos a los ídolos y los ahogados (Lv. 17:10); no era lícito comer de ninguno de estos. Y ya que resulta imposible que quien gusta de

---

[122] Cf. Pr. 15:17: "Mejor es la comida de legumbres donde hay amor, que de buey engordado donde hay odio" (RV).
[123] Plutarco, *Morales*, 84.

cosas dulces no se complazca en ellas, la Ley ha establecido una conducta contraria, hasta que quede del todo suprimida aquella inclinación al disfrute, adquirida por hábito.

3. La mayoría de las veces el placer produce en el hombre daño y tristeza, y el exceso de alimentos genera en el alma insensibilidad, olvido y locura. Se dice también que el cuerpo de los niños crece más si la alimentación es parca, ya que el *pneúma* (impulso vital) en su movimiento ascensional que impulsa el crecimiento, no es obstaculizado por una alimentación excesiva que opondría una barrera a la buena circulación pneumática.[124]

18.1. De ahí que Platón, quien entre los filósofos, buscó apasionadamente la verdad, denuncie la vida placentera, reavivando así la llama de la filosofía hebrea: "Al llegar yo –dice– no encontré satisfacción alguna en la llamada vida feliz, que consiste en pasarse toda la vida alrededor de las mesas italianas o siracusanas; en hartarse dos veces al día; en no acostarse jamás solo, y en ocuparse en todo lo que conlleva una vida como ésta. En efecto, este régimen de vida no podría volver sensato a ningún ser que viva bajo el cielo, si sigue estos derroteros desde su juventud, ni le llevará tampoco al maravilloso equilibrio de la naturaleza".[125]

2. Platón, en efecto, no ignoraba que David, el día que en su propia ciudad había instalado el arca santa en medio de la tienda, procurando agradar a todo su pueblo "delante del Señor repartió entre toda la nación de Israel, a hombres y a mujeres, una torta de pan, un pastelillo y una torta frita" (2º S. 6:19; 1º Cr. 16:1-3).[126] Este alimento israelita es más que suficiente, mientras que el de los paganos es superfluo.

3. "El que lo desprecia, jamás llegará a ser prudente",[127] pues entierra su espíritu en el vientre, semejante

---

[124] Galeno, *De usu partium*, XV, 4-5. Plutarco, *Licurgo*, 17. Para la medicina estoica, el *penuma* respiratorio facilita el crecimiento y desarrollo del niño y del embrión.
[125] Platón, *Cartas* VII, 326.
[126] 2º S. 6:19: "Y repartió a todo el pueblo, y a toda la multitud de Israel, así a hombres como a mujeres, a cada uno una torta de pan, y un pedazo de carne, y un frasco de vino" (RV).
[127] Platón, *Cartas* VII, 326.

al pez llamado *ónos* (burro, asno), del cual afirma Aristóteles que es el único animal que tiene el corazón en el vientre. Epicarmo el Cómico llama a este pez *ektrapelágastros* (vientre enorme).

4. Así son los que confían en su vientre, "cuyo dios es el vientre, y su gloria es en confusión; que sienten lo terreno" (Fil. 3:19). A este tipo de seres del apóstol no les predijo la felicidad, sino la perdición.

2

Cómo hacer uso de la bebida

Cristo es el gran racimo, el Logos que ha sido prensado para nosotros, la sangre de la uva madura, la sangre del racimo que el Logos ha querido mezclar con agua, como su sangre se mezcla para la salvación. La sangre del Señor es de dos especies: una es su carne, con la que nos ha rescatado de la perdición; y otra, su Espíritu, con el que hemos sido ungidos. Beber su sangre es participar de la incorruptibilidad del Señor.

19.1. El apóstol dice a Timoteo, que bebía agua: "Toma un poco de vino para bien de tu estómago" (1 Ti. 5:23), aplicando el remedio adecuado a un cuerpo enfermo y debilitado; no obstante, aconseja una pequeña cantidad, no fuera que el remedio, tomado en abundancia, necesitara otro tipo de medicamento.

2. Ciertamente el agua es una bebida natural y sencilla, indispensable cuando se tiene sed. El Señor la hizo brotar para los antiguos hebreos de la abrupta roca, y la ofrecía como bebida simple y sana, pues la sobriedad era especialmente necesaria a los que aún erraban por el desierto (Éx. 17:6; Nm. 20:11; Dt. 8:15).

3. Más tarde, la viña santa produjo un racimo profético (Nm. 13:23-24). Es la señal (*seméion*) para quienes el Pedagogo ha conducido desde el curso errante hasta el reposo. Es el gran racimo, el Logos que ha sido prensado para nosotros, la sangre de la uva madura, la sangre del racimo que el Logos ha querido mezclar con agua, como su sangre se mezcla para la salvación.

4. La sangre del Señor es de dos especies: una, es su carne, con la que nos ha rescatado de la perdición;[128] y otra, su Espíritu, con el que hemos sido ungidos. Beber la sangre de Jesús es participar de la incorruptibilidad del Señor. El Espíritu es la fuerza del Logos, como la sangre lo es de la carne.

20.1. Así, de forma análoga, el vino se mezcla con el agua y el Espíritu con el hombre,[129] la mezcla orienta hacia la fe, mientras la otra, que conduce a la inmortalidad, es el Espíritu. A su vez, la mezcla de ambos –de la bebida y del Logos– recibe el nombre de eucaristía,[130] gracia

---

[128] Cf. 1ª P. 1:18, 19: "Sabiendo que habéis sido rescatados de vuestra vana conversación, la cual recibisteis de vuestros padres, no con cosas corruptibles, como oro o plata; sino con la sangre preciosa de Cristo, como de un cordero sin mancha y sin contaminación".

[129] Aquí el Espíritu no se refiere a la tercera persona de la Trinidad, sino a la naturaleza divina del Logos.

[130] Eucaristía, del gr. *eu-charizesthai*, dar gracia.

laudable y hermosa. Quienes de ella participan por la fe, son santificados en su cuerpo y en su alma, mezcla divina por la que la voluntad del Padre hace mezclarse místicamente el Espíritu y el Logos al hombre. Porque verdaderamente el Espíritu inhabitada en el alma que bajo él subyace, y la carne se une al Logos, por la que "el Logos se hizo carne" (Jn. 1:14).

2. Yo me admiro y alabo a quienes han elegido una vida austera, a los que anhelan el agua, medicina de la templanza; a los que huyen lo más lejos posible del vino como de una amenaza de fuego.

3. Me gusta que los muchachos y las muchachas se abstengan lo más posible de esta droga, ya que no es conveniente derramar el líquido más caliente, es decir, el vino, sobre una edad efervescente, como si se echara fuego sobre fuego, por lo que se inflaman los instintos salvajes, los deseos ardientes y el ardor temperamental.[131] Los jóvenes impetuosos y enardecidos se dejan arrastrar por su deseo, hasta tal punto que su mal se manifiesta claramente ante los ojos de todos en su cuerpo, cuando los órganos sexuales alcanzan en ellos una madurez precoz.

4. Bajo la ardiente influencia del vino, los senos y los órganos sexuales se excitan impúdicamente y se hinchan de sangre y de vigor, firme anuncio de la fornicación; la conmoción del alma inflama necesariamente el cuerpo y las palpitaciones obscenas suscitan una curiosidad que invita al hombre moderado a infringir la ley.

21.1. Es así como el dulce vino de la juventud desborda los límites del pudor. Por eso, y en la medida de lo posible, es necesario apagar las pasiones de los jóvenes, ya sea eliminando la materia combustible, la del peligroso Baco, ya sea derramando sobre la efervescencia juvenil una antidroga que refrigere al alma inflamada, y detener la turgencia de los órganos y adormecer la excitación de la pasión ya desencadenada.[132]

2. Los que están en la flor de la edad, al tomar cada día su desayuno, conviene que prueben sólo pan y se abstengan totalmente de beber, para que el exceso de hu-

---

[131] Platón, *Las Leyes* II, 664.
[132] Plutarco, *Morales*, 694.

medad sea reabsorbido embebiéndose en un alimento seco.[133]

3. Escupir a cada momento, sonarse e ir apresuradamente a causa de las excreciones es señal de falta de moderación, pues denota un exceso de líquido en el cuerpo. Ahora bien, si se tiene sed, hay que procurar calmarla con no mucha agua, pues no conviene llenarse inmoderadamente de agua, con el fin de que la comida no se diluya, sino que se triture para facilitar la buena digestión; de esta manera, los alimentos se distribuyen por las carnes, y sólo una pequeñísima cantidad es evacuada.

22.1. Por otra parte, no conviene cargarse de vino cuando se anda ocupado en las divinas meditaciones, porque, como dice el poeta cómico, "el vino puro a pensar poco induce" (Menandro), y a no tener ningún pensamiento sabio. Mas, por la tarde, a la hora de cenar, debe tomarse vino, ya que no nos dedicamos a la lectura de ciertos pasajes que requieren una especial sobriedad.

2. En ese momento, la atmósfera es más fresca que durante el día, de manera que es preciso suplir el calor natural que disminuye por uno de fuera, es decir, tomando vino en escasa cantidad; pues no conviene ir "hasta la copa del exceso" (Eubolo).

3. Quienes ya han sobrepasado la madurez deben participar de la bebida con más alegría: calentando, sin daño alguno, con el fármaco de la viña, la frialdad de la edad, que va extinguiéndose por el paso del tiempo. Porque, la mayoría de las veces, los deseos de los ancianos no se inflaman hasta el naufragio de la embriaguez.

4. Anclados, por así decirlo, con las anclas de la razón y del tiempo, sobrellevan con mayor facilidad la tempestad de las pasiones desencadenadas por la embriaguez, y les está permitida aún cierta clase de bromas en los banquetes.[134] No obstante, cuando beban deben ponerse como límite conservar lúcidamente la razón, la memoria activa, y guardar el cuerpo de toda agitación y temblor provocado por el vino. Los expertos llaman a este tipo de persona "ligeramente ebrio" (Plutarco).

---

[133] Platón, *Las Leyes*, II, 666.
[134] Platón, *Las Leyes*, II, 666.

23.1. Pero mejor será detenerse aquí, por ser una cuestión muy resbaladiza. Un tal Artorio, en su tratado *Sobre la longevidad*, sostiene, si mal no recuerdo, que sólo debe tomarse vino suficiente para humedecer los alimentos, a fin de que podamos tener una vida más larga. En su opinión, conviene que algunos tomen vino sólo como medicina, por motivos de salud, y otros para recreo y diversión.

2. Ciertamente el vino vuelve al bebedor más alegre, más afable con sus criados y más agradable con los amigos; pero tomado en exceso desencadena la violencia. Si es dulce y está caliente, y se mezcla en la proporción adecuada, por efecto del calor, no sólo las materias viscosas de los excrementos, sino también templa con sus aromas los humores acres y groseros.

3. Con razón se ha dicho: "El vino fue creado desde el principio para regocijo del alma y del corazón, siempre que se tome con moderación". Lo mejor es mezclar el vino con la mayor cantidad de agua posible, para impedir la embriaguez, y no debe servirse como agua. Ambos son obras de Dios, y su mezcla contribuye a la salud, dado que la vida consta de lo necesario y de lo útil.

24.1. El agua, que es el elemento necesario, debe mezclarse en la mayor cantidad posible, con el elemento útil. El vino, tomado sin medida, hace que la lengua se trabe, que se entorpezcan los labios y que los ojos se alteren, como si la vista por el exceso de humedad se bañase en una superficie líquida, y forzándoles a mentir creen que todo gira en torno a ellos, y son incapaces de enumerar uno por uno los objetos que tienen delante: "Me parece, en verdad, que veo dos soles", decía el viejo tebano ebrio".[135]

2. Porque la vista, agitada por el calor del vino, cree ver varias veces la realidad de un objeto único; pues no hay diferencia entre el movimiento de los ojos y el objeto visto. En ambos casos la vista sufre lo mismo con respecto a la percepción física de un objeto: no puede captarlo con exactitud a causa de la agitación. Las piernas se tambalean, como sacudidas por una corriente; los hipos, los vómitos, el delirio, hacen su aparición en una orgía.

---

[135] Eurípides, *Las bacantes*, 918.

3. Como dice la tragedia:

Todo hombre poseído por el vino,
es dominado por la cólera, queda con la mente vacía
y acostumbra, al terminar de charlar neciamente,
escuchar con poco agrado lo que de grado ha criticado.[136]

Pero, antes que la tragedia, la Sabiduría había clamado: "El vino tomado en demasía llena de pasiones y de toda clase de vicios" (*Eclesiástico* 31:29).

25.1. Esta es la razón por la que la mayoría sostiene la necesidad de recrearse, y diferir los asuntos realmente importantes, mientras se bebe, para el día siguiente (Plutarco). Yo, en cambio, me inclino a pensar que debe concederse una especialísima atención en invitar e introducir la razón (*logos*) en los festines para contener los efectos del vino y evitar que el banquete derive hacia la embriaguez.

2. Y de la misma manera que uno que sea cuerdo no querría cerrar sus ojos antes de irse a dormir, así tampoco nadie que reflexione correctamente estimaría oportuna la ausencia de la razón en el banquete, y haría mal si lo enviara a dormir antes de solucionar sus problemas. Todo lo contrario; la razón no deberá jamás abandonar la casa, ni siquiera mientras dormimos. En efecto, incluso para ir a acostarse debe estar presente.

3. Porque la sabiduría, la ciencia perfecta de las cosas divinas y humanas,[137] lo abraza todo, en la medida en que extrema su vigilancia sobre el rebaño humano, y se convierte en arte vivir; así, debe asistirnos en todo momento, mientras dura nuestra vida, cumpliendo siempre su propio cometido: enseñarnos a vivir felices.

4. Los desgraciados, en cambio, los que expulsan la temperancia de los banquetes, consideran vida feliz la total anarquía en la bebida; para ellos, la vida no es más que fiesta, borracheras, baños, vino puro, orinales, ociosidad y bebida.

26.1. Así, puede verse a algunos de ellos medio borrachos, tambaleándose, llevando coronas en el cuello,

---

[136] Sófocles, *Fragmentos*, 929.
[137] Plutarco, *Morales* 874.

como las urnas funerarias, escupiéndose mutuamente vino, bajo pretexto de brindar a su salud. A otros, puede vérseles completamente ebrios, sucios, pálidos, con la mirada lívida, y añadiendo por la mañana una nueva embriaguez a la del día anterior.

2. Es bueno, amigos, bueno de verdad, que al presenciar, lo más lejos posible, si se puede, estas imágenes ridículas y a la vez lamentables, adoptemos una actitud que nos lleve a una conducta mejor, por el temor de dar un día nosotros también un espectáculo parecido y seamos ocasión de burla.

3. Se ha dicho, y no sin razón, que "como el fuego prueba el temple del acero, así el vino prueba el corazón de los soberbios en la embriaguez" (*Eclesiástico* 31:31). La embriaguez es el uso excesivo de vino, mientras que el comportamiento del beodo deriva del mal uso del mismo; la borrachera es este estado repugnante y desagradable que se deriva de la embriaguez, y que recibe tal nombre por el balanceo de la cabeza.

27.1. Semejante tipo de vida, si así puede llamársele, llena de molicie,[138] solícita de los placeres, apasionada por la embriaguez, que la divina Sabiduría observa con recelo y miedo para sus hijos: "Porque el bebedor y el comilón empobrecerán, y el sueño hará vestir vestidos rotos" (Pr. 23:21).

2. El somnoliento es aquel que no ha despertado a la sabiduría, sino que está sumergido en el sueño de la embriaguez. Y, como dice el texto, quien se emborracha se vestirá de harapos, y su embriaguez hará que se avergüence ante los que lo observan.

3. Porque los agujeros del pecador son los desgarrones de sus vestidos carnales producidos por los placeres;

La embriaguez es el uso excesivo de vino, mientras el comportamiento del beodo deriva del mal uso del mismo; la borrachera es este estado repugnante y desagradable que se deriva de la embriaguez, y que recibe tal nombre por el balanceo de la cabeza. La divina Sabiduría observa con recelo y miedo para sus hijos: "El bebedor y el comilón empobrecerán, y el sueño hará vestir vestidos rotos". Quien se emborracha se vestirá de harapos, y su embriaguez hará que se avergüence ante los que lo observan.

---

[138] Según la mentalidad de la época, la molicie ablanda a los individuos y pierde a las sociedades que no son sino agregados de individuos. La molicie no era tanto una desviación determinada como un síntoma. "La molicie no parece ser ante todo más que una desviación entre otras, reconocible y hasta reducible a detalles poco viriles: inflexiones de voz afeminada, gestos amanerados, modo de caminar un tanto lánguido, etc. Pero el puritanismo grecorromano escrutaba con lupa estos detalles y les atribuía una importancia desmesurada; se pensaba que aquella molicie visible era el síntoma de una molicie más profunda, de una debilidad de carácter en su totalidad" (Paul Veyne, *Historia de la vida privada*, dirigida por P. Ariès y G. Duby, vol. I, p. 178. Taurus, Madrid 1992, 4ª ed.).

La Escritura muestra que el bebedor es ya un cadáver para la razón; ya se lo había predicho al hablar de sus ojos lívidos, lo cual es un claro signo de los cadáveres, es la señal de que está muerto para el Señor; porque el olvido de aquello que conduce a la verdadera vida es una pendiente que se desliza hacia la perdición. Así pues, es natural que el Pedagogo, que vela por nuestra salvación, pronuncie esta fuerte prohibición: "No bebas hasta la embriaguez".

a través de ellos puede verse en su interior el estado vergonzoso del alma, el pecado, por el cual no podrá obtener fácilmente salvación la tela, destrozada por todas partes y podrida a causa de los innumerables placeres y, alejada, por razón misma del desgarrón, de la salvación.

4. La Escritura enfatiza esta advertencia: "¿Para quién será el ay? ¿Para quién las rencillas? ¿Para quién las quejas? ¿Para quién las heridas en balde? ¿Para quién lo amoratado de los ojos?" (Pr. 23:29). Contemplad al ebrio totalmente cubierto de harapos, que desdeña la razón misma y se hace esclavo de la embriaguez; con cuántas y variadas cosas le amenaza la Escritura. Y de nuevo insiste en la amenaza: "¿Para quién lo amoratado de los ojos? Para los que se detienen mucho en el vino, para los que van buscando la mistura" (Pr. 23:30).

5. Así, la Escritura muestra que el bebedor es ya un cadáver para la razón; ya se lo había predicho al hablar de sus ojos lívidos, lo cual es un claro signo de los cadáveres,[139] es la señal de que está muerto para el Señor; porque el olvido de aquello que conduce a la verdadera vida es una pendiente que se desliza hacia la perdición.

28.1. Así pues, es natural que el Pedagogo, que vela por nuestra salvación, pronuncie esta fuerte prohibición: "No bebas hasta la embriaguez" (Tob. 4:15).[140] ¿Cuál es el motivo? preguntarás; dice: "Porque tu boca proferirá entonces palabras perversas, y serás como aquel que está acostado en alta mar, o como un piloto durante una gran tempestad" (Pr. 23:33, 34).

2. Aquí viene en ayuda el poeta cuando dice:
El vino, cuya fuerza iguala al fuego, cuando hace su entrada en el seno del hombre,
lo agita con la misma violencia que el viento del Norte
o del Sur con el mar de Libia, descubre todos sus secretos,
y te obliga a hablar torpemente. El vino constituye un gran peligro para quienes se emborrachan;
el vino es engañoso para el alma.[141]

---

[139] Hipócrates, *El pronóstico*, 2.
[140] Cf. Pr. 23:31: "No mires al vino cuando rojea". Joel 1:5: "Despertad, borrachos, y llorad; aullad todos los que bebéis vino, a causa del mosto, porque os es quitado de vuestra boca".
[141] Eratóstenes, *Fragmento*, 34.

3. ¿Veis los peligros de un naufragio? El corazón queda anegado por el exceso de bebida; y el exceso de vino es comparado al mar amenazador, en el cual se hunde el cuerpo, como la nave se sumerge en el abismo del desorden, y es sepultado bajo las olas del vino, mientras el timonel, el espíritu del hombre, es zarandeado de un lado para otro por la tempestad de la embriaguez que le domina, y, en medio del océano, sufre vértigo ante las tinieblas de la tormenta, extraviado del puerto de la verdad, hasta que, viniendo a parar junto a los arrecifes, se embarranca en medio de los placeres y queda destruido.

29.1. Es natural, pues, que el apóstol nos exhorte con estas palabras: "No os embriaguéis de vino, en lo cual hay disolución" (Ef. 5:18), refiriéndose al obstáculo que para la salvación supone la embriaguez debido al desenfreno. Pues si en las bodas [de Caná] Jesús convirtió el agua en vino, no lo hizo para causar nuestra embriaguez, sino que vivificó lo que estaba aguado en el hombre que, desde Adán, cumplía la Ley. Llenando el mundo con la sangre de la viña, aseguró a la piedad la bebida de la vid verdadera, la mezcla de la antigua Ley y del nuevo Logos, hasta la consumación de los tiempos. Por eso la Escritura llamó al vino místico símbolo de la santa sangre, pero rechaza los residuos del vino, cuando exclama: "Pendenciero es el vino y violenta la embriaguez" (Pr. 20:1).[142]

2. La recta razón aprueba el vino en invierno por causa del frío, hasta conseguir que no tiemblen de frío quienes son sensibles a él; y para las otras estaciones, como remedio terapéutico para los intestinos. De la misma manera que deben tomarse los alimentos para no pasar hambre, así también hay que beber para apaciguar nuestra sed, con mayor cuidado, ya que la pendiente del vino es muy inclinada.

3. Así, nuestra alma permanecerá pura, seca y luminosa; pues "el alma enjuta es un rayo de luz, sapientísima y excelente".[143] Sobre todo es apta para la contemplación, y no se llena –como una nube– de las exhalaciones del vino, ni se materializa.

> La recta razón aprueba el vino en invierno por causa del frío, hasta conseguir que no tiemblen de frío quienes son sensibles a él; y para las otras estaciones, como remedio terapéutico para los intestinos. De la misma forma que deben tomarse los alimentos para no pasar hambre, así también hay que beber para apaciguar nuestra sed, con mayor cuidados, ya que la pendiente del vino es muy inclinada.

---

[142] "El vino es escarnecedor, la cerveza alborotadora" (RV).
[143] Heráclito, *Fragmentos*, 118.

30.1. No debe inquietarnos ni el vino de Quíos, si carecemos de él, ni el de Ariusio, cuando falte. Porque la sed es sufrimiento por una necesidad, y busca incesantemente el remedio oportuno para satisfacerla, pero no ha de ser con una bebida espiritosa. Las importaciones de vino de ultramar son efecto de un gusto depravado por la intemperancia; es el síntoma de un alma abrumada por los deseos, aun antes de sumergirse en la embriaguez.

2. Existe el vino de Tasos, oloroso, el de Lesbos, aromático; existe también un cretense, dulce, y un siracusano, suave; un Mendes, de Egipto, y un Naxos, insular. Aún hay otra marca que procede de Italia: hay muchas denominaciones; pero para un bebedor templado sólo existe una clase de vino, el de la cosecha de Dios.

3. Pero, ¿por qué el vino del país no basta para satisfacer la necesidad? Salvo que se quiera también importar agua, como hacían los reyes insensatos con el agua de Coaspe, nombre de un río de la India, de agua muy preciada para beber, que transportaban como se lleva a los amigos.

4. Compadece a los ricos que llevan su refinamiento a semejantes extremos; a ellos se refiere el Espíritu Santo por boca de Amós: "Los que beben un vino filtrado y los que duermen sobre divanes de marfil" (Am. 6:6, 4),[144] y otros pensamientos que siguen para su confusión.

31.1. Deben extremarse los cuidados en el decoro; cuenta la leyenda que incluso Atenea, a pesar de su conducta, abandonó la afición por la flauta, porque le deformaba el aspecto; así, cuando se bebe, no deben hacerse muecas, ni sorber hasta la saciedad, ni forzar la vista antes de beber, ni verse arrastrado a la incontinencia bebiendo a sorbos, ni mojar la barba o el vestido, derramando el líquido y lavando, por así decirlo, su rostro en las copas.

2. Hace mal efecto el ruido de la bebida cuando se la sorbe, junto con la aspiración de mucho aire, como si se derramara agua en un jarro, resonando como torrente por el caudal de líquido que ingiere. Es indecente el espectáculo de dicha intemperancia; además, la avidez en la bebida es dañina para quien la practica.

---

[144] "Beben vino en tazones... Duermen en camas de marfil" (RV).

3. No te apresures en caer en esta falta, amigo mío. No se te arrebata la bebida; te ha sido dada y te espera. No te afanes en estallar tragando con avidez. Tu sed se calma aunque bebas con lentitud, comportándote como debes, ya que el tiempo no te priva de aquello que tu intemperancia se apodera con anticipación. Dice la Escritura: "No te hagas el valiente con el vino, pues ha llevado a la perdición a muchos" (*Eclesiástico* 31:30).

32.1. "La embriaguez es frecuente en los escitas, los iberos y los tracios, razas todas guerreras, que consideran honroso entregarse a la bebida".[145] Nosotros, en cambio, gente pacífica, invitamos a nuestras mesas a gente sobria, para disfrutar y no para ofendernos, hacemos brindis por la amistad, para que nuestros afectos se muestren realmente con su verdadero nombre.[146]

2. ¿Cómo creéis que bebía el Señor, cuando se hizo hombre por nosotros? ¿Sin urbanidad? ¿Sin moderación? ¿Irracionalmente? Porque, bien lo sabéis: Él tomó también vino, porque también era hombre; incluso lo bendijo, diciendo: "Tomad y bebed, esto es mi sangre" (Mt. 26:26-28). Sangre de la vid que significa alegóricamente al Logos que "ha sido derramado por muchos, en remisión de los pecados" (Mt. 26:28), fuente de santa alegría.

3. Que el bebedor debe mostrarse comedido, lo ha indicado claramente, ya que lo enseñaba en los banquetes; en efecto, Él no enseñó nunca en estado de embriaguez. Por otra parte, que era realmente vino lo que bendijo, lo ha mostrado palpablemente a sus discípulos diciendo: "No beberé del fruto de la vid hasta que lo beba con vosotros en el reino de mi Padre" (Mt. 26:29; Mr. 14:25).

4. Que realmente era vino lo que bebía el Señor, lo manifiesta Él mismo cuando, hablando de sí mismo, censura la dureza de corazón de los judíos: "Vino el Hijo del hombre, que come y bebe, y dicen: He aquí un hombre comilón, y bebedor de vino, amigo de publicanos y de pecadores" (Mt. 11:19).

"La embriaguez es frecuente en los escitas, los iberos y los tracios, razas todas guerreras, que consideran honroso entregarse a la bebida". Nosotros, en cambio, gente pacífica, invitamos a nuestras mesas a gente sobria, para disfrutar y no para ofendernos, hacemos brindis por la amistad, para que nuestros afectos se muestren realmente con su verdadero nombre. ¿Cómo creéis que bebía el Señor, cuando se hizo hombre por nosotros? ¿Sin urbanidad? ¿Sin moderación? ¿Irracionalmente?

---

[145] Platón, *Las Leyes*, I, 637.
[146] Cf. Tertuliano, *Apología*, XXIX, 19 (CLIE, 2001).

Ninguna cosa indecorosa en el beber conviene al hombre educado, pero mucho menos a la mujer, para quien el hecho de saber quién es debe bastar para inspirarle pudor. Dice la Escritura: "La mujer ebria es motivo de gran ira", es como un signo de la cólera de Dios el que una mujer se entregue a la embriaguez. ¿Por qué? "Porque ni siquiera intentaba ocultar su indecencia". La mujer que se deja llevar con facilidad hacia los placeres pronto se ve arrastrada al desorden.

33.1. Esto es claro y suficiente para nosotros frente a los llamados encratitas.[147] Las mujeres, llevadas por una suerte de elegancia externa, evitan escanciar bebidas en las copas anchas, para no separar excesivamente sus labios al abrir la boca. Beben indecentemente con los labios cuidadosamente apretados a la boquilla de los vasos de alabastro, inclinando su cabeza hacia atrás, dejando el cuello al descubierto, en mi opinión sin decoro alguno. Estiran el cuello para engullir lo que tragan, beben pequeños sorbos como si quisieran hacer a sus convidados una demostración de lo que son capaces; lanzan eructos como los hombres o, mejor, como los esclavos, y se dejan arrastrar por la intemperancia.

2. Ninguna cosa indecorosa en el beber conviene al hombre educado, pero mucho menos a la mujer, para quien el hecho de saber quién es debe bastar para inspirarle pudor. Dice la Escritura: "La mujer ebria es motivo de gran ira" (*Eclesiástico* 26:8), es como un signo de la cólera de Dios el que una mujer se entregue a la embriaguez. ¿Por qué? "Porque ni siquiera intentaba ocultar su indecencia" (*Eclesiástico* 26:8). La mujer que se deja llevar con facilidad hacia los placeres pronto se ve arrastrada al desorden.

3. No es que prohibamos beber en vasos de alabastro; sino que desaconsejamos como signo de vanidad la preocupación de beber sólo en ellos, exhortando a utilizar indistintamente cualquier objeto, con el propósito de erradicar desde el principio las tendencias peligrosas.

4. El aire que quiere salir al exterior en un eructo, debe dársele salida en silencio. Bajo ningún concepto debe permitirse a las mujeres descubrir o mostrar parte alguna de su cuerpo, a fin de que ni unos ni otras se pierdan; los hombres por verse excitados a mirar, y las mujeres por atraerse sobre ellas las miradas de los hombres.

5. Nuestra conducta debe ser en todo momento moderada, como si el Señor estuviera presente, para evitar que el apóstol se enfade con nosotros como con los

---

[147] Del gr. *enkráteia*, "fuerza", "continencia", "moderación". Nombre dado a una secta herética del siglo II, caracterizada por su excesivo rigor ascético. Tenían prohibida la utilización del vino, incluso en la celebración de la Santa Cena, rigor que renace en algunos grupos fundamentalistas de la actualidad.

corintios y nos diga: "¡Cuando os reunís, ya no es para la cena del Señor!" (1ª Co. 11:20).

34.1. Me parece que el astro conocido por los matemáticos con el nombre de Acéfalo,[148] clasificado antes del astro errante y con su cabeza hundida sobre el pecho, representa a los glotones, a los voluptuosos y a los que están dispuestos a emborracharse. En efecto, en este tipo de gente la razón no reside en la cabeza, sino en el vientre, esclavizada a las pasiones, a la concupiscencia y a la ira.

2. Así como Elpénor "tenía las vértebras cervicales fracturadas"[149] a causa de una caída, efecto de la embriaguez, así también en estos, el vino produce vértigo y mareo al cerebro y lo precipita a la región del hígado y del corazón, es decir, al amor a los placeres y a la cólera, y su caída es aún mayor que la que los hijos de los poetas atribuyen a Hefesto, cuando Zeus lo precipitó del cielo a la tierra.[150]

---

[148] Constelación situada entre Aries y Acuario.
[149] Homero, *Odisea* X, 560.
[150] Homero, *Ilíada*, I, 590-593.

3

No hay que afanarse por el lujo en los enseres domésticos

Las copas de plata y de oro, y otros utensilios con incrustaciones de piedras [preciosas] carecen de toda utilidad práctica; no son más que un engaño para la vista. La solicitud por los vasos cincelados, tan fáciles de romperse por la afiligranada fragilidad, que hace temblar siempre que uno bebe, es una vanidad que debemos proscribir de nuestra conducta.

35.1. Las copas de plata y de oro, y otros utensilios con incrustaciones de piedras [preciosas] carecen de toda utilidad práctica; no son más que un engaño para la vista. En efecto, si uno vierte en ellos líquido caliente, es doloroso cogerlos con la mano porque están ardiendo; por el contrario, si se vierte líquido frío, la materia de la copa se altera y estropea el líquido. Una bebida tan costosa resulta dañina.

2. ¡Váyanse al infierno las copas de Tericles[1] o de Antígono,[2] los cántaros, las copas grandes y anchas, las copas en forma de concha, y demás innumerables objetos de este tipo, porrones para refrigerar y verter vino! "En una palabra, el oro y la plata, tanto para usos privados como públicos, constituyen una riqueza odiosa".[3] Además de ser superfluos, son de adquisición cara, de difícil conservación y de escasa utilidad práctica.

3. La solicitud por los vasos cincelados, tan fáciles de romperse por la afiligranada fragilidad, que hace temblar siempre que uno bebe, es una vanidad que debemos proscribir de nuestra conducta. Tantos objetos de plata como las fuentes, las salseras, las poncheras, los platos y demás enseres de oro y de plata, que sirven tanto para comer, como para otros usos que me avergüenza decir; los trípodes artísticamente labrados en cedro del que se parte fácilmente, en madera olorosa, en ébano y marfil; los lechos con pies de plata y con incrustaciones de marfil; los pies de los lechos tachonados con clavos de oro y adornados con caparazones de tortuga; las colchas teñidas de púrpura y de otros colores difíciles de conseguir, artículos todos que denotan un lujo de mal gusto; ventajas que conllevan envidias y molicie; pues bien, todo eso hay que desecharlo, como si careciera del más mínimo valor.

---

[1] Famoso alfarero de Corinto.
[2] General de Alejandro Magno, que sentía debilidad por determinadas copas.
[3] Platón, *Las Leyes*, XII, 966.

4. Como dice el apóstol: "El tiempo es breve" (1ª Co. 7:29). No debemos adoptar actitudes y poses ridículas, como algunas mujeres que pueden verse en las procesiones[4] cuyo maquillaje exterior denota una sorprendente fastuosidad, pero interiormente son miserables.

36.1. Para dar una explicación mejor, añade: "Por lo demás, los que tengan mujer, que se comporten como si no la tuvieran; y los que compran, como si no poseyeran" (1ª Co. 7:29ss.). Si habló respecto al matrimonio, lo hizo en estos términos: "Multiplicaos" (Gn. 1:28; 8:17), ¿no pensáis dejar de lado la extravagancia, conforme al mandato del Señor?

2. Por esa razón insiste el Señor: "Vende cuanto tienes, dalo a los pobres y sígueme" (Mt. 19:21). Sigue a Dios, despojándote de toda vanidad y de toda pompa efímera, sin poseer más que lo tuyo propio, el único bien que nadie podrá arrebatarte, la fe en Dios, la adhesión a Aquel que ha sufrido, la bondad para con los hombres, que es la posesión más preciada.

3. Yo, por mi parte, acepto la doctrina de Platón cuando establece categóricamente la necesidad de ejercitarse en no tener "riqueza alguna, ni plata ni oro" (*Las Leyes*, VII, 801), y además ningún efecto inútil, que no sea imprescindible, incluso los ordinarios, pero no esenciales, de suerte que el mismo objeto se divida en diversas funciones, y que se limite el número de posesiones.

4. Es natural que la divina Escritura, a propósito de los egoístas y jactanciosos, les habla así: "¿Dónde están los príncipes de las naciones y los que dominan las fieras de la tierra? ¿Y los que se entretienen con las aves del cielo y atesoran la plata y el oro, en lo que confiaron los hombres y a cuya adquisición no ponen término? ¿Los que labran la plata y se afanan, sin que al fin quede rastro alguno de sus obras? Desaparecieron y bajaron al Hades" (*Baruc* 3:16-19). Este fue el pago de su mal gusto.

37.1. Cuando cultivamos la tierra necesitamos un azadón y un arado, y a nadie se le ocurriría hacer un azadón de plata o un arado de oro. Si para labrar la tierra

> Sigue a Dios, despojándote de toda vanidad y de toda pompa efímera, sin poseer más que lo tuyo propio, el único bien que nadie podrá arrebatarte, la fe en Dios, la adhesión a Aquel que ha sufrido, la bondad para con los hombres, que es la posesión más preciada.

---

[4] Procesiones en honor de Isis y Osiris.

Sigamos el criterio de la utilidad, no el de la riqueza. atendemos a la eficacia del instrumento y no a su valor, ¿qué impide que tengamos la misma consideración respecto a los enseres domésticos? Que sigamos en esto el criterio de la utilidad, no el de la riqueza.

2. ¿Por qué?, dime: ¿Acaso no corta el cuchillo de mesa, si no está tachonado de clavos de oro o si el mango no es de marfil? Para cortar la carne ¿debe forjarse un metal de la India, como si se llamase a algún aliado para la guerra? ¿Y qué? Una fuente de cerámica, ¿no retendrá acaso el agua para lavarse las manos? Y una palangana, ¿no retendrá tampoco el agua que lava los pies?

3. ¿Habrá que pensar que la mesa de pies de marfil se sentirá avergonzada de sostener un pan de un óbolo,[5] y un candil no podrá irradiar luz por ser obra de un alfarero, y no de un orfebre? En mi opinión, no es más incómodo un simple diván que una cama de marfil, y que una piel gruesa puede servir muy bien como colcha, de manera que no veo yo la necesidad de colchas de púrpura o escarlata. Y, sin embargo, se desprecia la simplicidad por un estúpido lujo que acarrea no pocos males.

El Señor comía en un sencillo plato, y hacía sentarse a sus discípulos en el suelo, sobre la hierba, y les lavaba los pies, ciñéndose con una toalla, Él, el Dios que no conoce el orgullo, Señor del universo, sin traer del cielo una palangana de plata. Y pidió de beber a la samaritana en un vaso de arcilla que utilizaba para sacar agua del pozo; lejos estaba Él de buscar el oro de los reyes.

38.1. Qué gran engaño es este y qué vana concepción de la belleza. El Señor comía en un sencillo plato, y hacía sentarse a sus discípulos en el suelo, sobre la hierba, y les lavaba los pies, ciñéndose con una toalla, Él, el Dios que no conoce el orgullo, Señor del universo, sin traer del cielo una palangana de plata.

2. Y pidió de beber a la samaritana en un vaso de arcilla que utilizaba para sacar agua del pozo; lejos estaba de Él buscar el oro de los reyes, sino que enseñaba a apagar la sed frugalmente. Ponía como finalidad la utilidad, no la ostentación. Comía y bebía en los banquetes, sin desenterrar metales preciosos, sin servirse de instrumentos perfumados, plata u oro; es decir, de herrumbre, pues a esto huele el metal que se altera.

3. Resumiendo: los alimentos, los vestidos, los utensilios, en una palabra, todo lo de la casa debe acomodarse a la situación del cristiano, teniendo en cuenta la persona, la edad, la ocupación y la situación. Y puesto que nosotros somos servidores de un Dios único, es preciso que nues-

---

[5] Moneda ateniense.

tros bienes y el mobiliario muestren los signos de una vida santa, y que cada uno de nosotros, con una fe sin vacilaciones y en esta situación uniforme, dé testimonio de igual manera que los acompañantes [músicos] interpretan, en orden de uno después de otro y todos juntos a la vez, una única sinfonía.

4. Lo que adquirimos sin dificultad y de buen grado lo usamos sin preocupación, lo que conservamos fácilmente y lo que repartimos con suma facilidad, son bienes mejores. Sin duda, lo mejor es lo útil, y, por supuesto, son preferibles los artículos baratos a los caros.

5. En una palabra, la riqueza, si no está bien administrada, es una ciudadela del mal; la mayoría de los hombres se pelean por ella, y no podrán entrar en el Reino del cielo, enfermos como están por las cosas mundanas y por vivir arrogantemente a causa del lujo.

39.1. Todos aquellos que buscan alcanzar la salvación deben comprender que todo lo que nosotros adquirimos es para nuestro uso, y su posesión tiene por finalidad asegurar a cada uno lo necesario, para cuya adquisición bastan pocos medios.[6] Son realmente estúpidos quienes, por su deseo insaciable, se alegran en sus riquezas. Dice la Escritura: "El que trabaja a jornal recibe su jornal en un saco roto" (Hag. 1:6). El que recoge su grano y lo juarda, y no lo comparte con nadie, ve cómo su hacienda va disminuyendo.

2. Es despreciable y ridículo que los hombres lleven siempre consigo bacines de plata, u orinales de alabastro, como si fuesen sus consejeros personales, y que las mujeres ricas, pero necias, se hagan hacer de oro los recipientes para los excrementos, como si a las ricas no les fuera posible evacuar sin ostentación. Desearía que dichas personas estimasen de por vida el oro con el mismo valor que los excrementos.

3. Pero el amor al dinero, que el apóstol confirma como la raíz de todos los males, se revela como la ciudadela del mal: "Porque el amor del dinero es la raíz de todos los males: el cual codiciando algunos, se descaminaron de la fe, y fueron traspasados de muchos dolores" (1 Ti. 6:10).

---

[6] Esto mismo enseñaban los epicúreos.

No es muy razonable andar buscando con ardor lo que fácilmente puede uno adquirir en el mercado. La sabiduría no puede comprarse con ningún tipo de moneda terrena, pues se vende en el cielo, y se negocia con la moneda de la justicia: el Logos incorruptible, el oro real.

4. La mejor riqueza es la pobreza de deseos[7] y el verdadero orgullo no consiste en vanagloriarse de las riquezas, sino en despreciarlas. ¡Es estúpido jactarse de los enseres! No es muy razonable andar buscando con ardor aquello que fácilmente puede uno adquirir en el mercado, en tanto que la sabiduría no puede comprarse con ningún tipo de moneda terrena ni en el mercado, pues se vende en el cielo, y se negocia con la moneda de la justicia: el Logos incorruptible, el oro real.

---

[7] La tradición atribuye a Sócrates esta máxima. Cf. Estobeo, *Antigüedades*, 10, 38.

4
Cómo comportarse en los banquetes

40.1. Que la fiesta callejera se aleje del banquete razonable, así como las vanas fiestas nocturnas, que fanfarronean con exceso de vino, porque la orgía conlleva la embriaguez, forma externa de la pasión erótica. El erotismo y la embriaguez, las pasiones más irracionales, se sitúan lejos de nuestra comunidad. La fiesta nocturna va acompañada de un comportamiento desordenado debido a la bebida. Es una invitación a la embriaguez, un estímulo de las relaciones, un atrevimiento que genera desvergüenza.

2. Quienes se estremecen al son de las flautas, de las arpas, de los coros, de las danzas, de las castañuelas de los egipcios, o al son de las diversiones de este estilo, aturdidos al ritmo de címbalos y tambores, y ensordecidos por los instrumentos del error, se volverán totalmente insensatos, desordenados e ineptos. Semejante clase de banquetes acaban por convertirse, me parece a mí, en un teatro de embriaguez.

3. El apóstol nos amonesta: "Echemos, pues, las obras de las tinieblas, y vistámonos las armas de luz, andemos como de día, honestamente; no en glotonerías y borracheras, no en lechos y disoluciones" (Ro. 13:12, 13).

41.1. Que la siringa[8] se reserve para los pastores, y la flauta para los hombres supersticiosos que se afanan en el culto de los ídolos.[9] Debe rechazarse de los banquetes sobrios este tipo de instrumentos, más apropiados para las fieras que para los hombres y, de entre éstos, para los privados de razón.

2. Según tengo entendido, los ciervos se quedan hechizados al oír las zampoñas y los cazadores que los persiguen los orientan con sus melodías hacia las trampas.

---

[8] Del grriego *syrinx*, flauta. Especie de zampoña compuesta de varios tubos que forman escala musical.

[9] En la época de Clemente, la flauta se usaba en los sacrificios y ceremonias paganos, de ahí que los cristianos no la considerasen conveniente para sus cultos.

El Espíritu Santo opone a este tipo de fiesta la liturgia digna de Dios, cuando canta en el salmo: "Alabadlo al son de la trompeta", ya que al son de la trompeta resucitará a los muertos; "alabadlo con el arpa", porque la lengua es el arpa del Señor; "alabadle con la cítara", entendiendo por ello a boca, movida por el espíritu, como con un plectro; "alabadle con el tambor y con un coro", refiriéndose a la Iglesia, que celebra la resurrección de la carne, sobre piel resonante [del tambor].

También he oído decir que en el apareamiento de los caballos se interpreta una especie de himeneo [canto nupcial], al son de la flauta, que los músicos denominan *hipóthoros*.[10]

3. Nosotros debemos eliminar todo espectáculo o audición vergonzosa; en una palabra, todo aquello que produzca una sensación vergonzosa de desorden, que tiene, en realidad, efectos de insensibilidad. Asimismo, debemos guardarnos de los placeres que cosquillean y afeminan la vista y el oído. Corrompen las costumbres las drogas engañosas de las melodías blandas y ritmos hechiceros de la música de Caria, arrastrando a la pasión con un género de música licenciosa y malsana.

4. El Espíritu Santo opone a este tipo de fiesta la liturgia digna de Dios, cuando canta en el salmo: "Alabadlo al son de la trompeta" (Sal. 150:4), ya que al son de la trompeta resucitará a los muertos; "alabadlo con el arpa" (v. 3), porque la lengua es el arpa del Señor; "alabadle con la cítara" (v. 4), entendiendo por ello la boca, movida por el espíritu, como con un plectro;[11] "alabadle con el tambor y con un coro" (v. 5), refiriéndose a la Iglesia, que celebra la resurrección de la carne, sobre piel resonante [del tambor]. "Alabadle con instrumentos de cuerda y con el órgano" (v. 4), el órgano expresa el cuerpo, y las cuerdas los nervios de dicho cuerpo, gracias a los cuales ha recibido una tensión armónica, y al ser tañido por el espíritu emite voces humanas; "alabadle con címbalos resonantes" (v. 5), entendiendo por címbalo la lengua de la boca, que resuena por las vibraciones contra los labios.

42.1. Así ha hablado a la humanidad: "Todo lo que respira alabe al Señor" (Sal. 150:6), porque ha extendido su providencia a todo lo creado. En verdad, el hombre es un instrumento pacífico, pero los otros instrumentos, si se considera bien, son instrumentos bélicos, que inflaman el deseo, encienden la pasión erótica, o excitan la ira.

2. Así pues, en campaña, los habitantes del Tirreno utilizan la trompeta; los arcadios, la zampoña; los sicilianos, el arpa; los cretenses, la lira; los lacedemonios

---

[10] Literalmente, "apareamiento de caballos".
[11] Púa para tocar los instrumentos de cuerda.

[espartanos], la flauta ordinaria; los tracios, el cuerno; los egipcios, el tambor, y los árabes, los platillos. Nosotros, en cambio, no utilizamos más que un instrumento, el Logos pacífico, con el que honramos a Dios. Ya no usamos del antiguo instrumento de cuerdas, ni de una trompeta, ni de un tambor o de una flauta, que tenían por costumbre usar durante sus reuniones los que se ejercitaban en la guerra, despreciando el temor de Dios, e intentando levantar su coraje abatido con tales ritmos.

43.1. Que la benevolencia en los convites se manifieste de una doble forma según el precepto de la Ley: "Amarás al Señor tu Dios", y luego "a tu prójimo" (Mt. 22:37-39). En primer lugar, la benevolencia debe mostrarse hacia Dios por medio de la acción de gracias y el canto de salmos; en segundo lugar, la benevolencia con respecto al prójimo, por medio de una honesta conversación: "Que la palabra del Señor habite en vosotros abundantemente" (Col. 3:16), dice el apóstol.

2. Este Logos se adapta y se conforma a las circunstancias, a las personas, a los lugares, y ahora también a los banquetes. De nuevo, añade el apóstol: "Enseñándoos y exhortándoos los unos a los otros con salmos e himnos y canciones espirituales, con gracia cantando en vuestros corazones al Señor. Y todo lo que hacéis, sea de palabra, o de hecho, hacedlo todo en el nombre del Señor Jesús, dando gracias a Dios Padre por él" (Col. 3:16, 17).

3. Que esta sea nuestra fiesta de acción de gracias, y si tú quieres cantar, toca la cítara o la lira; no es ello motivo de reproche para ti; imita al al rey justo de los hebreos, que daba gracias a Dios: "Alegraos justos, en el Señor. A los rectos es hermosa la alabanza. Celebrad al Señor con arpa: Cantadle con salterio y decacordio. Cantadle canción nueva" (Sal. 33:1-3). Quizá el salterio de diez cuerdas, que se designa con la letra de la decena, anuncie al Logos Jesús.[12]

44.1. De la misma manera que antes de tomar nuestro alimento es conveniente bendecir al Creador por todo, así

Que la benevolencia en los convites se manifieste de una doble forma según el precepto de la Ley: "Amarás al Señor tu Dios", y luego "a tu prójimo". En primer lugar, la benevolencia debe mostrarse hacia Dios por medio de la acción de gracias y el canto de salmos; en segundo lugar, la benevolencia con respecto al prójimo, por medio de una honesta conversación.

---

[12] La letra i (*iota*), inicial del nombre de Jesús, equivale al número 10 e indica igualmente el arpa de diez cuerdas.

también, en la bebida, debemos entonarle salmos, porque participamos de sus criaturas. El salmo es, ciertamente, una armoniosa y sana alabanza; el apóstol le da el nombre de canto espiritual (Ef. 5:19; Col. 3:16).

2. Sobre todo, es cosa santa dar gracias a Dios antes de acostarse, por haber gozado de su gracia y benevolencia, a fin de que nos sumerjamos en el sueño poseídos de Dios. Dice la Escritura: "Alabad a Dios con cantos de vuestros labios, porque por mandato suyo se cumple todo cuanto quiere, y no hay impedimento para su salvación" (*Eclesiástico* 39:20, 33).

3. Los antiguos griegos, durante los banquetes en los que se bebía, y en que las copas se desbordaban, se entonaba, a imagen de los salmos hebreos, un canto llamado escolio;[13] todos lo cantaban a viva voz y al unísono, si bien algunas veces alternativamente, a medida que cada uno brindaba a la salud de los demás. Y los más aficionados a la música se acompañaban en sus cantos con la lira.

4. Mas alejemos de nosotros las canciones eróticas y procuremos que nuestros cantos sean himnos de Dios. Dice la Escritura: "¡Que alaben su nombre en los coros, que lo celebren con el tambor y el arpa" (Sal. 149:3). Pero, cuál sea este coro que celebre a Dios, el Espíritu Santo mismo te lo indicará: "La alabanza de Dios está en la asamblea de los santos. Los hijos de Sion se regocijen en su Rey" (vv. 1, 2). Y añade: "porque el Señor se complace en su pueblo" (v. 4).

5. Debemos tan sólo elegir las melodías simples, rechazando lo más lejos posible de nuestra mente las que son realmente voluptuosas, que por funestos artificios en su modulación desvían hacia el camino de la molicie y de la bufonería. En cambio las melodías austeras y moderadas se oponen a la arrogancia de la embriaguez. Dejemos, pues, las armonías cromáticas para los excesos impúdicos de los bebedores de vino, y para la música de las prostitutas coronadas de flores.

---

[13] Canción de mesa de la antigüedad helénica, pero sin entronque con la poesía hebrea.

5

Sobre la risa

45.1. Debemos desterrar de nuestra convivencia a los imitadores de cosas ridículas y, en general, cualquier situación ridícula. Porque, si todas las palabras tienen su origen en el pensamiento y responden a la manera de ser de uno, no es posible que algunos hablen ridículamente, si no dejan entrever una manera de comportarse ridícula. Aquí debe aplicarse el texto: "Porque no hay árbol bueno que dé fruto malo, ni árbol malo que dé fruto bueno" (Lc. 6:43); la palabra es el fruto del pensamiento.

2. Por consiguiente, si debemos expulsar de nuestra convivencia a los bufones, con más razón debemos abstenernos de hacer nosotros mismos de bufones. Sería absurdo que nos encontrasen imitando aquello que nos está vedado escuchar; pero aún lo sería más si nos esforzásemos en ser personalmente objetos de risa, es decir, ser despreciables y ridículos.

3. Si no soportáramos hacer el ridículo, como puede verse a algunos hacerlo en los desfiles, ¿cómo podríamos razonablemente permitir que nuestro hombre interior cayese en una actitud aún más ridícula?

4. Y si no cambiaríamos de buen grado nuestro rostro por uno más ridículo, ¿cómo podríamos pretender, con nuestras palabras, ser objeto de risa, y exponer al ridículo el más preciado de todos los bienes que el hombre atesora: la palabra? Resulta estúpido afanarse por estas ridiculeces, ya que la palabra de los bufones no merece atención, pues las palabras en sí habitúan a las malas obras. Debemos ser graciosos, pero no bufones.

46.1. Es más, debemos moderar la misma risa. Porque la risa, emitida debidamente da impresión de equilibrio, mientras que lo contrario indica desenfreno. En una palabra, lo que es natural al hombre no debe suprimirse, sino más bien darle la justa medida y el tiempo oportunos.[14]

---
[14] Cicerón, *De officcies* I, 10.

2. No por el hecho de que el hombre sea un animal capaz de reír, debe uno reírse de todo; ni porque el caballo relinche, debemos relinchar siempre. Como animales racionales que somos, debemos gobernarnos con mesura, y distendernos en las ocupaciones serias y en las tensiones del espíritu con moderación, sin relajarnos hasta la estridencia.

3. La armonía del rostro, como la de un instrumento, se expresa con la palabra sonrisa, y constituye la risa del hombre prudente; en cambio, el excesivo relajamiento del rostro, si se da en las mujeres, recibe el nombre de *kiklismós* (risotada), es risa de las prostitutas; y, si se da en los hombres, se denomina *kanchasmós* (carcajada): es la risa de los proxenetas.

4. "El tonto, cuando ríe, eleva el tono de voz –dice la Escritura–, pero el hombre astuto apenas sonríe en silencio" (*Eclesiástico* 21:20). Con la expresión "hombre astuto" se refiere al sensato por oposición al necio.

47.1. Pero, por otra parte, no se debe ser taciturno, sino reflexivo; me agrada más "el que sonríe con rostro terrible",[15] pues "su sonrisa sería menos ridícula".[16]

2. Incluso la risa merece ser educada: si se trata de algo vergonzoso, es preferible enrojecer a sonreír, para no dar la impresión de consentimiento por simpatía; y si se trata de situaciones dolorosas, conviene más que se nos vea tristes que alegres; lo primero es señal de razonamiento humano, lo otro deja entrever la crueldad.

3. No debemos reírnos a cada momento –sería excesivo–, ni en presencia de personas ancianas o respetables, a menos que nos diviertan con alguna broma; tampoco se debe reír ante el primero que uno encuentra, ni en todos los lugares, ni ante todos, ni a propósito de todo. En especial para los adolescentes y las mujeres, la risa facilita la ocasión para las calumnias.

48.1. Algunas veces, el simple hecho de mostrarse distante provoca la huida de los tentadores; en efecto, la gravedad, sólo con su aspecto externo, puede rechazar los asaltos del libertinaje. A todos los insensatos, el vino, por

---

[15] Homero, *Ilíada*, VII, 212.
[16] Platón, *La República*, VII, 518.

así decirlo, "les incita a la amable risa y al baile" (Homero, *Odisea*, XIV); y a los de carácter afeminado los induce a la molicie.

2. Debemos percatarnos de que la excesiva franqueza en el hablar desarrolla la indecencia, hasta derivar en obscenidad: "y profirió cierta expresión que mejor sería no haberla dicho" (Homero, *íd*.).

3. Así pues, el vino da ocasión para observar la conducta moral del sujeto, despojado de hipocresía y de apariencias, gracias a esta grosera franqueza de lenguaje, propia del estado de embriaguez; aquí puede observarse cómo la razón duerme en el alma, oprimida por la embriaguez, y que se despiertan las pasiones monstruosas para imponer su tiranía sobre la debilidad de la razón.

6

Sobre la conversación soez

Debemos evitar radicalmente el lenguaje soez y tapar también la boca, ya sea con una mirada dura, ya volviendo la cabeza. Para rechazar el lenguaje grosero, el apóstol afirma: "No salga de vuestra boca palabra alguna corrompida, sino la que sea buena". Si el que llama estúpido a su hermano incurre en juicio, ¿qué decir del que profiere palabras necias?

49.1. Debemos evitar radicalmente el lenguaje soez y tapar también la boca, ya sea con una mirada dura, ya volviendo la cabeza, o, como se dice vulgarmente, sonándonos las narices, y utilizando también a menudo palabra fuerte.[17] Dice la Escritura: "Las cosas que salen de la boca son la que contaminan al hombre" (Mt. 15:18), y quiere decir lo vulgar, lo pagano, lo mal educado, y lo grosero, lo que no es distinguido, ni moderado ni sensato.

2. Para no oír conversaciones groseras ni presenciar actitudes del mismo estilo, el divino Pedagogo nos aconseja, siguiendo el modelo de los muchachos que practicaban la lucha para no lastimarse las orejas, ceñirnos de palabras sabias, a modo de orejeras, a fin de que los golpes del libertinaje no puedan llegar a rompernos el alma; y dirige nuestra vista hacia el espectáculo del bien, afirmando que es mejor resbalar con los pies que con la vista.

50.1. Para rechazar el lenguaje grosero, el apóstol afirma: "No salga de vuestra boca palabra alguna corrompida, sino la que sea buena" (Ef. 4:29); como conviene a santos, y de nuevo: "Ni palabras torpes, ni necedades, ni truhanerías, que no convienen; sino antes bien acciones de gracias" (Ef. 5:4).

2. Si el que llama estúpido a su hermano incurre en juicio (Mt. 5:22), ¿qué decir del que profiere palabras necias? A propósito de esto, está escrito: "Toda palabra ociosa que hablaren los hombres, de ella darán cuenta en el día del juicio"; y luego: "Porque por tus palabras serás justificado, y por tus palabras serás condenado" (Mt. 12:36).

3. ¿Cuáles son las orejeras de la salvación? ¿Y cuáles las instrucciones del Pedagogo respecto a los ojos que se deslizan hacia el mal? Tratar con los justos y cerrar los oídos ante quienes pretenden extraviar la verdad.

---

[17] Epícteto, *El Manual*, 33, 15.

4. "Las malas conversaciones corrompen las buenas costumbres",[18] dice el poeta. Pero el apóstol todavía se expresa mejor: "Aborreciendo lo malo, llegándoos a lo bueno" (Ro. 12:9). Ya que quien frecuenta los santos se santificará.

51.1. Debemos abstenernos forzosamente de oír y ver cosas obscenas, y, más aún, de realizar actos obscenos, como mostrar y desnudar innecesariamente ciertas partes del cuerpo; o mirar las partes más íntimas. El hijo casto [de Noé] no se atrevía a mirar la desnudez obscena del justo (Gn. 9:21-23), al contrario, al ver la caída de ignorancia, cubrió con el velo de la modestia, lo que la embriaguez había desnudado.

2. Pero no es menos necesario guardarse limpio de proferir palabras a las que no deben tener acceso los oídos de quienes tienen la fe en Cristo. El Pedagogo, a mi entender, no nos permite siquiera emitir palabra alguna cargada de indecencia, para infundirnos previsoramente el odio a la incontinencia. Es, sin lugar a dudas, hábil para cortar la raíz de los pecados: el "no cometerás adulterio", por el "no desearás" (Mt. 5:28; Éx. 20:14, 17). Pues el adulterio es el fruto del deseo, que es la raíz del mal.

52.1. De igual modo y en el mismo lugar, el Pedagogo ha condenado las conversaciones soeces, cortando de raíz cualquier referencia licenciosa al desenfreno. El mero hecho de ser desordenado en las palabras habitúa a ser incorrectos en el obrar, y el ejercitarse en mantenerse prudente en la palabra es resistir al libertinaje.[19]

2. Ya hemos expuesto de manera profunda que la calificación de lo que es realmente obsceno no está en las palabras, ni en los órganos de las relaciones sexuales, ni en la relación sexual, ni en la unión conyugal, para las cuales existen nombres no usuales en la conversación ordinaria. Miembros como la rodilla y la pierna, así como sus nombres y sus funciones propias son vergonzosos. Las partes sexuales del cuerpo humano son asimismo miembros

> Debemos abstenernos forzosamente de oír y ver cosas obscenas, y, más aún, de realizar actos obscenos, como mostrar y desnudar innecesariamente ciertas partes del cuerpo. No es menos necesario guardarse limpio de proferir palabras a las que no deben tener acceso los oídos de quienes tienen la fe en Cristo. El Pedagogo, a mi entender, no nos permite siquiera emitir palabra alguna cargada de indecencia, para infundirnos previsoramente el odio a la incontinencia.

---

[18] Menandro, *Fragm.*, 218. Máxima también citada por Pablo: "No erréis: las malas conversaciones corrompen las buenas costumbres" (1ª Co. 15:33).
[19] Plutarco, *Morales*, 707.

dignos de respeto y no de vergüenza; más bien, lo obsceno estriba en su ilegítima actividad, razón por la que es despreciable, censurable y digno de castigo; en realidad, solamente es obsceno el vicio y las acciones que de él se desprenden.

3. En consecuencia, sólo analógicamente se puede calificar, con razón, de soez el discurso sobre las acciones viciosas: por ejemplo, tratar sobre el adulterio, la pederastia, o cosas por el estilo. Sí, debemos enmudecer toda conversación vana.

4. Porque, dice la Escritura: "En las muchas apalabras no falta pecado" (Pr. 10:19); la locuacidad será motivo de castigo: "quien se calla será tenido por sabio; quien habla demasiado será odiado" (E*clesiástico* 20:5). Más aún, el charlatán se hace odioso a sí mismo: "multiplicando sus palabras, se hace daño a su alma" (v. 8).

7

De qué deben guardarse quienes aspiran a los buenos modales

53.1. Lejos, lejos de nosotros la burla, principal causante de atropellos, y de donde toman cuerpo las querellas, las luchas y los odios. Además, ya hemos dicho que la insolencia está al servicio de la embriaguez. El hombre es juzgado no sólo por sus obras, sino también por sus palabras. Dice la Escritura: "Durante un banquete no acuses a tu vecino, ni le lances palabra alguna de reproche" (*Eclesiástico* 31:41).

2. Además, si se nos ha ordenado frecuentar el trato de los santos, resulta pecaminoso burlarse de uno que sea santo. "En la boca del necio está la vara de la soberbia" (Pr. 14:3), entendiendo por vara la escalera de la soberbia, el fundamento en el que la insolencia se apoya y descansa.

3. Por eso aplaudo al apóstol cuando exhorta a no dejar escapar expresiones de mofa o impertinentes. Ya que si es el amor el que nos congrega para comer, el objetivo de los banquetes es el intercambio amistoso entre los concurrentes, y la comida y la bebida son meros acompañantes del amor, ¿cómo no nos vamos a comportar racionalmente? Nada debe dificultar el amor fraterno.

4. Si el objeto de nuestra reunión es, en realidad, el amor, ¿cómo vamos a suscitar odios por culpa de nuestras burlas? Mejor sería cerrar la boca a contradecir, añadiendo un pecado a una estupidez. "Bienaventurado –en verdad– el hombre que no resbaló en sus palabras y no tuvo que arrepentirse de haber cometido pecado" (*Eclesiástico* 14:1), o sea, que se arrepiente de las faltas cometidas mientras hablaba, o que no haya causado tristeza a nadie con sus palabras.

5. Resumiendo: que los jóvenes y las muchachas se abstengan, en general, de tomar parte en este tipo de banquetes, para evitar que se precipiten en lo que no les conviene. Pues las conversaciones impropias y los espectáculos indecorosos inflaman su imaginación haciendo, incluso, tambalear su fe en medio del oleaje y colaboran con la inestabilidad de su edad a precipitarlos hacia la codicia carnal. A veces sucede que son causantes de caídas, por hacer gala de su peligrosa juventud.

> Si se nos ha ordenado frecuentar el trato de los santos, resulta pecaminoso burlarse de uno que sea santo. Por eso aplaudo al apóstol cuando exhorta a no dejar escapar expresiones de mofa o impertinentes. Si es el amor el que nos congrega para comer, el objetivo de los banquetes es el intercambio amistoso entre los concurrentes, y la comida y la bebida son meros acompañantes del amor, ¿cómo no nos vamos a comportar racionalmente?

> Buena consejera es la Sabiduría: "No tomes asiento con una mujer casada, ni te recuestes junto a ella". Es decir, no comas con ella a menudo, ni lo hagas en compañía suya. Que las mujeres casadas cubran su cuerpo con un vestido, y su alma con el pudor. Y las que no estén casadas, para ellas está reservada la mayor ocasión de ser calumniadas por asistir a una reunión de hombres bebedores, o que ya están bebidos.

54.1. Buena consejera es la Sabiduría: "No tomes asiento con una mujer casada, ni te recuestes junto a ella" (*Eclesiástico* 9:9). Es decir, no comas con ella a menudo, ni lo hagas en compañía suya. Por esa razón añade: "No la cites para beber vino, para evitar que tu corazón se incline hacia ella y que por tu pasión resbales hacia la perdición" (*íd.*), ya que la libertad que acompaña a la bebida es cosa peligrosa y puede hacerte perder la cabeza. Se refirió a la mujer casada, por ser mayor el peligro para el que intenta romper los vínculos de la vida conyugal.

2. Si se presenta una necesidad que obliga a estar presente en tales ocasione, que las mujeres casadas cubran su cuerpo con un vestido, y su alma con el pudor. Y las que no estén casadas, para ellas está reservada la mayor ocasión de ser calumniadas por asistir a una reunión de hombres bebedores, o que ya están bebidos.

3. En cuanto a los jóvenes, que fijen su mirada en el triclinio, inmóviles, apoyados con los codos, y sólo presentes con los oídos. Al acomodarse, no crucen los pies, no apoyen los muslos uno sobre otro y no pongan su mano en el mentón; es realmente vulgar no mantenerse quieto, y tal conducta es censurable en un muchacho joven.

55.1. Asimismo, cambiar de postura a cada instante es signo de ligereza. Denota prudencia el hecho de tomar poca cantidad de comida y de bebida y también actuar reposadamente y sin precipitarse, ya sea en el inicio de los banquetes o en su intervalo como también ser el primero en dominarse y en mostrarse indiferente por la comida.

2. Dice la Escritura: "Come como hombre lo que te ofrezcan, sé el primero en terminar por educación y, si estás sentado en medio de muchos comensales, no seas el primero en alargar la mano" (*Eclesiástico* 31:16-18).

3. No conviene empezar antes que los demás, dejándonos llevar por la glotonería, ni por avidez quedarse tendidos largo tiempo, haciendo gala de intemperancia con insistencia. Mientras se come, tampoco conviene lanzarse como fieras sobre el pasto, ni servirse comida con exceso. No es natural al hombre comer carne, sino pan.

56.1. Levantarse de la mesa antes que los demás comensales y retirarse discretamente del banquete, es signo de temperancia en el hombre. "Cuando te levantes no te rezagues, sino vete corriendo a casa" (*Eclesiástico* 32:15), dice la Escritura. Habiendo convocado los Doce a la multitud de discípulos dijeron: "No está bien que nosotros, dejando a un lado la Palabra de Dios, sirvamos a las mesas" (Hch. 6:2). Si esto hicieron diligentemente, con mucha más razón huyeron de la glotonería.

2. Los mismos apóstoles, tras enviar un mensaje a los hermanos de Antioquía, Siria y Cilicia, dijeron: "Pareció al Espíritu Santo y a nosotros no imponeros otra carga a excepción de esto: que os abstengáis de lo sacrificado a los ídolos, de la sangre, de los animales estrangulados y de la fornicación. De lo cual, si os guardáis, obraréis bien" (Hch. 15:28, 29).

3. Debemos guardarnos de los excesos de vino como de la cicuta, pues ambas bebidas llevan a la muerte. "También debemos abstenernos de reír a carcajadas y llorar desmesuradamente",[20] pues, la mayoría de las veces, los que están bebidos se ríen a carcajadas, y luego –no sé por qué–, impulsados por la embriaguez, caen en el llanto. Ambas actitudes, el afeminamiento y la petulancia, están en completo desacuerdo con la razón.

57.1. Los ancianos, si miran a los jóvenes como si fuesen sus hijos, pueden, aunque en contadas ocasiones, bromear con ellos, mas bromeando de manera que sea una buena pedagogía para su comportamiento. Así, a uno que sea muy tímido y taciturno, puede muy bien hacérsele esta clase de broma: "Mi hijo –me refiero al que no abre la boca– no para de hablar".

2. Una gracia de esta índole tonifica la vergüenza del joven, manifestándole sus cualidades innatas, mediante la crítica de unos defectos que no tiene. Se trata de un artificio didáctico por medio de la que no es se confirma que en realidad es. Es algo parecido a decir a un bebedor de agua, sobrio, que está ofuscado por el vino y está borracho.

3. Si nos topamos con hombres amantes de bromas y de chistes, nuestra mejor medida será el silencio, dejando

---

[20] Platón, *Las Leyes*, V, 732.

Pienso que incluso debe imponerse un límite en las conversaciones de los sabios. de lado los discursos superfluos, como las copas llenas; este tipo de bromas revisten gran peligrosidad: "La boca del necio anuncia la ruina" (Pr. 10:14). "No levantes falso testimonio, ni juntes tu mano con el malvado para atestiguar en falso" (Éx. 23:1), ni para una acusación, difamación o maldad.

Los que dialogan deben controlarse mutuamente el volumen de voz, ya que es de locos hablar a gritos, y de persona insensible hablar al prójimo con un hilo de voz, pues no se enterarán. Lejos de nosotros, en consecuencia, este afán de vana victoria en la palabra, pues nuestra meta es la tranquilidad, este es el sentido de esas palabras: "la paz sea contigo"; "no respondas sin haber escuchado antes".

58.1. Pienso que incluso debe imponerse un límite en las conversaciones de los sabios, a quienes se les permite hablar: me refiero a la réplica. El silencio es una virtud de las mujeres, un privilegio seguro de los jóvenes; en cambio, la palabra es fruto de una edad experimentada.

2. "Habla, anciano, en el banquete, como conviene a tu edad; pero habla sin trabarte la lengua y con la exactitud de quien conoce el tema" (*Eclesiástico* 32:3, 4). "Y tú, joven –también a ti dirige la palabra la Sabiduría–, habla si es necesario, pero sólo cuando por dos veces te hayan preguntado; y resume tu respuesta en pocas palabras" (*Eclesiástico* 32:7).

3. Los que dialogan deben controlarse mutuamente el volumen de voz, ya que es de locos hablar a gritos, y de persona insensible hablar al prójimo con un hilo de voz, pues no se enterarán. Lo primero es signo de vulgaridad, y lo segundo de suficiencia. Lejos de nosotros, en consecuencia, este afán de vana victoria en la palabra, ya que nuestra meta es la tranquilidad, este es el sentido de esas palabras: "la paz sea contigo" (Lc. 24:36); "no respondas sin haber escuchado antes" (*Eclesiástico* 11:7).

59.1. Por otra parte, el amaneramiento en la voz es propia de un afeminado; en cambio, es propio del sabio la medida de su voz, e impedir la ampulosidad, la distancia, la rapidez y la profusión. Tampoco debe uno extenderse en exceso en la conversación, ni decir muchas cosas, ni entretenerse charlando con otros apresurada y atolondradamente.

2. Se debe también, por así decirlo, dejar participar de la justicia a la voz misma, y conviene también cerrar la boca a los que hablan a gritos e inoportunamente. Esto es lo que hizo el prudente Ulises, que molió a palos a Tersites, porque él solo:

sin poner freno a la lengua, alborotaba;
su corazón estaba lleno de palabras groseras y sabía muchas cosas,
pero confusas y sin orden.[21]

3. "Un hombre charlatán es un peligro en su ciudad" (*Eclesiástico* 9:18). En los charlatanes, como en los viejos zapatos, todo lo consume el vicio, y sólo la lengua sobrevive para desgracia de los demás.

4. También la Sabiduría nos ofrece útiles consejos para la vida: "No andar charlando delante de un grupo de ancianos"; cortando de raíz nuestra charlatanería, nos prescribe velar por nuestra moderación empezando por nuestra relación con Dios: "No repitas las palabras en tu oración" (*Eclesiástico* 7:14; cf. Mt. 6:7).

60.1. Emitir silbidos con la lengua, silbar y hacer ruido con dedos para llamar a los criados, deben evitarlo los hombres racionales, por tratarse de señales irracionales. Debe evitarse escupir a cada instante y rascarse violentamente; tampoco debemos sonarnos la nariz mientras bebemos; hay que tener una cierta consideración hacia los convidados, que pueden sentir náuseas por semejante indelicadeza, claro signo de intemperancia. No hay que comportarse como los bueyes y los asnos, que comen y evacuan en el mismo establo. Muchos se suenan y escupen a la vez y en el mismo sitio que comen.

2. Si a alguien le sobreviene un eructo o estornudo, deberá procurar que las personas que le rodean no perciban tal estruendo y no tengan que dar fe de su falta de educación, sino, lo mejor es dejar escapar el eructo con extrema suavidad, con el aire espirado, evitando las muecas de la boca, sin emular las máscaras trágicas, estirándola o abriéndola de par en par.

3. En el estornudo debe evitarse el ruido que puede llegar a sorprender, reteniendo con suavidad la respiración. Siguiendo esta norma, con gran elegancia podrá dominarse la amenaza continua del aire, procurándosela una salida que hará pasar inadvertidas, con sólo un poco de esfuerzo, las mucosidades que tal vez la fuerza

---

[21] Homero, *Ilíada*, II, 212-214.

del aire congregó. Resulta realmente impertinente y signo de mala educación querer exagerar el ruido en vez de acallarlo.

4. Quienes escarban sus dientes y llenan de sangre sus encías, resultan para sí mismos repugnantes, y para los demás, repulsivos. Hacerse cosquillas en las orejas y provocar con ello estornudos, son gustos propios de los cerdos, dispuestos a una desenfrenada vida licenciosa.

5. Hay que evitar las indecencias a los ojos de los demás, así como las palabras obscenas. Que en una conversación la mirada sea limpia, la torsión y el movimiento de cuello tranquilo, como también los gestos de las manos. En una palabra: es connatural al cristiano una vida apacible, tranquila, serena y pacífica.

8

Si es conveniente utilizar perfumes y coronas

61.1. No tenemos ninguna necesidad de utilizar coronas y perfumes, porque esto lleva por la senda del placer y de la molicie, especialmente cuando se avecina la noche. Ya sé que la mujer llevó "un frasco de perfume" en la Santa Cena para ungir los pies del Señor, y que éste se regocijó (Lc. 7:37; Mt. 26:7).

2. Sé también que los antiguos reyes de los hebreos llevaban coronas de oro y piedras preciosas.[22] Pero es que esta mujer no había experimentado aún el cambio del Logos –porque aún era pecadora–, y ella honró al Maestro con el perfume que consideró como lo más hermoso que tenía; además, con el adorno de su cuerpo, con sus propios cabellos, enjugó la abundancia del perfume, derramando sobre el Señor lágrimas de arrepentimiento.

3. Por eso "tus pecados te son perdonados" (Lc. 7:48). Y el caso es que esta escena puede muy bien ser el símbolo de la enseñanza del Señor y de su pasión: sus pies, ungidos de oloroso perfume, significan alegóricamente la divina enseñanza que camina con gloria hacia los confines de la tierra. "Por toda la tierra salió su hilo, y al cabo del mundo sus palabras" (Sal. 19:4).[23] Y si no me hago pesado, diré que los pies perfumados del Señor son los apóstoles que, como anunciaba la fragancia de la unción, han recibido el Espíritu Santo.

62.1. Los apóstoles que han ido por toda la tierra y han proclamado el Evangelio son llamados alegóricamente pies del Señor. De éstos profetiza el Espíritu Santo por boca del salmista: "Encorvarnos hemos al estrado de sus pies" (Sal. 132:7), es decir, donde han llegado sus pies, los

---

[22] Cf. "Y tomó la corona de su rey de su cabeza, la cual pesaba un talento de oro, y tenía piedras preciosas; y fue puesta sobre la cabeza de David" (2° S. 12:30; 1 Cr. 20:2).

[23] Cf. Is. 52:7: "¡Cuán hermosos son sobre los montes los pies del que trae alegres nuevas, del que publica la paz". Nah. 1:15: "He aquí sobre los montes los pies del que trae buenas nuevas, del que pregona la paz".

La Pasión del Maestro significa:

-El aceite es el Señor mismo, que extiende su misericordia sobre todos nosotros.

-El perfume, un aceite adulterado, es Judas, el traidor; con él fueron ungidos los pies del Señor, al abandonar este mundo, puesto que los cadáveres son perfumados.

-Las lágrimas somos nosotros, los pecadores arrepentidos, que hemos creído en Él, y a quienes ha perdonado los pecados.

-La cabellera suelta es Jerusalén, sumida en el dolor, desamparada, por la cual se alzan las lamentaciones de los profetas.

apóstoles, gracias a quienes Él ha sido anunciado por todos los confines de la tierra.

2. Las lágrimas son el arrepentimiento, y la cabellera suelta proclama la renuncia a los vanos adornos, y las aflicciones pacientemente soportadas a causa del Señor a lo largo de la predicación, cuando la antigua vanidad ha desaparecido por la nueva fe.

3. Sin embargo, significa también la Pasión del Maestro para quienes lo entienden místicamente así:

–El aceite es el Señor mismo, que extiende su misericordia sobre todos nosotros.[24]

–El perfume, un aceite adulterado, es Judas, el traidor; con él fueron ungidos los pies del Señor, al abandonar este mundo, puesto que los cadáveres son perfumados.

–Las lágrimas somos nosotros, los pecadores arrepentidos, que hemos creído en Él, y a quienes ha perdonado los pecados.

–La cabellera suelta es Jerusalén, sumida en el dolor, desamparada, por la cual se alzan las lamentaciones de los profetas.

4. El Señor mismo nos enseñará que Judas es traidor: "El que mete conmigo la mano en el plato, me entregará" (Mt. 26:23; Mr. 14:20). ¿Ves tú al comensal fraudulento? Este mismo Judas fue quien entregó a su Maestro con un beso.

5. Este individuo se cubrió de hipocresía, al dar un beso engañoso, denunciando a aquel pueblo de quien fue dicho: "Este pueblo me honra con sus labios, pero su corazón está muy lejos de mí" (Is. 29:13; Mt. 15:8, 9; Mr. 7:6).

63:1. No es inverosímil que el aceite represente, por una parte, al discípulo [Judas] que ha sido objeto de la misericordia de Dios, y que, por otra, el aceite adulterado signifique su condición de traidor. Esto era lo que profetizaban los pies ungidos: la traición de Judas, mientras el Señor caminaba hacia su pasión.

2. Y Él mismo, cuando lavaba los pies a sus discípulos y los enviaba a realizar buenas obras, quería simbolizar los viajes que habían de realizar para el bien de los gentiles, viajes honestos y dignos, que preparaba con su propio

---

[24] Una vez más Clemente juega con el significado y sonido de las palabras: *élaion* = aceite de oliva; *éleos* = compasión, misericordia.

poder. En honor de los gentiles se exhaló perfume, pues la pasión del Señor nos ha llenado a todos de fragancia, pero, a los hebreos, de pecado.

3. El apóstol ya ha mostrado todo esto con claridad: "Mas a Dios gracias, el cual hace que siempre triunfemos en Cristo Jesús, y manifiesta el olor de su conocimiento por nosotros en todo lugar. Porque para Dios somos buen olor de Cristo en los que se salvan, y en los que se pierden; a éstos ciertamente olor de muerte para muerte, y a aquéllos olor de vida para vida" (2ª Co. 2:14-16).

4. Los reyes judíos, cuando usaban coronas de oro cinceladas y piedras preciosas, llevaban simbólicamente al Ungido sobre sus cabezas, ellos, los ungidos, no tenían la menor idea de que se estaban adornando la cabeza precisamente con el Señor.25

5. Piedra preciosa, perla, esmeralda, todo eso significa el Logos, y el mismo oro es aún el Logos incorruptible, que no sufre la herrumbre de la corrupción. Al nacer, los Magos le ofrecieron oro, símbolo de la realeza. Y esta corona permanece inmortal a imagen del Señor, pues no se marchita cual flor.

64.1. Sé también lo que dijo Aristipo de Cirene.26 Vivía éste una vida suntuosa, e hizo a uno el siguiente razonamiento sofístico: un caballo untado de perfume no pierde ninguna de sus cualidades naturales, ni tampoco un perro perfumado untado pierde sus cualidades innatas; luego el hombre, concluía, tampoco pierde su condición de hombre.

2. Pero el caballo y el perro nada saben del perfume, mientras que para los que tienen la percepción racional el disfrute del perfume es muy censurable, si se aplican los perfumes de las jóvenes muchachas. Hay varias marcas de perfumes: el brentío, el metalio, el perfume real, el plangonio y el psagdas egipcio.

---

25 Las piedras preciosas y el oro son símbolo del Señor porque no se corrompen. Aquí Jesús aparece como el ungido por excelencia, y todos los que en el Antiguo Testamento, reyes, profetas, sacerdotes, han recibido una unción han participado de la de Cristo. Según esta exégesis Cristo se hace presente en toda la historia de Israel, que adquiere así carácter de profetismo cristológico. Cf. Luis F. Ladaria, *op. cit.*, pp. 67-70.

26 Célebre filósofo discípulo de Sócrates, fundador de la escuela de Cirene, colonia griega de Libia.

Es preciso que entre nosotros, los hombres no exhalen el olor de los perfumes, sino el de la honradez, y que las mujeres exhalen olor de Cristo, ungüento de reyes, y no olor a polvos y a perfumes, y que se unjan del perfume inmortal de la moderación y se regocijen con dicho perfume santo, que es el Espíritu. Esta es la clase de ungüento que Cristo prepara para sus discípulos, bálsamo de excelente aroma, compuesto de esencias celestes.

3. Simónides no enrojece de vergüenza cuando en sus yambos exclama:

Yo me ungía con perfumes y aromas y con olorosos aceites de nardo, porque allí pasaba un traficante.

4. Usan también la esencia de lirio y de alheña; el nardo goza de renombrada fama entre ellos, como también el ungüento de rosas y de otros, que aún emplean las mujeres: perfumes secos y húmedos, en polvo y para quemar.

5. Cada día se inventan nuevos perfumes para colmar sus deseos insaciables, razón por la cual hacen gala de una total falta de gusto. Algunas mujeres ahúman y rocían sus prendas, su cama y su casa. ¡Casi puede decirse que el refinamiento del perfume fuerza también a los orinales a despedir buena fragancia!

65.1. Yo estoy plenamente de acuerdo con aquellos que, exasperados por esta manía, llegan a tener tal horror a los perfumes porque afeminan la virilidad, que hacen expulsar de las ciudades que gozan de sanas costumbres a los fabricantes de ungüentos y a los perfumistas, incluso, a quienes se dedican a teñir tejidos de lana bordados. Porque en la ciudad de la verdad no deben entrar vestidos ni aceite adulterados.

2. Es preciso que entre nosotros, los hombres no exhalen el olor de los perfumes, sino el de la honradez, y que las mujeres exhalen olor de Cristo, ungüento de reyes, y no olor a polvos y a perfumes, y que se unjan del perfume inmortal de la moderación y se regocijen con dicho perfume santo, que es el Espíritu.

3. Esta es la clase de ungüento que Cristo prepara para sus discípulos, bálsamo de excelente aroma, compuesto de esencias celestes. El Señor se ha ungido con este perfume, como dice David: "Por tanto te ungió Dios, el Dios tuyo, con óleo de gozo sobre tus compañeros. Mirra, áloe, y casia exhalan todos tus vestidos" (Sal. 45:7, 8).

66.1. Esto no significa que debamos sentir repugnancia por los perfumes como los buitres o los escarabajos que, según se dice, mueren si se les embadurna con perfume de rosa, sino tratemos, mejor, de elegir para las mujeres algunos perfumes que no atonten al hombre, puesto que el abuso de aceites perfumados huele más a funeral que a vida en común.

2. En efecto, el aceite mismo es enemigo de las abejas y de los insectos; pero entre los hombres, mientras que presta un gran servicio a unos, a otros, en cambio, los incita a la lucha. Así, por ejemplo, a los que antes eran amigos, una vez untados, los convierte en adversarios en el estadio, prestos a batirse en las competiciones atléticas. ¿No creéis que el perfume, que no es más que un aceite suavizado, puede muy bien afeminar los hábitos viriles? Sin duda.

3. Así como hemos repudiado el refinamiento del gusto, así también alejamos de nuestra vista y olfato el placer, no sea que a esta intemperancia que hemos desterrado le facilitemos el acceso al alma, por medio de los sentidos, como puertas desprovistas de guarnición.[27]

67.1. Cuando se dice que el Sumo Sacerdote –el Señor– ofrece a Dios el oloroso perfume, no debe entenderse que se trata de un sacrificio y un delicioso olor de incienso (Éx. 29:18), sino que ofrece a los altares el don agradable de la caridad, la fragancia espiritual.

2. El puro aceite sirve para suavizar la piel, relajar los nervios y eliminar del cuerpo el olor desagradable, para todo esto puede ser conveniente su empleo. Mas el uso de los perfumes es un cebo para la molicie, que termina por arrastrarnos a la concupiscencia.

3. El que carece de moderación se deja arrastrar por todo eso: por la comida, por el lecho, por la conversación, por los ojos, por los oídos, por las mejillas, e incluso por las narices. Así como los bueyes son arrastrados de un lugar a otro por la anilla y las sogas, así también el intemperante es arrastrado por los inciensos, los perfumes, y por la fragancia de las coronas.

68.1. Y puesto que no damos rienda suelta al deseo si no está vinculado a una utilidad necesaria para la vida,[28] definamos con precisión y tratemos de elegir lo que es realmente útil. Existen algunos buenos olores que no son embriagadores ni afrodisíacos, y que no rezuman abrazos ni amistad licenciosa, y que, usados con modera-

> El que carece de moderación se deja arrastrar por todo eso: por la comida, por el lecho, por la conversación, por los ojos, por los oídos, por las mejillas, e incluso por las narices. Así como los bueyes son arrastrados de un lugar a otro por la anilla y las sogas, así también el intemperante es arrastrado por los inciensos, los perfumes, y por la fragancia de las coronas. Y puesto que no damos rienda suelta al deseo si no está vinculado a una utilidad necesaria para la vida, definamos con precisión y tratemos de elegir lo realmente útil.

---

[27] Plutarco, *Morales*, 645.
[28] *Íd.*

ción, son sanos y animan el cerebro cuando está indispuesto, y que incluso fortalecen el estómago.

2. Y no es preciso refrigerarlo con flores, cuando el sistema nervioso quiere calentarse. No se trata de rechazar o de prohibir a toda costa su empleo, sino que sólo debemos usar el perfume como remedio medicinal o ayuda para revitalizar una facultad que lentamente se va extinguiendo, o para cuidar los catarros, los resfriados y el malestar, siguiendo los consejos del poeta cómico:

Se unta las narices con perfumes;
lo más importante para la salud
es procurar al cerebro buenos olores.

3. El ungüento de perfumes que recalienta o enfría se usa también como masaje para los pies por su gran utilidad, para que se dé una atracción y un desplazamiento (de la sangre) desde la cabeza a otras partes secundarias del cuerpo, en los que están congestionados.

4. Por el contrario, el placer, cuando no es útil, es signo acusador de costumbres desenfrenadas y una droga para las excitaciones sensuales; lo primero es propio de las mujeres; en cambio, untarse de perfume resulta, a veces, altamente provechoso.

69.1. Aristipo, el filósofo, repetía una y otra vez, cuando acababa de untarse de perfumes, que los libertinos deberían perecer vergonzosamente por haber desacreditado algo tan saludable haciéndolo pasar por infamante.

2. Dice la Escritura: "Honra al médico, porque es útil; pues lo ha creado el Altísimo, y la curación proviene del Señor" (*Eclesiástico* 38:1-2). Y añade: "El perfumista preparará la mezcla" (v. 7), lo que parece indicar que los perfumes han sido dados para prestarnos una eficaz ayuda, no para nuestro placer.

3. No debemos afanarnos en buscar, bajo ningún concepto, lo excitante de los perfumes, sino aprovechar su utilidad, ya que Dios permitió a los hombres la elaboración del aceite para alivio de sus fatigas.

4. Las mujeres insensatas tiñen sus canas y las perfuman, con lo que aún se vuelven más grisáceas, debido a los perfumes desecantes. Razón por la que quienes se perfuman muestran su piel más reseca. La sequedad motiva que los cabellos se vuelvan más grises –pues el cabello cano es consecuencia de una sequedad o falta de calor–;

la sequedad absorbe el alimento propio del cabello y lo vuelve más grisáceo.

5. ¿Cómo va a ser razonable que amemos los perfumes, que provocan canas, si las evitamos? Los que son temperantes detectan a los lujuriosos por el excesivo olor de sus perfumes, como los perros que, husmeando el olor, siguen la pista de las fieras.

70.1. Para esto sirven las coronas: para las fiestas placenteras y para los excesos de vino:
¡*Fuera! ¡No pongas sobre mi cabeza una corona!*
En la estación primaveral es bello vivir en las praderas blandas y cubiertas de rocío, en medio del frescor de flores variadas, alimentándose, como las abejas, de una fragancia simple y natural.

2. Mas no es propio de personas sensatas llevar a casa *una corona trenzada con flores de una pradera virgen.*[29]

No es conveniente cubrir una cabellera lujuriosa de cálices de rosas, de violetas, de lirios o de cualquier otra variedad de flores, maltratando la hierba naciente. Por otra parte, la corona, al ceñir la cabellera, la enfría debido a su humedad y a su frescor.

3. Por eso los médicos, observando que el cerebro es frío por naturaleza, aconsejan untarse el pecho de perfume, como también las partes superiores de los orificios nasales, de suerte que la emanación caliente, mediante un tranquilo recorrido, aporte con firmeza calor a la frialdad del cerebro. Mas debemos abstenernos de refrescarle con flores, ya que el sistema nervioso reclama ser calentado. Realmente, los que se coronan destrozan el encanto de las flores.

4. Porque los que lucen su corona por encima de los ojos no pueden regocijarse de su contemplación, ni disfrutar de su fragancia, pues las flores les quedan por encima de los órganos respiratorios. Las emanaciones del perfume que por naturaleza van hacia arriba, por encima de la cabeza, dejan privada a la respiración de este goce, pues esta fragancia le ha sido arrebatada.

5. La flor, como la belleza, produce goce cuando se ve, pero conviene que la fruición de las cosas bellas por medio

---

[29] Eurípides, *Hipólito*, 73-74.

Nuestro deber es disfrutar con moderación, como en el Paraíso, siendo dóciles a la Escritura. Al hombre debe considerársele como la corona de la mujer; al matrimonio, la corona del hombre, y sus hijos, las flores de la unión matrimonial, que el divino Agricultor recoge en las praderas carnales.

de la vista nos lleve a alabar al Creador, porque si nos servimos de ellas como de un instrumento, su uso es dañino y fugaz, y su precio es el arrepentimiento, dado que enseguida se desvela su caducidad: ambas se marchitan, la flor y la belleza.

77.1. Y si uno las toca, la flor enfría, y la belleza calienta. En una palabra, gozar de ellas por otro medio que no sea el disfrute de la vista es un exceso, no una delicia. Nuestro deber es disfrutar con moderación, como en el Paraíso (Gn. 2:15), siendo dóciles a la Escritura. Al hombre debe considerársele como la corona de la mujer; al matrimonio, la corona del hombre, y sus hijos, las flores de la unión matrimonial, que el divino Agricultor recoge en las praderas carnales.

2. "Corona de los viejos son los hijos de los hijos; y la honra de los hijos, sus padres" (Pr. 17:6), así habla la Escritura. Y para nosotros, la corona es el Padre de todos; y la corona de toda la Iglesia es Cristo.

3. Las flores, como las raíces y las plantas, poseen sus propias cualidades, útiles unas, nocivas otras y hay algunas, incluso, peligrosas. Así, la hiedra refresca, el nogal despide un aire que produce una pesada somnolencia en la cabeza, como bien indica su etimología. El narciso es una flor de olor pesado, narcotizante para los nervios, como indica su etimología.

4. Las exhalaciones olorosas de las rosas y de las violetas, con su suave frescor, alejan y detienen la pesadez de cabeza. Pero a nosotros no nos está permitido embriagarnos sin medida, ni siquiera hemos de dejarnos dominar ligeramente por el vino de alheña. El azafrán y la flor de heno producen un dulce sopor.

5. Muchas flores calientan con sus perfumes el cerebro, que es por naturaleza frío, disminuyendo el exceso de secreciones de la cabeza. La rosa se llama así, según dicen, porque desprende una olorosa fragancia. Por esta razón se marchita tan pronto.

72.1. Entre los griegos antiguos no existía el uso de coronas. Ni los pretendientes, ni los feacios[30] afeminados

---

[30] Pueblo mítico de la isla de Esqueria, en el mar Jónico. Cf. Homero, *Odisea*, VI, 1.

las usaban. No obstante, en los certámenes atléticos hubo, en primer lugar, una distribución de premios; luego, se hizo una recogida de galardones; en tercer lugar, se procedió a lanzar hojas sobre los vencedores, y, finalmente, se les otorgó la corona: Grecia dio este nuevo paso hacia la corrupción después de las Guerras Médicas.[31]

2. Las coronas están prohibidas a los discípulos del Logos, no porque ellos crean que atan su razón (*logos*), que tiene su sede en el cerebro, ni porque la corona sea indicio de insolente petulancia, sino porque la corona está dedicada a los ídolos.

3. Así, Sófocles llamó al narciso "antigua corona de grandes dioses", refiriéndose a las divinidades infernales. Por su parte, Safo corona de rosas a las Musas:
de primicias de rosas
procedentes de Pieria.
De Hera[32] se dice que ama el lirio, y Artemis,[33] el mirto.

4. Sí, en efecto, las flores existen ante todo para los hombres, mas los insensatos abusan de ellas tomándolas no para uso particular, como signo de agradecimiento, sino para el servicio ingrato de los demonios, nosotros debemos abstenernos "por motivos de conciencia" (1ª Co. 10:25, 27).

73.1. La corona es símbolo de la ausencia de preocupaciones. De ahí que se corone a los muertos[34] y, por la misma razón, a los ídolos, confirmando así que también están muertos. Los del cortejo de Baco no celebraban los misterios orgiásticos sin coronas, sino que, apenas se ceñían en sus sienes las flores, se sentían encendidos para la iniciación religiosa.

2. En consecuencia, no hay que tener relación alguna con los demonios, ni tampoco coronar la imagen viva de Dios[35], a la manera de los ídolos muertos. Porque la her-

---

[31] Libradas entre griegos y persas.
[32] Hera, esposa de Zeus, era la diosa del matrimonio en la mitología griega.
[33] Artemis era la diosa de la naturaleza.
[34] Con la corona mortuoria se significaba la creencia en la inmortalidad.
[35] Es decir, el hombre.

> Es razonable que nosotros, tras haber oído cómo el Señor fue coronado de espinas, nos burlemos de su venerable pasión y nos ciñamos las frentes con flores. La corona del Señor nos significaba proféticamente a nosotros, en otro tiempo estériles, que hemos sido congregados alrededor de Él por la Iglesia, de la cual Él es la cabeza. La corona trenzada se marchita, la trenza de la perversión se disuelve y la flor se seca, y así se marchita la gloria de los que no han creído en el Señor.

mosa corona de amaranto[36] está reservada para quien se comporte con corrección. La tierra no puede producir esta flor, sólo el Cielo la sabe producir.

3. Además, no es razonable que nosotros, después de haber oído cómo el Señor fue coronado de espinas, nos burlemos de su venerable pasión y nos ciñamos nuestras frentes con flores. La corona del Señor nos significaba proféticamente a nosotros, en otro tiempo estériles, que hemos sido congregados alrededor de Él por la Iglesia, de la cual Él es la cabeza (Ef. 1:22, 23). Ella es también figura de la fe, figura de la vida por la sustancia de la madera; de la alegría por su mismo nombre de corona; de peligro, por las espinas, pues no es posible llegar hasta el Logos sin la sangre derramada.

4. La corona trenzada se marchita, la trenza de la perversión se disuelve y la flor se seca, y así se marchita la gloria de los que no han creído en el Señor.

5. Coronaron a Jesús levántandolo en lo alto, y dieron así una prueba palmaria de su necedad; pues su dureza de corazón no llegó a comprender el sabio alcance de esta profecía, que ellos llaman humillación suprema del Señor.

6. Aquel pueblo, extraviado, no reconoció a su Señor,[37] no fue circuncidado en su razón, no fue iluminado en sus tinieblas, no vio a Dios, renegó del Señor, dejó de ser Israel, persiguió a Dios, quiso humillar al Logos, y quien lo crucificó como bandido, lo coronó como rey.

74.1. Por eso, quienes no creyeron en Él como hombre, lo reconocerán como Señor y Justo a aquel Dios que ama al hombre. El testimonio que le negaron como Señor, se lo rindieron cuando estaba en lo alto [de la cruz], coronado con la diadema de la justicia, con espinas siempre verdes, a aquel que es ensalzado por encima de todo nombre (Fil. 2:9).

2. Esta diadema es enemiga de los que andan conspirando, los rechaza; es amiga de quienes entran en la

---

[36] "Amaranto" significa en griego inmortal, y Clemente asocia este sentido a 1ª P. 5:4, que habla de una "corona incorruptible de gloria".

[37] Cf. Is. 1:3: "El buey conoce a su dueño, y el asno el pesebre de su señor: Israel no conoce, mi pueblo no tiene entendimiento". 1ª Co. 2:8: "La que ninguno de los príncipes de este siglo conoció; porque si la hubieran conocido, nunca hubieran crucificado al Señor de gloria". Mt. 21:19.

asamblea de la Iglesia y los protege. Esta corona es una flor de quienes han tenido fe en quien ha sido glorificado, pero ensangrienta y castiga a los que no han creído.

3. Es también el símbolo de la buena obra del Señor, que cargó sobre su cabeza, la parte principal de su cuerpo, nuestras maldades, por las que éramos traspasados, como con un alfiler. Él, por su pasión, nos ha librado de escándalos, de faltas y de espinas de todo tipo, y, habiendo inutilizado las tentativas del diablo, exclamaba con razón: "¿Dónde está, oh muerte, tu aguijón?" (1ª Co. 15:55).

4. Nosotros cogemos las uvas entre las espinas y los higos entre las zarzamoras;[38] en cambio, ellos [los judíos] son desterrados entre crueles heridas, aquellos hacia quienes Él había extendido sus manos, es decir, sobre un pueblo rebelde y estéril.[39]

75.1. Aún podría exponerte otro sentido del misterio. Porque el omnipotente Señor del universo, cuando empezaba a legislar por medio del Logos y quiso manifestar su poder y su grandeza por medio de Moisés, se le manifestó en visión divina bajo la forma de luz en el zarzal ardiente (Éx. 3:2-5), y el zarzal es una planta espinosa.

2. Pero, después que el Logos acabó de dictar sus leyes y terminó su estancia entre los hombres, el Señor es místicamente coronado de espinas, y volviendo al lugar de donde había bajado, repite el comienzo de su primera venida, a fin de que el Logos, visto en primer lugar a través de la zarza, y después transportado a las alturas por las espinas (Mt. 27:29; Mr. 15:17; Jn. 19:2), pudiese mostrar que todo era obra de un solo poder, por ser Él uno solo, de un único Padre, principio y fin del tiempo.

76.1. Pero he dejado de lado el oficio de Pedagogo para entrar en el terreno del Maestro; no obstante, de nuevo vuelvo al tema que me he propuesto. Hemos demostrado que no debemos rechazar el placer que las flores puedan reportarnos, ni la utilidad de los ungüentos y

---

[38] Cf. Jn. 7:16: "¿Se cogen uvas de los espinos, o higos de los abrojos?".
[39] Cf. Is. 65:2: "Extendí mis manos todo el día a pueblo rebelde, el cual anda por camino no bueno, en pos de sus pensamientos". Ro. 10:21: "Acerca de Israel dice: Todo el día extendí mis manos a un pueblo rebelde y contradictor".

perfumes, pues sirven como fármacos e, incluso, a veces, para recreo moderado.

2. Y si alguno preguntase qué ventajas reportan las flores para quienes no las emplean para uso personal, que sepan que de las flores se obtienen los perfumes, y que son muy útiles: de los lirios y azucenas se extrae el aceite de lirio, que es caliente, seca y arrastra los humores, humedece y limpia, es muy fino, activa la bilis y es suave. El aceite de narciso, a base de narcisos, tiene las mismas propiedades que el aceite de lirio. El perfume de mirto, hecho de bayas y hojas de mirto, es astringente y retiene las emanaciones del cuerpo. El perfume de rosas es refrescante.

3. En suma: todo ha sido creado para nuestra utilidad. "Escuchadme –dice la Escritura– y creced como la rosa plantada junto al arroyo; sed olorosos como el árbol del incienso, y alabad al Señor por sus obras" (*Eclesiástico* 39:13-19).

4. Mi discurso podría ser más prolijo, si añadiésemos que las flores y los aromas fueron creados para satisfacer nuestras necesidades, pero no para la ostentación licenciosa.

5. Ahora bien, si debe hacerse alguna concesión, que se contente uno con disfrutar la fragancia de las flores, pero que no se corone, porque el Padre se preocupa del hombre y para él sólo ha hecho las obras de sus manos. Así afirma la Escritura: "El agua, el fuego, el hierro, la leche, la flor de harina, la miel, el aceite y el vestido, todo es para bien de los hombres piadosos" (*Eclesiástico* 39:26, 27).

9

Cómo usar el sueño

77.1. Sin olvidar las reglas de la moderación, vamos a ocuparnos ahora del tema del sueño. Después de una buena cena, y tras bendecir a Dios por habernos hecho partícipes de placeres, y porque la jornada transcurriera felizmente, debe convocarse al Logos durante el sueño, dejando de lado las colchas suntuosas, las alfombras bordadas de oro y los tapices persas abigarrados de oro, las largas túnicas teñidas de púrpura, las capas preciosas, los tejidos de gran valor de que habla el poeta, las espesas lanas que penden de lo alto y los lechos "más suaves que el sueño" (Teócrito, *Poemas*).

2. Además de merecer el reproche por tanta sensualidad, es nocivo acostarse en almohadas de finas plumas, porque, al ser tan blando el colchón, el cuerpo queda hundido como en un abismo. Quienes duermen en estas camas no encuentran fácil darse la vuelta, ya que por cada lado de su cuerpo el colchón se levanta como un dique, lo cual no facilita la adecuada digestión de los alimentos, y más bien se abrasan, con lo que se corrompe el alimento.

3. (Las vueltas en un lecho plano, como en un gimnasio natural del sueño, facilita la buena distribución de los alimentos.) Los que pueden dar vueltas sobre un lecho de superficie plana disponen así de una especie de gimnasio natural del sueño, distribuyen más fácilmente los alimentos y están más en forma para afrontar las vicisitudes de la vida. Además, los lechos con pies de oro delatan una gran ostentación, y para las camas "el marfil de un cuerpo separado de su alma no es apropiado" (Platón) para hombres santos, por ser un estúpido artilugio de reposo.

78.1. No debemos, pues, afanarnos por estos trastos. No es que su uso esté prohibido para quienes los poseen, sino que la prohibición está en ir detrás de ellos, dado que la felicidad no se encuentra en estos objetos. Por otra parte, es pura vanagloria cínica afanarse en dormir como Diomedes, que "se acostó sobre la piel de buey salvaje" (Homero, *Ilíada*, X,155); salvo que las circunstancias nos obliguen a ello.

2. Ulises enderezaba con una piedra el pie cojo de su lecho nupcial (Homero, *Odisea*, XXIII). Tan notable era la simplicidad y el trabajo personal que practicaban no sólo los particulares, sino incluso los soberanos de los antiguos griegos.

3. Mas, ¿por qué hablar de éstos? Jacob dormía en el suelo y se apoyaba la cabeza en una piedra; y fue entonces cuando pareció que era digno de tener la visión sobrehumana (Gn. 28:11-19). Nosotros debemos utilizar, conforme a la razón, un lecho simple y sencillo, que tenga lo indispensable: si hace calor, que nos proteja, y, si hace frío, que nos caliente.

4. Que el lecho no esté recargado y que tenga las patas lisas, porque los trabajos de los torneros son a veces un refugio para los gusanos, que se cobijan sin resbalarse entre las hendiduras hechas por el artesano.

5. Sobre todo es preciso moderar la blandura del lecho. Porque el sueño no debe significar un relajamiento total del cuerpo, sino un reposo. De ahí que yo sostenga la necesidad de considerarlo no como indolencia, sino como descanso del trabajo.

79.1. En conclusión: el sueño debe ser ligero, para levantarse con presteza. Dice la Escritura: "Estén ceñidos vuestros lomos, y vuestras antorchas encendidas; y vosotros semejantes a hombres que esperan cuándo su señor ha de volver de las bodas; para que cuando viniere, y llamare, luego le abran. Bienaventurados aquellos siervos, a los cuales cuando el Señor viniere, hallare velando" (Lc. 12:35-37). Porque el hombre que duerme no sirve para nada, pues está como muerto.[40]

2. Por eso debemos levantarnos de noche frecuentemente y bendecir a Dios; bienaventurados los que se levantan para bendecirle, se hacen semejantes a los ángeles, que llamamos "centinelas".

3. "El hombre que duerme no vale nada, no vale más que un hombre sin vida".[41] El que tiene la luz permanece despierto, y la oscuridad no lo domina, y el sueño menos aún que las tinieblas. El que ha sido iluminado[42] está

---

[40] Plutarco, *Morales* 728.
[41] Platón, *Las Leyes*, VII, 808.
[42] "Iluminado", sinónimo de bautizado.

despierto para Dios; y así vive: "porque lo que había en Él era vida" (Jn. 1:3, 4).

4. "Bienaventurado el hombre que me oye –exclama la Sabiduría–, velando a mis puertas cada día, guardando los umbrales de mis entradas" (Pr. 8:34).

80.1. "Por tanto, no durmamos como los demás; antes velemos y seamos sobrios –dice la Escritura–. Porque los que duermen, de noche duermen; y los que están borrachos, de noche están borrachos", es decir, en la tiniebla de la ignorancia; "mas nosotros, que somos del día, estemos sobrios" (1 Ts. 5:6-8). "Porque todos vosotros sois hijos de luz, e hijos del día; no somos de la noche, ni de las tinieblas" (v. 5).

2. "Entre nosotros, el que tenga un mayor anhelo de vida verdadera y de pensar rectamente, es el que más tiempo ha de permanecer despierto, sin más limitación que lo que resulte útil para su salud, lo que no es mucho, una vez que se ha habituado bien".[43] Un ejercicio asiduo, unido al esfuerzo, permite un estado de vela continuo.

3. Que no nos entorpezcan los alimentos, sino que nos aligeren, para no sumirnos en el sueño, cual nadadores con los pies atados. En consecuencia, es preciso, al igual que si remontásemos los profundos abismos, que nos aligere la sobriedad y nos lleve hasta la superficie del estado de vigilia. La caída en el sopor del sueño se asemeja a la muerte; la paralización de la mente nos sumerge en la inconsciencia; cerrar los párpados nos hace insensibles a la luz.

4. Nosotros, hijos de la luz verdadera (Lc. 16:8; Jn. 12:36), no cerremos la puerta a esta luz, sino que, dirigiéndola a nuestro interior, tras iluminar la visión del hombre escondido, contemplar la verdad misma y participar de sus resplandores, desvelemos con claridad y prudencia los sueños verdaderos.

81.1. Los eructos de los cargados de vino, los ronquidos de los que han comido demasiado, los silbidos de los que están envueltos en las mantas, los rumores de los vientres muy llenos abruman la capacidad de visión del alma, mientras que la mente se llena de infinitas alucinaciones.

---

[43] Platón, *Las Leyes*, VII, 808.

2. La causa de todo esto es el exceso de comida, que entorpece la actividad de la razón. "El sueño prolongado, aunque sea natural, no favorece en nada ni a nuestros cuerpos ni a nuestras almas, ni es adecuado para las operaciones que tienen por objeto la verdad".[44]

3. El justo Lot –paso por alto ahora la exégesis de la economía de la regeneración– no hubiese sido arrastrado a la unión ilegítima, de no estar embriagado por sus hijas y entorpecido por el sueño (Gn. 19:32-35).

4. Por consiguiente, si cortamos las causas que nos inducen a un sueño profundo, dormiremos mucho más sobriamente. Porque "no hay que dormir toda la noche" (Homero, *Ilíada*, II, 24) cuando se tiene como huésped dentro de uno mismo al Logos vigilante; es preciso estar en vela durante la noche y, en especial, cuando los días se acortan.

5. Uno debe aplicarse al estudio, otro ocuparse de su trabajo, las mujeres trabajar la lana y todos, por así decirlo, tenemos que luchar contra el sueño, habituándonos poco a poco a gozar, mediante la vigilia, de la mayor parte del tiempo de la vida –porque el sueño, como un recaudador de impuestos, nos quita la mitad del tiempo de nuestra experiencia– y si se les debe acortar el tiempo de la noche para estar vigilantes, con mayor razón no se les permitirá dormir durante el día. La vagancia, la apatía, el estar tumbado y los desagradables bostezos son síntomas de un alma poco firme.

82.1. Además, es importante saber que no es el alma la que reclama el sueño,[45] pues siempre está en movimiento,[46] sino el cuerpo, que, dejándose llevar por el relajamiento, paraliza toda actividad, en tanto que el alma no obra por medio del cuerpo, sino que piensa por sí misma.[47]

2. De ahí que los verdaderos sueños, si se mira bien, son los pensamientos del alma sobria, no distraída por las

---

[44] Platón, *íd*.
[45] Clemente sigue aquí a los estoicos, para quienes el sueño es una especie de movimiento en el que el alma se retira del cuerpo.
[46] Platón, *Fedro*, 245.
[47] Para Clemente el cuerpo es únicamente un instrumento del alma, causa originaria de toda actividad humana.

pasiones corporales, sino sugiriéndose a sí misma lo mejor: la inactividad es la ruina del alma.

3. Por tanto, el alma con la mente puesta siempre en Dios, gracias a un diálogo continuo y atento con Él, hace coextensivo el estado de vigilia al cuerpo e iguala al hombre a los ángeles, y obtendrá la vida eterna, gracias a su entrenamiento en la vigilia.

> El alma con la mente puesta siempre en Dios, gracias a un diálogo continuo y atento con Él, hace coextensivo el estado de vigilia al cuerpo e iguala al hombre a los ángeles, y obtendrá la vida eterna, gracias a su entrenamiento en la vigilia.

10

Algunas consideraciones en torno a la procreación y el vestido

El objetivo del matrimonio es la procreación, y su finalidad, tener hermosos hijos, de la misma manera que el objeto que mueve al labrador a echar la simiente es la provisión de su propio alimento, y la finalidad de su cultivo es la recolección de frutos. Dios ha manifestado: "Multiplicaos" y es preciso obedecerle. Por eso el hombre llega a ser imagen de Dios, en cuanto colabora en el nacimiento del hombre.

83.1. Queda por examinar cuál es el momento idóneo de las relaciones íntimas, pero sólo para los que han contraído matrimonio; su objetivo es la procreación, y su finalidad, tener hermosos hijos, de la misma manera que el objeto que mueve al labrador a echar la simiente es la provisión de su propio alimento, y la finalidad de su cultivo es la recolección de frutos.[48]

2. Pero mucho mejor es el labrador que siembra el campo del alma. En efecto, aquél intenta obtener un alimento temporal, éste, en cambio, se preocupa por la perduración del universo; uno planta para sí mismo, el otro, para Dios, pues ha manifestado: "Multiplicaos" (Gn. 1:22, 28), y es preciso obedecerle. Por eso el hombre llega a ser imagen de Dios, en cuanto colabora en el nacimiento del hombre.

3. No toda tierra es apta para recibir semillas; y aunque lo fuera, no sería para el mismo campesino. No se debe sembrar en las piedras, ni maltratar la semilla, sustancia que origina el nacimiento, y que posee, agrupadas, las ideas de la naturaleza. Es, en verdad, una impiedad maltratar las cosas naturales siguiendo caminos contrarios a la naturaleza.

4. Así pues, mirad cómo el sabio Moisés rechaza simbólicamente la semilla estéril: "No comerás liebre ni hiena" (Lv. 11:5, 6). No quiere que el hombre participe de su cualidad, ni que pruebe el mismo grado de lujuria de dichos animales, pues están poseídos por un insaciable ardor para unirse y copular.

5. Se dice que la liebre gana un ano cada año y que tiene tantos orificios como años de vida, de modo que la prohibición de ingerir liebre significaría que debemos evitar la pederastia. Respecto a la hiena se dice que cambia cada año: un año es macho, y al otro, hembra, lo que viene a significar que, quien se abstiene de comer hiena, no debe lanzarse a la fornicación.

---

[48] Clemente sigue de cerca la argumentación de Platón, *Las Leyes* VIII, 839.

84.1. Ahora bien, en interpretar que no debemos asemejarnos a este tipo de animales, por la prohibición establecida, también yo estoy plenamente de acuerdo con el muy sabio Moisés. No obstante, no comparto las explicaciones de aspecto simbólico, pues no siempre podría forzarse a la naturaleza a un cambio. Lo que ella misma ha formado, no puede jamás cambiarse en lo contrario por una afección sufrida; pues una afección no es una naturaleza. Y la afección suele darnos una imagen adulterada, pero no la reemplaza por otra.

2. Se dice también que muchos pájaros suelen cambiar de colores y de cantos según las estaciones: así, el mirlo cambia de color, de negro al verdoso, sin dejar de gorjear una vez que ha aprendido; asimismo, el ruiseñor, con las estaciones, muda su colorido y su gorjeo; pero, en cambio, no experimentan cambio alguno profundo en su naturaleza, como lo sería volverse, por metamorfosis, hembras en lugar de machos.

3. Sin embargo, un nuevo abanico de alas, cual vestido nuevo, se abre en múltiples colores, mas después, cuando amenaza la mala estación, se marchita su colorido cual flor.

4. También su canto se marchita, agobiado por el frío. En efecto, si la piel se contrae por acción del medio ambiente, los canales del cuello, contraídos y encogidos, comprimen aún más el soplo (*pneúma*) que, sofocado, emite un sonido ahogado.

85.1. De nuevo, bajo la acción del medio ambiente, y con la llegada de la primavera, al distenderse el *pneúma* se libera de su estrechez, por circular hasta entonces por canales contraídos, pero ampliamente dilatados, a partir de ahora. No emite ya el murmullo de una melodía marchita, sino que florece un canto brillante y difunde su amplia serenidad, y es cuando la voz de las aves, con la primavera, se hace canto.

2. No debemos creer que la hiena cambia de naturaleza. Porque el mismo animal no posee al mismo tiempo ambos sexos, el de macho y el de hembra, como algunos han supuesto, llenando su imaginación de monstruos hermafroditos, e inventan una tercera naturaleza de andrógino, es decir, mitad macho, mitad hembra.

3. Sin duda están en un grave error, pues no comprenden el alcance de la naturaleza, madre abnegada y crea-

> No siempre podría forzarse a la naturaleza a un cambio. Lo que ella misma ha formado, no puede jamás cambiarse en lo contrario por una afección sufrida; pues una afección no es una naturaleza. Y la afección suele darnos una imagen adulterada, pero no la reemplaza por otra.

dora. En efecto, ya que la hiena es el animal más lascivo, la naturaleza la ha dotado con una excrecencia, de forma parecida al órgano sexual femenino, situado debajo de la cola, por encima de la salida de los intestinos.

4. Mas esta formación carnosa carece de salida; me refiero a un conducto que desemboque en algún órgano útil: una matriz o un intestino. Posee tan sólo una gran cavidad por donde recibe el semen sobrante, cuando las cavidades del parto se repliegan para alojar al feto.

86.1. Esta disposición natural se da tanto en la hiena macho como en la hembra, a causa de su excesiva lubricidad. En efecto, los machos copulan entre sí, razón por la que es difícil apresar una hiena hembra. Los partos de este animal no son continuos, dada la frecuencia y facilidad de sus coitos contra naturaleza.

2. Por esa razón, según creo, Platón, en el *Fedro*, censura la pederastia, tildándola de salvaje, pues los lascivos que se entregan a los placeres "roen los bocados del freno; se comportan como cuadrúpedos, y sólo se afanan en procrear".

3. A los impíos, como dice el apóstol: "Dios los entregó a afectos vergonzosos; pues aun sus mujeres mudaron el natural uso en el uso que es contra naturaleza; y del mismo modo también los hombres, dejando el uso natural de las mujeres, se encendieron en sus concupiscencias los unos con los otros, cometiendo cosas nefandas hombres con hombres, y recibiendo en sí mismos la recompensa que convino a su extravío" (Ro. 1:26, 27).

87.1. Ni siquiera a los animales más lascivos ha permitido la naturaleza fecundar a través del conducto de la evacuación. Porque la orina se halla separada en la vejiga; el alimento húmedo, en los intestinos; las lágrimas, en los ojos; la sangre, en las venas; el cerumen, en los oídos, y las mucosidades, en la nariz. El ano no está separado del extremo del recto, por donde se expulsan los excrementos.

2. No obstante, la hábil naturaleza ha concebido sólo para las hienas este pequeño órgano suplementario para las cópulas suplementarias. Por eso, dicho órgano es lo suficientemente cóncavo como para que pueda penetrar el órgano excitado; sin embargo, por el otro extremo está obstruido, pues no ha sido creado para procrear.

3. Por esto es evidente que nosotros, de común acuerdo, debemos rehusar las relaciones contra la naturaleza: las cópulas estériles, la pederastia y las uniones incompatibles entre afeminados, y seguir a la naturaleza misma en lo que prohíbe, debido a la disposición que ha dado a los órganos, pues ha otorgado al hombre su virilidad, no para la recepción del semen, sino para su emisión.

4. Cuando Jeremías, es decir, el Espíritu Santo por su boca exclama: "Mi casa se ha convertido en una cueva de hiena" (Jr, 12:9; 7:11, *LXX*), dejando traslucir con ello su horror ante los que se alimentan de cadáveres, acusa alegóricamente la idolatría. Es necesario, sin duda, que la morada de Dios viviente esté realmente limpia de todo ídolo.

88.1. De nuevo Moisés prohíbe comer liebre; la liebre copula en todas las épocas, y cuando la hembra se agazapa cerca del macho, la cubre viniendo por detrás. La hembra pare cada mes, y, antes del parto, vuelve a quedarse preñada, y luego, tan pronto como ha parido, se deja cubrir por no importa qué macho, ya que no tiene bastante con una sola cópula. Y, de nuevo, concibe, mientras está amamantando: tiene una matriz de dos senos.[49]

2. No es tan sólo que el seno vacío de la matriz la estimule a la cópula –pues todo lo vacío desea ser rellenado–,[50] sino que, cuando está preñada, uno de los dos senos de la matriz está dominado por el deseo y fuertemente excitado. De ahí que quede doblemente preñada.

3. Así pues, esta enigmática prohibición nos brinda el consejo de abstenernos de deseos fogosos, de coitos continuos, de cópulas con mujeres encintas, de la homosexualidad, de la pederastia, de la fornicación y de la lascivia.[51]

---

[49] Aristóteles, *Historia animal*, VI, 579; Eliano, *Naturaleza de los animales*, II, 12.

[50] Aristóteles, *Ética a Nicómaco*, III, 13.

[51] Todo ello, práctica generalizada en la helenizada Alejandría. La homoxualidad fue muy común entre griegos y romanos contemporáneos de Clemente. Los emperadores Cómodo y Heliogábalo, corrían detrás de jóvenes a los que llevaban a palacio. Apuleyo dice que la homosexualidad estaba muy extendida en todas las capas sociales (*Metamorfosis*, 8,3-4; 9,28). "La cultura grecorromana fue en gran parte una cultura de homosexuales. Baste recordar que Sócrates, Platón, Aristóteles, Alejandro Magno o César lo fueron. Los jóvenes tenían grandes posibilidades de practicar la homosexualidad en los gimnasios, en opinión de Horacio.

89.1. Abiertamente, no de forma velada, sino con el rostro al descubierto, el mismo Moisés ha dicho: "No fornicarás, no cometerás adulterio, ni practicarás la pederastia" (Éx. 20:14; Dt. 5:18). Esta disposición del Logos debemos observarla a toda costa, y no podemos infringir la ley bajo ningún concepto, ni invalidar tampoco sus mandamientos.

2. Los malos deseos reciben el nombre de *hybris* (arrebato, exceso), y al caballo del deseo, Platón lo ha denominado *hybristés* (arrebatado) porque había leído: "Os habéis convertido a mis ojos en potros en celo" (Jer. 5:8).[52] Y en cuanto al castigo que vuestro furioso arrebato merece, ya se encargarán los ángeles, que han ido a Sodoma, de hacéroslo patente.

3. Con la ciudad, han abrasado a quienes intentaban entre ellos actos deshonrosos, sirviendo de ejemplo claro de que el fuego es el fruto reservado a una vida entregada a la lascivia (Gn. 19:1-25). Pues las catástrofes de la antigüedad, como ya hemos indicado, han sido descritas para nuestra advertencia, con el fin de no vernos implicados también en ellas y para evitar, en lo posible, no caer en semejantes peligros.[53]

90.1. A los niños se les debe considerar como hijos, y a las mujeres de los demás se las debe mirar como hijas propias. Hay que dominar los placeres y ser dueño del vientre y del bajo vientre; es lo más importante.

2. Porque si, como dicen los estoicos, la razón recomienda al hombre docto no menear el dedo al azar, ¿cómo no van a estar obligados a dominar su órgano sexual los que persiguen la sabiduría? Me parece que reciben el nombre de "partes pudendas", porque debe hacerse uso de esta parte del cuerpo con pudor.

Séneca, el filósofo, no rechazó la homosexualidad, como tampoco Crisipo" (José María Blázquez, *Intelectuales, ascetas y demonios al final de la antigüedad*, p. 139. Cátedra, Madrid 1998). Por esta razón, Tertuliano rechazó la filosofía en bloque, no por su incompatibilidad intelectual con el cristianismo, sino por las desviaciones morales de sus sustentadores, tan fustigadas por el rigorismo ético del gran apologista.

[52] "Como caballos bien hartos fueron a la mañana, cada cual relinchaba a la mujer de su prójimo" (RV).

[53] Cf. 1ª Co. 10:11: "Y estas cosas les acontecieron en figura; y son escritas para nuestra admonición, en quienes los fines de los siglos han parado".

Algunas consideraciones en torno a la procreación y el vestido 193

3. La naturaleza, como en los alimentos, también nos recomienda un comportamiento oportuno, útil y decente en las uniones legítimas, y nos recomienda el deseo de procrear.

4. Mas quienes persiguen los excesos chocan contra lo prescrito por la naturaleza, perjudicándose a sí mismos con cópulas ilegítimas. De modo especial, es muy razonable no tener relaciones carnales con muchachos como si fueran mujeres. Por esa razón, el filósofo, siguiendo a Moisés, exclama: "No se echen las simientes entre las piedras y las rocas, pues jamás enraizarán, ni encontrarán la fecundidad para concebir un ser de su misma naturaleza".[54]

91.1. En todo caso, son de lo más claro las prescripciones del Logos, por medio de Moisés: "No te echarás con varón como con mujer: es abominación" (Lv. 18:22). Y añade que hay que abstenerse de sembrar en campo femenino, a excepción del propio; el gran Platón, recogiéndolo de las divinas Escrituras, nos lo aconseja, haciendo de ello una ley: "No tendrás acto carnal con la mujer de tu prójimo, contaminándote en ella" (Lv. 18:20).

2. "Las simientes de las concubinas son ilegítimas y bastardas";[55] no siembres donde "no querrías ver crecer lo sembrado" (Platón); y, asimismo: "No toques a ninguna mujer que no sea la tuya propia", sólo de ella es justo disfrutar los placeres carnales con vistas a una legítima descendencia. Sólo esto es lícito para el Logos. Nosotros, que somos parte activa de la obra creadora de Dios, no tiremos la semilla, ni la envilezcamos, ni sembremos legumbres duras de cocer.[56]

92.1. El mismo Moisés prohíbe incluso a los maridos acercarse a sus esposas cuando se hallan en la menstruación (Lv. 18:19). Porque no es razonable ensuciar con las impurezas del cuerpo la parte más fecunda de la simiente, que en poco tiempo puede convertirse en un ser humano, ni tampoco lavar la simiente en el sucio e impuro flujo de la materia, germen de un posible nacimiento, privado de los surcos de la matriz.

"No toques a ninguna mujer que no sea la tuya propia", sólo de ella es justo disfrutar los placeres carnales con vistas a una legítima descendencia. Sólo esto es lícito para el Logos. Nosotros, que somos parte activa de la obra creadora de Dios, no tiremos la semilla, ni la envilezcamos, ni sembremos legumbres duras de cocer.

---

[54] Platón, *Las Leyes*, VIII, 836.
[55] Platón, *Las Leyes*, VIII, 841.
[56] Platón, *Las Leyes*, VIII, 853.

> No es lícito causar molestias a la naturaleza en acción con superfluas aportaciones, que desembocan en exceso. Tiene varios nombres y es de muchas especies, si se ejerce en forma de desorden sexual, se denomina lascivia o libertinaje, nombre con el que se designa un mal mundano, vulgar, impuro, relacionado con los coitos; y cuando estos desórdenes aumentan, se origina un considerable número de enfermedades: la pasión por la comida, por el vino, por las mujeres, y, sobre todo, el gusto por el libertinaje.

2. No nos ha dejado ningún ejemplo de algún antiguo hebreo que se uniese a su propia mujer encinta, pues el mero placer, aun experimentado dentro del matrimonio, es contrario a la ley, a la justicia y a la razón.

3. Por el contrario, Moisés aparta de las mujeres embarazadas a los hombres, hasta que hayan dado a luz. Y es que la matriz, ubicada por encima de la vejiga y por encima del intestino llamado recto, extiende su cuello entre los dos dentro de la cavidad; y el orificio del cuello, por donde penetra el semen, se cierra, cuando está lleno, y, de nuevo, se vacía limpio ya por el parto; y es cuando ha depositado el fruto cuando de nuevo admite el esperma. Cuando es de utilidad para el auditorio no debemos enrojecer de vergüenza por citar los órganos de la gestación, de cuya creación no se ha avergonzado Dios.

93.1. Así pues, la matriz, deseosa de procrear, acoge el semen, acto que niega cualquier objeción censurable acerca del coito. Luego, después de la fecundación, al cerrarse el orificio, se concluye ya todo movimiento lascivo. Sus deseos que hasta este momento eran impulsados por los abrazos amorosos, cambian de aspecto, y al ocuparse de procrear, colaboran con el Creador.

2. No es lícito causar molestias a la naturaleza en acción con superfluas aportaciones, que desembocan en exceso (*hybris*). Esta tiene varios nombres y es de muchas especies, cuando se ejerce en forma de desorden sexual, se denomina lascivia o libertinaje, nombre con el que se designa un mal mundano, vulgar, impuro, relacionado con los coitos; y cuando estos desórdenes aumentan, se origina un considerable número de enfermedades: la pasión por la comida, por el vino, por las mujeres, y, especialmente, el gusto por el libertinaje y la voluptuosidad, sobre los que domina en calidad de tirano el deseo.

3. Estas pasiones se multiplican en cantidad innumerable en otras emparentadas con ellas, que elevan al máximo nivel el modo de vivir que se llama licencioso. Dice la Escritura: "Aparejados están juicios para los escarnecedores, y azotes para los cuerpos de los insensatos" (Pr. 19:29); con la expresión "cuerpos de los insensatos" se refiere al vigor de la vida libidinosa y a la persistencia de su fuerza. De ahí que añada: "Aparta de tus siervos las vanas esperanzas, y retira de mí los deseos

indecorosos, para que no se apoderen de mí los deseos del vientre y del sexo" (*Eclesiástico* 23:5, 6).

4. Es necesario, pues, alejar de nosotros la gran maldad de los que acechan; pues ni en el saco de Crates,[57] ni tampoco en nuestra ciudad debe "entrar el loco parásito, ni el licencioso glotón que se deleita con su bajo vientre, ni la engañosa prostituta",[58] ni ninguna otra bestia de placer semejante. Nuestro deber es llenar nuestra vida de buenas acciones.

94.1. En conclusión: el problema suscitado en torno a la cuestión de si hay que contraer matrimonio, o hay que abstenerse totalmente de él —una cuestión digna de atención, sin duda— ya lo hemos visto en nuestro tratado *Sobre la continencia*. Ahora bien, si nos hemos visto en la necesidad de estudiar la cuestión de si hay que casarse, ¿cómo se nos puede recomendar usar siempre, como si de la comida se tratara, de las relaciones sexuales como algo necesario?

2. Es fácil ver cómo, después de la relación sexual, los nervios como los hilos de la urdimbre en la tela, se tensan y se rompen por la sobretensión de la cópula; además, la unión sexual ensombrece los órganos sensoriales y enerva las fuerzas.

3. Este fenómeno se evidencia también en los animales irracionales y en los cuerpos de los que practican el deporte: entre éstos, los continentes son los que aventajan a sus adversarios en las competiciones atléticas;[59] y a los animales irracionales no se les puede separar después del coito, como no sea tirando de ellos, arrastrándolos, por así decirlo, pues se han quedado privados de fuerza y vigor. El sofista de Abdera[60] llamaba a la unión sexual "una pequeña epilepsia", considerándola un mal incurable.

4. ¿No conlleva un debilitamiento proporcional a la cuantía de la pérdida seminal? "Pues el hombre, del hom-

> Es necesario, pues, alejar de nosotros la gran maldad de los que acechan; pues ni en el saco de Crates, ni tampoco en nuestra ciudad debe "entrar el loco parásito, ni el licencioso glotón que se deleita con su bajo vientre, ni la engañosa prostituta", ni ninguna otra bestia de placer semejante. Nuestro deber es llenar nuestra vida de buenas acciones.

---

[57] "Saco de Crates", expresión referida a la secta de los cínicos, a la que pertenecía Crates de Sebas, quien llevó una vida de pordiosero para dedicarse a la sola "virtud".
[58] Crates, *Fragmentos*, 4.
[59] Cf. 1ª Co. 9:25: "Todo aquel que lucha, de todo se abstiene; ellos, a la verdad, para recibir una corona corruptible; mas nosotros, incorruptible".
[60] El filósofo Demócrito.

> El matrimonio debe aceptarse y ser colocado en su justo lugar; es deseo del Señor que la humanidad se multiplique, pero no dice: "Sed impúdicos", ni tampoco quiere que nos entreguemos a los placeres, como si hubiésemos nacido para el coito. Que nos llenen de confusión las palabras que el Pedagogo pone en boca de Ezequiel: "¡Circuncidaos de vuestra prostitución!" Incluso los animales irracionales tienen un período de tiempo establecido para la fecundación.

bre nace y es arrancado".[61] Considera la magnitud del daño: un hombre entero es arrancado en el transcurso de la pérdida seminal producida por la unión sexual. Y la Escritura dice: "He aquí esto es ahora hueso de mis huesos y carne de mi carne" (Gn. 2:28). El hombre, pues, se vacía con el semen tanto cuanto se ve en el cuerpo, ya que lo que ha expulsado es comienzo de un nacimiento. Esta efervescencia de la materia perturba y transforma la armonía corporal.

95.1. Realmente fue muy educado aquel que, preguntado sobre las sensaciones que experimentaba en los placeres amorosos, respondió: "¡Calla, por favor, buen hombre, me liberé de ellos con la mayor alegría, como quien se libera de un amo furioso y cruel!"[62]

2. No obstante, el matrimonio debe aceptarse y ser colocado en su justo lugar;[63] es deseo del Señor que la humanidad se multiplique, pero no dice: "Sed impúdicos", ni tampoco quiere que nos entreguemos a los placeres, como si hubiésemos nacido para el coito. Que nos llenen de confusión las palabras que el Pedagogo pone en boca de Ezequiel: "¡Circuncidaos de vuestra prostitución!"[64] Incluso los animales irracionales tienen un período de tiempo establecido para la fecundación.

3. Pero unirse sin buscar la procreación es un verdadero insulto para la naturaleza, que debemos tomar como maestra y observar los sabios preceptos de su pedagogía para el tiempo oportuno de la unión, quiero decir, el tiempo establecido para la vejez y para la juventud –a ésta no se le permite aún el matrimonio, a la vejez no se lo permite ya–; de todas maneras, no autoriza a casarse siempre. El matrimonio tiende a la procreación de los hijos, no a

---

[61] Demócrito, *Fragmentos*, 863.

[62] Platón, *La República*, I, 329.

[63] Esta defensa del matrimonio, única en sus días y después de ellos, cuando se tendió a ensalzar la virginidad, va contra las sectas que condenaban el matrimonio, como en el libro apócrifo de *Hechos de Pedro*, donde Pedro predica contra el matrimonio e incita a las mujeres a abandonar a sus esposos. Para Taciano, discípulo de Justino y contemporáneo de Clemente, el matrimonio era un adulterio legalizado.

[64] No sabe a qué texto se refiere Clemente, que cita de memoria. Puede ser Ez. 16:41 o 44:7, o incluso Jr. 4:4: "Circuncidaos a Jehová, y quitad los prepucios de vuestro corazón".

evacuar el semen desordenadamente, acto contrario a la ley y a la razón.⁶⁵

96.1. Nuestra vida toda discurrirá según los dictámenes de la naturaleza, si dominamos nuestros deseos desde un principio y si no damos muerte, con malas artes, a la progenie humana que nace según los planes de la divina providencia.⁶⁶ Porque esas mujeres que, en su afán de ocultar su mala conducta, usan fármacos abortivos que expulsan una materia totalmente muerta, abortan, con el feto, sus sentimientos humanos.⁶⁷

2. Con todo, a quienes les está permitido el matrimonio, les es necesario un pedagogo; para que no realicen los misterios de la naturaleza durante el día; ni lo hagan tampoco, por ejemplo, a la salida de la iglesia o del ágora, desde la aurora, como los gallos, ni a la hora misma del rezo, ni de la lectura, ni a la hora de realizar cualquier tipo de actividad útil durante el día; por la tarde es conveniente reposar después de la comida, y después de las acciones de gracias por todos los bienes recibidos.

97.1. La naturaleza no da siempre ocasión para realizar la unión conyugal; por otra parte, la unión más diferida es la más deseada. Tampoco las sombras de la noche deben servirnos de excusa para realizar acciones desenfrenadas, sino que debemos encerrar en nuestra alma el pudor, cual luz de la razón.

2. Pues en nada nos diferenciaremos de Penélope, si durante el día tejemos unos principios de moderación, y

> Nuestra vida toda discurrirá según los dictámenes de la naturaleza, si dominamos nuestros deseos desde un principio y si no damos muerte, con malas artes, a la progenie humana que nace según los planes de la divina providencia. Porque esas mujeres que, en su afán de ocultar su mala conducta, usan fármacos abortivos que expulsan una materia totalmente muerta, abortan, con el feto, sus sentimientos humanos.

---

⁶⁵ La idea de que el fin natural del matrimonio es tener hijos está tomada del estoico Musonio Rufo. El Cantar de los Cantares, tomado al pie de la letra, sin los alegorismos y espiritualización de que fue objeto a manos de judíos y cristianos, habla con toda naturalidad del placer conyugal en sí mismo, sin tener en mente la procreación. El pesimismo en materia sexual, como escribe José María Blázquez, "es de origen pagano, estoicismo, dualismo helénico y gnosticismo y no tiene raíces bíblicas" (*op. cit.*, p. 142). Para el punto de vista evangélico, que discrepa de esta antropología "natural", de fundamento filosófico, véase André Dumas, *El control de los nacimientos en el pensamiento protestante* (La Aurora, Bs. As. 1968); Francisco Lacueva y Alfonso Ropero, *Diccionario teológico ilustrado*, "bioética" (CLIE, Terrassa 2001).

⁶⁶ Platón, *Las Leyes*, VIII, 838.

⁶⁷ Los cristianos de los primeros siglos condenaron unánimemente la práctica del aborto, Justino, Tertuliano, Agustín, Cirilo de Jerusalén, etc.

Un amor que confiesa cimentarse en el terreno resbaladizo de la unión sexual, florece poco tiempo y envejece junto con el cuerpo, y, a veces, incluso, llega a envejecer antes, cuando el deseo carnal se ha marchitado, cuando los placeres de las prostitutas han envilecido la castidad matrimonial. Porque los corazones de los amantes son alados, el encanto se disipa con las penas, y, la mayoría de las veces, el amor se transforma en odio, cuando el hastío es objeto de censura.

de noche los deshacemos,[68] cuando nos acostamos. Porque si se debe observar la dignidad, como en realidad debe ser, mucho más debemos mostrarla con nuestra esposa, evitando abrazos indecentes y la mejor prueba de que se vive honestamente con los vecinos, es vivirla en la propia casa.

3. Porque no, no es posible ser considerado casto por la esposa, a la que no se le da el testimonio de castidad en medio de esos ardientes placeres. Un amor que confiesa cimentarse en el terreno resbaladizo de la unión sexual, florece poco tiempo y envejece junto con el cuerpo, y, a veces, incluso, llega a envejecer antes, cuando el deseo carnal se ha marchitado, cuando los placeres de las prostitutas han envilecido la castidad matrimonial. Porque los corazones de los amantes son alados, el encanto se disipa con las penas, y, la mayoría de las veces, el amor se transforma en odio, cuando el hastío es objeto de censura.

98.1. No debemos hacer mención siquiera de palabras licenciosas, ni de gestos inconvenientes, ni los besos de las prostitutas y demás actos libertinos por el estilo; obedezcamos, mejor, al bienaventurado apóstol, que nos habla con toda claridad: "Pero fornicación y toda inmundicia, o avaricia, ni aun se nombre entre vosotros, como conviene a santos" (Ef. 5:4).

2. Alguien dijo, al parecer rectamente: "La relación sexual no reporta a nadie ventaja alguna; ya es mucho que no haga daño".[69] Incluso la unión sexual que es permitida por la ley es nociva, si no tiende a la procreación. De la que es ilegítima afirma la Escritura: "La mujer meretriz es un deshecho; la mujer casada es una torre de perdición para quienes usen de ella" (Ec. 26:22).

3. El autor compara la pasión lasciva a un jabalí o un cerdo, y ha dicho que el adulterio con una prostituta es buscar la muerte. Es precisamente uno de vuestros poetas el que condena una casa y una ciudad en la que se vive licenciosamente, cuando escribe:

99.1. *En tus paredes se cometen adulterios y uniones ilícitas con los jóvenes,*

---

[68] Homero, *Odisea*, II, 104; Platón, *Fedón*, 84.
[69] Epicuro, *Fragmentos*, 62.

ciudad afeminada, injusta, maldita, desdichada entre todas.

2. Por el contrario, admira a los castos:
*que no tienen el deseo vergonzoso de lecho ajeno,
que no se lanzan sobre otro macho, acto vergonzoso y horrible*[70]
porque es contra la naturaleza. Muchos consideran sus propios pecados como vida placentera; otros, más sensatos, reconocen que son pecados, pero son dominados por los placeres.

3. Las tinieblas les sirven de velo para sus pasiones; pues comete adulterio con su propia mujer a quien trata como meretriz[71] y no oye los clamores del Pedagogo: "El hombre que sube a su lecho y dice en su interior: ¿Quién me ve? A mi alrededor hay tinieblas; las paredes me ocultan, y nadie ve mis faltas; ¿por qué, pues, preocuparme? El Altísimo, ciertamente, no va a ocuparse de mis pecados" (*Eclesiástico* 23:25-26).

4. Muy digno de lástima es ese hombre, que sólo teme los ojos humanos y se imagina que pasará inadvertido a Dios. "No comprende –dice la Escritura– que los ojos del Altísimo son diez mil veces más luminosos que el sol, pues miran todos los derroteros humanos y llegan, incluso, a escudriñar los escondrijos más ocultos" (*Eclesiástico* 23:27).

5. Por eso amenaza el Pedagogo por boca de Isaías: "¡Ay de los que se esconden del Señor, encubriendo el consejo, y sus obras son en tinieblas, y dicen: ¿Quién nos ve, y quién nos conoce?" (Is. 29:15). Porque quizá pasen inadvertidos a la luz sensible, mas es imposible que pasen inadvertidos a la luz espiritual, o, como afirma Heráclito: "¿Cómo puede pasar uno inadvertido ante lo que no tiene ocaso?"[72]

6. Puesto que la luz habita en nosotros, no intentemos en modo alguno ocultarnos en las tinieblas; dice la Escritura: "Y las tinieblas no le comprendieron" (Jn. 1:5), pero la noche ilumina la mente casta. Y la Escritura ha llamado a los pensamientos de los hombres buenos lámparas que jamás se extinguen.

Muy digno de lástima es ese hombre, que sólo teme los ojos humanos y se imagina que pasará inadvertido a Dios. "No comprende –dice la Escritura– que los ojos del Altísimo son diez mil veces más luminosos que el sol, pues miran todos los derroteros humanos y llegan, incluso, a escudriñar los escondrijos más ocultos". Puesto que la luz habita en nosotros, no intentemos en modo alguno ocultarnos en las tinieblas.

---

[70] *Oráculos sibilinos*, V, 166-167; IV, 33-34.
[71] Plutarco, *Morales*, 142.
[72] Heráclito, *Fragmentos*, 727.

100.1. Verdaderamente, querer que pase inadvertido de lo que uno hace, implica una conciencia de culpabilidad, y todo el que comete un pecado es también injusto, no sólo con el prójimo, si comete adulterio, sino también consigo mismo, pues tiene la conciencia de adúltero. Sea como sea, es peor y más miserable. El que comete una falta, en cuanto que la ha cometido, es peor y más digno de desprecio que antes era; de todas maneras, algo se añade a él, además de su esclavitud al placer vergonzoso: el desorden moral. Por esa razón, el que fornica muere para Dios; el Logos y el Espíritu lo abandonan y es un cadáver. Porque a lo que es santo le repugna connaturalmente ser objeto de abominación.

2. Siempre se ha permitido al puro el contacto con lo puro.[73] No nos despojemos de nuestro pudor al despojarnos de nuestro vestido, porque jamás se ha permitido al justo desnudarse de su castidad. He aquí que este cuerpo corruptible se revestirá de incorruptibilidad,[74] cuando el insaciable deseo, en su fluir hacia la lascivia, educado por el Pedagogo en la continencia, llegue a odiar la corrupción y permita al hombre el acceso a una eterna castidad.

3. "Los hijos de este siglo se casan, y son dados en casamiento" (Lc. 20:34); pero después de haber abandonado las obras de la carne y de haber revestido de incorruptibilidad nuestra carne purificada, podemos aspirar a lo que es propio de los ángeles (Lc. 20:34-36; Mt. 22:30; Mr. 12:25).

4. Por eso, en el *Filebo*,[75] Platón, discípulo de la filosofía bárbara,[76] califica misteriosamente de ateos a los que corrompen y mancillan al dios que habita en ellos, el Logos, en tanto que pueden en su familiaridad con las pasiones.

101.1. No debemos vivir como mortales los que nos santificamos a Dios, ni tampoco, como afirma Pablo, hacer

---

[73] Platón, *Fedón*, 67.
[74] Cf. 1ª Co. 15:54: "Y cuando esto corruptible fuere vestido de incorrupción, y esto mortal fuere vestido de inmortalidad, entonces se efectuará la palabra que está escrita: Sorbida es la muerte con victoria".
[75] Se trata de *La República*, VIII, 549, concretamente.
[76] La revelación bíblica, según lo entendieron los apologistas judíos y cristianos alejandrinos.

de los miembros de Cristo miembros de una prostituta, ni del templo de Dios, templo de las pasiones vergonzosas (1ª Co. 6:15).

2. Acordaos de veinticuatro mil hombres que fueron rechazados por su fornicación (Nm. 24:9); los sufrimientos de los fornicadores son, como ya antes dije, un "ejemplo" que sirve de lección a nuestros deseos. El Pedagogo nos lo advierte muy claramente: "No vayas detrás de tus deseos carnales, y defiéndete de tus impulsos" (*Eclesiástico* 18:30).

3. "El vino y las mujeres ofuscan a los hombres sensatos, y quien se una con prostitutas se volverá más desvergonzado; los gusanos y la putrefacción lo recibirán en herencia, y será expuesto como el peor ejemplo" (*Eclesiástico* 19:2-3). Y nuevamente, la Escritura no se cansa de sernos útil: "Quien resiste el placer, corona su propia vida" (*Eclesiástico* 19:5).

Sobre el decoro en el vestir

102.1. No es justo abandonarse a los placeres amorosos, ni estar ávido por los deseos sensuales, ni dejarse afectar demasiado por los impulsos irracionales, ni desear la impureza. Sólo al hombre casado, como a un labrador, le está permitido verter la semilla para que pueda ser recibida en el tiempo y lugar oportunos.

2. Para la otra forma de incontinencia hay un excelente medicamento:[77] la razón; también presta una eficaz ayuda el evitar la saciedad, por la que los deseos fogosamente inflamados saltan alrededor de los placeres. No debemos, pues, desear vestidos suntuosos, ni alimentos refinados.

3. El Señor mismo divide sus preceptos en tres categorías: los relativos al alma; al cuerpo; y a los bienes externos, y nos aconseja procurarnos los bienes externos por causa del cuerpo, gobernar el cuerpo por el alma; en cuanto al alma, nos da la siguiente lección: "No os congojéis por vuestra vida, qué habéis de comer, o que habéis de beber; ni por vuestro cuerpo, qué habéis de vestir. ¿No es

---

[77] Para Clemente los vicios son como una enfermedad del alma, tal como enseñaba la filosofía de los estoicos y platónicos, que precisan un remedio terapéutico.

La ostentación y sensualidad provoca que nos alejemos de la verdad, dado que el placer sensible, preocupado por lo superfluo, nos aleja de la verdad. Por eso muy bien ha dicho: "Porque todas estas cosas buscan los gentiles". Los gentiles son los indisciplinados e insensatos. Pero, ¿qué quiere decir con "todas estas cosas"? La sensualidad, el placer, los condimentos exquisitos, la glotonería y la gula.

la vida más que el alimento, y el cuerpo más que el vestido?" (Mt. 6:25).

4. Y a su enseñanza añade este luminoso ejemplo: "Considerad los cuervos, que ni siembran, ni siegan; que ni tienen cillero, ni alfolí; y Dios los alimenta. ¿Cuánto de más estima sois vosotros que las aves?" (Lc. 12:24).

5. Todo esto a propósito de la comida; pero también de forma análoga, sobre el vestir, tercer apartado del estudio, el de los bienes externos: "Considerad los lirios, cómo crecen; no labran, ni hilan; y os digo, que ni Salomón con toda su gloria se vistió como uno de ellos" (Lc. 12:27). Y el rey Salomón se vanagloriaba de su riqueza.

103.1. ¿Qué hay más hermoso y más gracioso que una flor? ¿Qué hay más agradable que los lirios o las rosas? "Y si así viste Dios a la hierba, que hoy está en el campo, y mañana es echada en el horno; ¿cuánto más a vosotros, hombres de poca fe? Vosotros, pues, no procuréis qué hayáis de comer, o qué hayáis de beber" (Lc. 12:28, 29).

2. Ha suprimido todo lujo en la comida, mediante la partícula *qué*, porque eso es lo que viene a significar la Escritura: "No os preocupéis por *qué* tipo de comida comeréis, o *qué* tipo de bebida beberéis". Preocuparse por estas menudencias denota avidez y sensualidad; en cambio, "comer" sin más, responde a la necesidad o, como hemos dicho, a satisfacer una necesidad. Contrariamente, el *qué* significa lo superfluo, y la Escritura declara abiertamente que lo superfluo proviene del diablo.[78]

3. El sentido de esta expresión se aclara más con lo que sigue: "No procuréis qué hayáis de comer, o qué hayáis de beber", y prosigue: "ni estéis en ansiosa perplejidad" (v. 29). La ostentación y sensualidad provoca que nos alejemos de la verdad, dado que el placer sensible, preocupado por lo superfluo, nos aleja de la verdad.

4. Por eso muy bien ha dicho: "Porque todas estas cosas buscan los gentiles" (v. 30). Los gentiles son los indisciplinados e insensatos. Pero, ¿qué quiere decir con "todas estas cosas"? La sensualidad, el placer, los condimentos exquisitos, la glotonería y la gula. He aquí el *qué*.

---

[78] Cf. Mt. 5:37: "Sea vuestro hablar: Sí, sí; no, no; porque lo que es más de esto, de mal procede".

5. Respecto a la necesidad de comida simple, sólida o líquida, dice: "Vuestro Padre sabe que necesitáis estas cosas" (v. 30). Si, en una palabra, el afán de buscar es algo connatural en nosotros, no lo malgastemos en la sensualidad; sino reanimemos su llama hacia la búsqueda de la verdad. "Mas procurad el reino de Dios, y todas estas cosas os serán añadidas" (v. 31).

104.1. Si suprime de nosotros toda preocupación por el vestir, por la comida y por lo puramente superfluo, por no considerarlo necesario, ¿cuál creemos que será su opinión acerca del adorno rebuscado, del tinte de las lanas, del lujo en los colores, del refinamiento de las piedras preciosas y del oro trabajado, y de las cabezas artísticamente peinadas, de los rizos en espiral, y, además, de la pintura de los ojos, de la acción de depilarse y afeitarse, del blanco de albayalde, del tinte del cabello y de todos esos artilugios que los tienen engañados?

2. ¿No es para sospechar que lo que antes ha dicho a propósito de la hierba, se refería también a estos enamorados de los adornos, que tan lejos están del verdadero adorno?

3. "El campo es el mundo" (Mt. 13:38), y nosotros somos el césped, nosotros que, una vez rociados por la gracia de Dios, y cortados, brotamos de nuevo, como se verá más detalladamente en el tratado *Sobre la resurrección*.[79] La hierba representa alegóricamente la masa vulgar, familiarizada con el placer efímero cuya flor brota por poco tiempo, amante de los adornos, la vanagloria y de todo lo que no sea ser amigo de la verdad, y que no sirve más que para ser lanzado al fuego.

105.1. El Señor nos cuenta este relato: "Había un hombre rico, que se vestía de púrpura y de lino fino, y hacía cada día banquete con esplendidez" (Lc. 16:19). Ése era la hierba. "Había también un mendigo llamado Lázaro, el cual estaba echado a la puerta de él, lleno de llagas. Y deseando hartarse de las migajas que caían de la mesa del rico" (vv. 20, 21). Éste era el césped. Ahora bien, el primero, el rico, fue castigado en el Infierno, a compartir el fuego, mientras que el segundo florecía en el seno del Padre.

---

[79] Que no ha llegado hasta nosotros.

2. Admiro la ciudad antigua de los espartanos: sólo permitía a las meretrices llevar vestidos bordados y un aderezo de oro; y prohibió a las mujeres honestas ir detrás de tales adornos, por el hecho de que sólo se permitía adornarse a las que se prostituían.

3. Por el contrario, en Atenas, los magistrados perseguían un tipo de vida ciudadana más distinguida, olvidando las costumbres viriles, llevaban adornos de oro y lucían largas túnicas; sobre su cabeza colocaban un penacho –una especie de trenza–, y se sujetaban los cabellos con cigalas de oro, dando verdaderamente prueba, por la falta de gusto de su afeminamiento, de que eran hijos de la tierra.

4. La afectación de estos magistrados se difundió entre los demás jonios, a los que Homero, tildándolos de afeminados, llama "los de rozagantes peplos" (*Ilíada*, VI, 442).

106.1. Debemos arrojar, pues, de la casa de la verdad, por idólatras, a los que vuelven sus ojos a los adornos, apariencia del Bien, pero no el Bien en sí mismo, ya sueñan con la naturaleza del bien, siguiendo su opinión, mas no por el sendero de la ciencia.

2. Para éstos, la vida es un sueño profundo de ignorancia, del que nosotros debemos despertar, y afanarnos en lo que realmente es bueno y que responde a un orden, y desear ardientemente obtenerlo, abandonando en este mundo lo mundano, antes de entrar definitivamente en el sueño.[80]

3. Así pues, sostengo que el hombre no necesita tejidos, como no sea para protegerse y defenderse de los rigores del frío y de la intensidad del calor, para que no nos perjudique el desequilibrio de la temperatura ambiental que nos circunda.

4. Si ese es el sentido del vestido, ya puedes ver que no hay por qué asignar un vestido para el hombre y otro para la mujer, pues es común para ambos el protegerse, así como el comer y beber.[81]

---

[80] Platón, *La República*, VII, 534.
[81] Es evidente que aquí Clemente ha dejado llevar su lógica hasta el extremo, reduciendo al mínimo los aspectos culturales de la convivencia humana, advertencia clara contra el pensamiento que sólo deja entrar en su consideración argumentos lógicos, no necesariamente correctos.

107.1. De modo que, si la necesidad [natural] es común, creemos razonable un mismo tipo de ropaje. Dado que lo que deben cubrirse es lo mismo, así también convendrá que la materia que cubra sea semejante; y, si así es, que oculte del todo lo que no deben ver los ojos de las mujeres.

2. Si resulta que el sexo femenino goza de ciertas prerrogativas por su debilidad, es censurable el género de mala vida, por la que los hombres, siguiendo una existencia vil, han llegado a ser más afeminados que las mujeres. Y no hay por qué bajar de tono.

3. Ahora bien, si es necesario hacer alguna concesión, debe permitirse a las mujeres que usen tejidos más suaves, siempre que prescindan de los pequeños adornos estúpidos, las superfluas trenzas en los tejidos, el hilo de oro, las sedas de la India y los sofisticados vestidos de seda.

4. En primer lugar nace un gusano; luego, de él se origina una oruga velluda, tras la que, por tercera metamorfosis, nace una pequeña mariposa, a la que le dan el nombre de crisálida, que produce un largo filamento, como el hilo de la araña.

5. Este raro tejido transparente delata un temperamento sin vigor, prostituyendo bajo una tenue capa la vergüenza del cuerpo. Además, no es un delicado vestido protector, pues no es capaz de cubrir la silueta de la desnudez. En efecto, un vestido de este tipo, al caer sobre el cuerpo con ondulante suavidad, se modela adaptándose a la constitución de la carne, y se amolda a sus formas hasta tal punto que toda la disposición del cuerpo de la mujer se hace evidente aunque con los ojos no se vea.

108.1. Debemos hacer caso omiso de los tintes de los vestidos, por estar alejados de la utilidad y de la verdad; además, suscitan sospechas sobre la conducta. Sin ningún lugar a dudas, no es útil su empleo; no está acondicionado para el frío, y por lo que se refiere a la protección, carece de toda ventaja sobre los demás vestidos, como no sea el escándalo. La seducción de los colores fatiga los ojos curiosos, incitándoles a una mirada que no es razonable. Es necesario que los puros, que no estén interiormente pervertidos, usen vestidos blancos sin adorno alguno.

> Debe permitirse a las mujeres que usen tejidos más suaves, siempre que prescindan de los pequeños adornos estúpidos, las superfluas trenzas en los tejidos, el hilo de oro, las sedas de la India y los sofisticados vestidos de seda. Debemos hacer caso omiso de los tintes de los vestidos, por estar alejados de la utilidad y de la verdad; además, suscitan sospechas sobre la conducta. Sin ningún lugar a dudas, no es útil su empleo; no está acondicionado para el frío.

2. Es bien claro y puro el mensaje profético de Daniel: "Se pusieron unos tronos y un anciano se sentó; su vestidura era blanca como la nieve" (Dn. 7:9).[82]

3. Con un vestido parecido al Señor en una visión, dice el Apocalipsis: "Vi debajo del altar las almas de los que habían sido muertos por la palabra de Dios y por el testimonio que ellos tenían. Y les fueron dadas sendas ropas blancas" (Ap. 6:9, 11).

4. Y si fuera necesario buscar otro color, basta con el tinte natural de la verdad. En cambio, los vestidos que se asemejan a las flores hay que reservarlos para los que pierden su tiempo en bacanales y misterios iniciáticos y además, nos dice el poeta cómico: "La púrpura y la vajilla de plata son útiles para los trágicos, pero no para la vida ordinaria" (Filemón, *Fragmentos* 105), y conviene que nuestra vida sea mucho más que un baile de comparsas.

5. El color de Sardes, el verde intenso y el verde pálido, el rosa y el rojo escarlata, así como mil y una variedades más del tinte han sido inventados para la depravada vida del placer.

109.1. Este tipo de vestido ha sido creado para recreo de la vista, no para la protección; los tejidos bordados en oro, los tintes de púrpura, los adornos con motivos animales –expuestos al viento son de gran lujo–, y el tejido de color de azafrán e impregnado de perfume, y los mantos ricos y abigarrados, a base de pieles preciosas, con relieves de animales vivos tejidos en la púrpura; todo esto tenemos que mandarlo a paseo, junto con su afiligranado arte.

2. "¿Qué podremos hacer de bueno y provechoso las mujeres que estamos sentadas –dice la comedia–, ataviadas como flores, vestidas y embellecidas con mantos azafranados?"[83]

3. El Pedagogo nos exhorta rotundamente: "No te glories ni de tu manto, ni te engríes en una gloria que es fugaz" (*Eclesiástico* 11:4). Burlándose de los que visten delicados atavíos, exclama en el Evangelio: "He aquí, los que

---

[82] "Estuve mirando hasta que fueron puestas sillas: y un Anciano de grande edad se sentó, cuyo vestido era blanco como la nieve, y el pelo de su cabeza como lana limpia" (RV).

[83] Aristófanes, *Lysístrata*, 42-44.

están en vestido precioso, y viven en delicias, en los palacios de los reyes están" (Lc. 7:25). Se refiere a los "palacios reales" terrestres y perecederos, donde se hallan la belleza banal, la vana ambición de gloria, la adulación y el engaño. Por el contrario, los que sirven en las mansiones celestes junto al rey del universo, conservan, santificados, el vestido puro del alma, la carne; con lo cual se revisten de incorruptibilidad.

4. Así como, sin duda, la mujer soltera dedica su tiempo sólo a Dios, sin que su preocupación se divida, y la mujer casada, al menos la casta, reparte su vida entre Dios y su esposo, mientras que, de no ser así, llega a ser toda ella del marido, es decir, de la pasión; así también, creo, la casta esposa, consagrando su tiempo al marido, honra sinceramente a Dios; en cambio, si ama las joyas, se separa de Dios y del santo matrimonio, cambiando a su esposo por las joyas, como la hetaira argiva, me refiero a Erifila: "que aceptó el precio de su amado esposo en oro".[84]

110.1. Razón por la cual yo acepto la actitud del sabio de Queos [Jenofonte], cuando traza el esbozo de las figuras, parecidas y paralelas, de la virtud y del vicio. A una, la virtud, la representa en actitud modesta, con un vestido blanco o impoluto, con el pudor como único adorno –así debe ser la fidelidad, virtuosa con su pudor–; a la otra, el vicio, por el contrario, la presenta envuelta con ropaje sobrecargado, reluciente de un color que no le es propio. Sus movimientos y ademanes se ocupan de la seducción, y se exhibe como modelo para las mujeres lujuriosas.

2. El que sigue al Logos no se familiarizará con ningún tipo de placer vergonzoso. Por eso, en materia de vestidos, ante cualquier opinión debe prevalecer la utilidad. Si el Logos, en el Salmo cantado por David, exclama del Señor: "Hijas de reyes están entre tus ilustres. Está la reina a tu diestra con oro de Ofir. Con vestidos bordados será llevada al rey" (Sal. 45:9, 14), no es para patentizar el delicado lujo en el vestido, sino para mostrar el incólume tejido de la fe de quienes han alcanzado la misericordia como adorno de la Iglesia, en la que Jesús, en quien no hay engaño, brilla como el oro, y los elegidos son los bordados de oro.

[84] Homero, *Odisea*, XI, 327.

El mayor signo de falta total de gusto está en ocuparse de forma apasionada de las túnicas de mujer, de los abrigos de lana, de las mantillas y de las túnicas en general y, como dice Homero, "de todo lo que cubre las partes pudendas". Enrojezco de vergüenza al ver la ingente cantidad de riqueza que cubre las partes. Conducidos por el Logos, rehusemos el lujo en los vestidos.

111.1. Si debemos aflojar un tanto nuestro riguroso tono en lo que se refiere a las mujeres, permitiéndoles utilizar un vestido liso y agradable al tacto, pero sin adornos –como se hace en las pinturas– para regocijo de la vista. Pues, con el tiempo, el dibujo desaparece, y, además, los lavados y los líquidos corrosivos que se impregnan, componentes de los tintes, estropean las lanas de los vestidos y las desgastan; lo cual no conviene a una buena economía.

2. El mayor signo de falta total de gusto está en ocuparse apasionadamente de las túnicas de mujer, de los abrigos de lana, de las mantillas y de las túnicas en general y, como dice Homero, "de todo lo que cubre las partes pudendas" (*Ilíada*, II, 262). Enrojezco de vergüenza al ver la ingente cantidad de riqueza que cubre las partes.

3. El primer hombre en el Paraíso cubría la protección de sus vergüenzas con ramas y hojas, pero ahora que las ovejas han sido creadas para nosotros, no nos comportemos reciamente como ellas; conducidos por el Logos, rehusemos el lujo en los vestidos, diciendo: "no sois sino piel de ovejas" (Luciano). Y, aunque se vanaglorie Mileto, aunque Italia se ufane, o aunque la vellosidad se conserve bajo las pieles por las que muchos enloquecen, nosotros, al menos, debemos hacer caso omiso de todo.

112.1. El bienaventurado Juan, despreciando la piel de las ovejas, porque era señal de lujo, prefirió la piel de camello, y se revistió de ella, como ejemplo de vida sencilla y auténtica. Y comía miel y langosta, manjar dulce y espiritual, preparando sin orgullo y con pureza los caminos del Señor (Mt. 3:4; Mr. 1:6).

2. ¿Cómo podría lucir un fino manto de púrpura quien había abandonado la ostentación de la ciudad y vivía como ciudadano de Dios en el apacible desierto de la tranquilidad, lejos de toda vana búsqueda, lejos de la indiferencia moral, lejos de toda mezquindad?

3. Elías usaba por vestido una piel de oveja y se la ataba con un cinturón de cuero (1º R. 19:13,19). Isaías, por su parte, el otro profeta, estaba "desnudo y sin calzado" (Is. 20:2),[85] y, a menudo, se envolvía en un saco, prenda cargada de humildad.

---

[85] "En aquel tiempo habló Jehová por Isaías hijo de Amoz, diciendo: Ve, y quita el saco de tus lomos, y descalza los zapatos de tus pies. Y lo hizo así, andando desnudo y descalzo".

113.1. Y si invocas a Jeremías, éste llevaba sólo un ceñidor de lino (Jr. 13:1).[86] Y, así como los cuerpos bien alimentados muestran ostensiblemente su vigor cuando están desnudos, así también la belleza de una buena conducta patentiza toda la grandeza [del alma], si no la desfigura la grosera frivolidad.

2. Arrastrar los vestidos por el suelo es signo de altivez, pues estorba la actividad de la marcha, arrastrando por los suelos, cual escoba, las briznas de paja. Ni siquiera esos bailarines degenerados que pasean a lo largo y ancho del escenario su silenciosa condición de afeminados, permiten que sus vestidos lleguen a tal extremo de ostentación. Sin embargo, su ajuar bien cuidado, las colgaduras de las franjas, el refinado ritmo de sus gestos, muestran su inclinación hacia una elegancia refinada.

3. Y si alguno trae a colación el manto del Señor,[87] hay que decir que esta túnica estampada muestra las flores de la sabiduría, las Escrituras policromas que no se marchitan, las palabras del Señor que brillan con los rayos de la verdad.

4. Con un vestido de esta naturaleza le revistió el Espíritu al Señor, cuando dijo por boca de David en el Salmo: "Te has vestido de gloria y de magnificencia. El que se cubre de luz como de vestidura, que extiende los cielos como una cortina" (Sal. 104:1, 2).

> Arrastrar los vestidos por el suelo es signo de altivez, pues estorba la actividad de la marcha, arrastrando por los suelos, cual escoba, las briznas de paja. Así pues, en la confección de vestidos debemos rehusar toda extravagancia y evitar también toda falta de moderación en su uso.

114.1. Así pues, en la confección de vestidos debemos rehusar toda extravagancia y evitar también toda falta de moderación en su uso. Por ejemplo, no está bien llevar el vestido por encima de las rodillas, como, según dicen, lo llevan las muchachas de Esparta. pues no es decoroso que la mujer descubra determinadas partes de su cuerpo.

2. Ciertamente, puede responderse cortésmente a las exclamaciones de aquel que andaba diciendo: "¡Qué brazo tan hermoso!", con "¡Pero si no es un bien público!", y "¡Qué piernas tan bonitas!", con "¡Pero son sólo de mi marido!"; y a aquel que dice: "¡Qué cara tan bonita!", con "¡Es de quien se ha casado conmigo!"[88]

---

[86] "Así me dijo Jehová: Ve, y cómprate un cinto de lino, y cíñelo sobre tus lomos, y no lo meterás en agua".
[87] No es seguro a qué texto se refiere. Es posible que piense, conforme a su interpretación alegórica, en el manto de José (Gn. 37:23, 24).
[88] Plutarco, *Morales*, 142.

> En mi opinión la cobertura debe permitir ver que lo cubierto tiene más valor que ella, como la estatua respecto al templo, el alma respecto al cuerpo, y el vestido respecto al cuerpo. Ahora ocurre lo contrario: si el cuerpo de estas mujeres se pusiese a la venta, no se pagaría por él mil dracmas áticas; en cambio, por un solo vestido que compran llegan a pagar diez mil; lo cual prueba que ellas son de inferior utilidad y que valen menos que sus trajes.

3. Yo quiero que las mujeres castas no den pie a este tipo de piropos a quienes, usando de ellos, van a la caza de actos censurables; además de estar prohibido descubrirse los cabellos, está mandado cubrirse la cabeza y velar el rostro (1ª Co. 11:5, 10). Porque no es honesto que la hermosura del cuerpo sea un anzuelo para pescar a los hombres.

4. No es razonable que una mujer lleve un gran velo de púrpura deseando ser centro de atracción de las miradas. ¡Ojalá se pudiera arrancar de los vestidos la púrpura, evitando con ello que los mirones se giraran para observar a las que la usan! Hay algunas que suprimen la tela del vestido y lo tejen todo de púrpura, para inflamar así los deseos descarados; para éstas, que se inquietan por esta púrpura estúpida y delicada, son, sin duda, las palabras del poeta: "la purpúrea muerte se apoderó de ellas: (Homero, *Ilíada*, V, 83).

115.1. Precisamente a causa de esa púrpura, Tiro, Sidón y la región limítrofe al mar de Laconia son muy envidiadas.[89] Sus tintes son muy famosos, como lo son sus tintoreros, y sus conchas, pues su sangre produce la púrpura.

2. Sin embargo, también en los lujosos vestidos mezclan sus engañosos tintes estas mujeres falaces y estos hombres afeminados, como arrebatados en su excentricidad, no sólo se procuran finas telas de Egipto, sino también ciertos tejidos de la tierra de los hebreos o de los cilicios. Y no digo nada de los tejidos de Amorgos,[90] y de los sutiles linos. El vocabulario ya no tiene palabras para expresar este lujo.

3. En mi opinión la cobertura debe permitir ver que lo cubierto tiene más valor que ella, como la estatua respecto al templo, el alma respecto al cuerpo, y el vestido respecto al cuerpo.

4. Ahora ocurre lo contrario: si el cuerpo de estas mujeres se pusiese a la venta, no se pagaría por él mil dracmas áticas; en cambio, por un solo vestido que compran llegan a pagar diez mil; lo cual prueba que ellas son de inferior utilidad y que valen menos que sus trajes.

---

[89] Plinio, *Historia natural*, IX, 36, 127.
[90] Isla griega del archipiélago de las Cícladas, en el mar Egeo.

5. ¿Por qué buscáis lo raro y lo costoso, en lugar de lo corriente y barato? Es que realmente desconocéis lo que en verdad es hermoso y bueno. Como los necios, buscáis con más empeño las apariencias que la realidad, que es lo que les pasa a los locos, que confunden lo blanco con lo negro.

> ¿Por qué buscáis lo raro y lo costoso, en lugar de lo corriente y barato? Es que realmente desconocéis lo que en verdad es hermoso y bueno.

11

Sobre el calzado

Hay que desterrar las sandalias con frívola ornamentación, cargadas de oro y de piedras preciosas, Proponiéndonos, como es costumbre nuestra, una justa meta, debemos elegir lo que es conforme a la naturaleza. Por tanto, la utilización de calzado debe justificarse como cubierta de los pies, y como protección de la planta del pie de los golpes y de las rugosidades de los montes.

116.1. En lo relativo al calzado, las mujeres vanidosas se comportan de manera semejante, haciendo gala de gran frivolidad. Causan verdadera vergüenza "las sandalias con flores bordadas en oro" (Cefisodoro, *Fragmentos*, 4); incluso les gusta llevar en la suela unos clavos en espiral y muchas se hacen poner sellos con motivos eróticos, para que, al andar, quede impreso sobre la tierra el signo de sus sentimientos de hetaira.

2. Hay que desterrar las sandalias con frívola ornamentación, cargadas de oro y de piedras preciosas, así como los zapatos de Atenas o de Sición[91] y los coturnos[92] de Persia o de Tiro, y, proponiéndonos, como es costumbre nuestra, una justa meta, debemos elegir lo que es conforme a la naturaleza. Por tanto, la utilización de calzado debe justificarse como cubierta de los pies, y como protección de la planta del pie de los golpes y de las rugosidades de los montes.

117.1. Puede permitirse que las mujeres utilicen zapatos blancos, salvo en los viajes, en que deberán usar un modelo de calzado engrasado. Las que parten de viaje deben utilizar unos zapatos de clavos. Conviene que la mayor parte del tiempo calcen zapatos, pues no es conveniente mostrar desnudo el pie, y más cuando es fácil el tropiezo en el mal.

2. En cambio, conviene que el hombre vaya descalzo, salvo cuando se incorpora a una expedición militar. En efecto, el hecho de ir calzado (*hypódema*) es muy parecido a estar encadenado (*hypodedésthai*). Caminar con los pies descalzos es un ejercicio excelente, tanto para la salud, como para la agilidad, a excepción de cuando alguna necesidad lo impida.

3. Si no emprendemos ningún viaje, pero no soportamos andar con los pies descalzos, podemos usar unas

---

[91] Una de las ciudades más importantes de la Grecia antigua.

[92] Gr. *kóthornos*, determinado tipo de zapato de suela alta, que realzaba la estatura.

sandalias o pantuflas. Los atenienses llaman a este tipo de calzado *konípodas*,[93] porque, según creo, los pies se aproximan al polvo.

4. Como testimonio de sencillez en el calzado vemos a Juan, el cual no se consideraba digno de desatar –él mismo lo confiesa– la correa del zapato del Señor. No calzaba nada superfluo quien mostraba a los hebreos el modelo de la verdadera filosofía.[94] Ahora bien, si eso encierra un significado enigmático, ya se explicará en otro apartado.

> Como testimonio de sencillez en el calzado vemos a Juan, el cual no se consideraba digno de desatar –él mismo lo confiesa– la correa del zapato del Señor. No calzaba nada superfluo quien mostraba a los hebreos el modelo de la verdadera filosofía.

---

[93] Literalmente, "de pies polvorientos".
[94] Desde los días de Sócrates, la filosofía había ido derivando hacia la moral, de ahí que los primeros cristianos consideren a su doctrina una verdadera filosofía, en cuanto conlleva un ordenamiento ético de las relaciones humanas.

12

No debemos dejarnos deslumbrar por las piedras preciosas, ni por los adornos de oro

Lanzarse con precipitación sobre el brillo de las piedrecillas, sobre sus raros colores, y las variadas irisaciones del vidrio, es propio de insensatos que se dejan arrastrar por cualquier cosas que les impresiona. Esas infelices mujeres no se avergüenzan de dedicar todo su esmero y atención a esta pequeña ostra, cuando deberían adornarse con una piedra santa, el Logos de Dios, al que la Escritura llama perla.

118.1. Es propio de chiquillos quedarse embobado ante las piedras preciosas ya sean negras o verdes, ante los desechos del mar y los detritus de la tierra. Lanzarse precipitadamente sobre el brillo de las piedrecillas, sobre sus raros colores, y las variadas irisaciones del vidrio, es propio de insensatos que se dejan arrastrar por cualquier cosas que les impresiona.

2. Es como cuando los niños, después de observar el fuego, se lanzan sobre él, inducidos por su fulgor, sin darse cuenta —por su inexperiencia— del grave riesgo que representa tocarlo.

3. Algo parecido les ocurre a las mujeres necias con las piedras preciosas de las cadenas que rodean el cuello: las amatistas engastadas en los collares, las ceraunitas, el jaspe, el topacio y "la esmeralda de Mileto, el objeto más preciado".

4. La muy preciada perla invade alocadamente en la estancia de la mujer. Nace en cierta ostra, de gran parecido con las conchas de mar y de dimensiones semejantes al ojo de un pez grande.

5. Esas infelices mujeres no se avergüenzan de dedicar todo su esmero y atención a esta pequeña ostra, cuando deberían adornarse con una piedra santa, el Logos de Dios, al que la Escritura en algún lugar llama perla:[95] el brillante y puro Jesús, el ojo que, encarnado, todo lo ve, el Logos transparente, por el cual la carne ha recobrado en el agua[96] todo su valor. En efecto, esa ostra que nace en el agua protege la carne, y de ésta se forma la perla.

119.1. Sabemos que la Jerusalén de lo alto fue construida con piedras santas, y conocemos por la tradición

---

[95] Cf. Mt. 13:45, 46: "También el reino de los cielos es semejante al hombre tratante, que busca buenas perlas; que hallando una perla preciosa, fue y vendió todo lo que tenía, y la compró".

[96] Alusión al bautismo.

que las doce puertas de la ciudad celeste, parecidas a piedras preciosas, significan alegóricamente el esplendor de la gracia anunciada por los Apóstoles (Ap. 21:18-21). Porque en estas piedras preciosas están plasmados los colores –preciosos, en verdad–, mientras que el resto ha sido dejado de lado por tratarse de materia terrestre.

2. Por eso se dice con razón, simbólicamente, que la ciudad de los santos, edificada espiritualmente, ha sido levantada con estas piedras. Por el inimitable esplendor de las piedras se debe entender el florecimiento del Espíritu, imperecedero y santo por esencia. Mas esas mujeres que no comprenden el simbolismo de las Escrituras están todas boquiabiertas ante tales piedras, hilvanando este asombroso razonamiento: "Lo que Dios nos ha mostrado, ¿por qué no servirnos de ello? Me pertenece; ¿por qué no gozarlo?, ¿para quiénes ha creado todo esto, sino para nosotras?"

3. Quienes así hablan no comprenden la voluntad de Dios. En primer lugar, lo que es necesario, como el agua y el aire, lo pone Dios patente al alcance de todos; pero lo que no es necesario lo ha escondido en las profundidades de la tierra y del agua.

120.1. Por eso son las hormigas las que excavan el oro[97] y los grifos[98] quienes lo protegen, y el mar se ha encargado de ocultar la perla, piedra preciosa. Pero vosotros sois indiscretos buscadores de lo que no debéis. He aquí que el cielo entero se extiende ante nosotros y no buscáis a Dios. Pero son los condenados a muerte quienes entre nosotros excavan el oro oculto y las piedras preciosas.

2. Y os enfrentáis a las Escrituras que claman con toda claridad: "Buscad primero el reino de Dios, y todo lo demás se os dará por añadidura" (Mt. 6:33). Porque por más que todo se os haya otorgado como regalo, y por más que se os haya concedido todo, por más que "todo nos esté permitido", como dice el apóstol, "no obstante, no todo es conveniente" (1ª Co. 10:23).

---

[97] Herodoto, *Historia*, III, 102-106; Plinio, *Historia natural*, XI, 31, 111.
[98] Aves de leyenda, con pico de águila y cuerpo de león, provistas de poderosas alas. Clemente sigue la fábula según la cual los grifos se enfrentaban a los buscadores de oro en los desiertos del norte de la India.

> Sé muy bien que Dios nos ha permitido hacer uso de las cosas, mas dentro de los límites de la estricta necesidad, y ha querido que este uso fuese común a todos. Es absurdo que uno disfrute cuando los demás pasan necesidad. ¡Cuánto más razonable es gastar en favor de los hombres que gastar en piedras preciosas y oro! ¡Cuánto más útil poseer amigos que nos adornen que adornos sin alma! ¿Y a quién aprovecharán más sus campos que al que prodiga favores?

3. Dios creó al género humano para que participara de sus propios bienes, no sin antes repartir y poner a disposición de todos los hombres, como bien común, su propio Logos, haciéndolo todo para todos. Así que todos estos bienes son comunes, y los ricos no tienen por qué llevarse más que los demás.

4. No es humano ni equitativo decir palabras como estas: "Está en mi mano y me sobra, ¿por qué no disfrutar?" En cambio, es más conforme a la caridad: "Está a mi disposición, ¿por qué no repartirlo entre los necesitados?" En efecto, es perfecto quien cumple el precepto: "Amarás al prójimo como a ti mismo" (Mt. 19:19; 22:39).

5. Este es el verdadero gozo, la verdadera riqueza que acumula tesoros para sí, mientras que el gastar para consumar los vanos deseos se ha de contabilizar como derroche y no como gasto. Sé muy bien que Dios nos ha permitido hacer uso de las cosas, mas dentro de los límites de la estricta necesidad, y ha querido que este uso fuese común a todos.

6. Es absurdo que uno disfrute cuando los demás pasan necesidad. ¡Cuánto más razonable es gastar en favor de los hombres que gastar en piedras preciosas y oro! ¡Cuánto más útil poseer amigos que nos adornen que adornos sin alma! ¿Y a quién aprovecharán más sus campos que al que prodiga favores?

121.1. Así pues, sólo nos falta aclarar una objeción: ¿Para quién serán las riquezas, si todos eligen lo sencillo? Para los hombres, respondería yo; si usamos de ellas sin apasionamiento y sin discriminación. Y si tan complicado es que todos practiquen esta sabiduría, al menos aquellos que han prescindido de lo superfluo, deben buscar sólo lo indispensable, a no ser que obligue la necesidad.

2. En resumen: que los que han renunciado a todo lo mundano deben prescindir de los adornos, como han prescindido de los juguetes de niño. Deben —eso sí— adornarse interiormente y mostrar la belleza de la mujer interior, pues sólo en el alma se patentiza la belleza y la fealdad.

3. De ahí que sólo el virtuoso es realmente bello y bueno; sólo de lo bello se dice que es bueno; "sólo la virtud puede manifestarse en la belleza del cuerpo", y florecer en la carne, mostrando el amable encanto de la temperancia,

cuando el carácter, cual luz resplandeciente, se trasluce en las formas corporales.

4. Porque ocurre que la belleza de cada ser, planta o animal, reside en su propia virtud (Epícteto). Así, la virtud del hombre es la justicia, la templanza, la fortaleza y la piedad. Es bello el hombre que es justo, temperante y, en una palabra, bueno, no el rico.

5. Pero ahora, hasta los soldados quieren adornarse con objetos de oro. A buen seguro no han leído el pasaje poético: "iba al combate cubierto de oro como una chiquilla" (Homero, *Ilíada*, II, 872-873).

122.1. Debe rechazarse del todo la solicitud por los adornos que no se preocupa de la virtud, sino sólo del cuerpo, desviando el amor a la belleza hacia el amor a la vanidad. Esta solicitud que aplica al cuerpo, como si le fueran naturales, adornos que no le son propios, origina la tendencia a la mentira y al hábito del engaño, mostrando con ello la pompa, lo afeminado y la lujuria, en lugar de la respetabilidad, la sinceridad y el auténtico candor infantil.

2. Dichas mujeres oscurecen la genuina belleza, cubriéndola de oro, y no saben qué estupidez están cometiendo poniéndose innumerables y valiosas cadenas como también entre los bárbaros se dice que ataban a los malhechores con cadenas de oro.[99]

3. Tengo la impresión de que las mujeres quieren rivalizar con esos ricos prisioneros. ¿No son como argollas los collares de oro y las gargantillas? Los adornos llamados catéteres con forma de cadenas, también reciben entre los habitantes del Ática el mismo nombre de cadenas.

4. Y de los adornos en los tobillos de las mujeres, Filemón, en su *Sinefebo*, ha dicho que eran de una falta total de gusto:

vestidos transparentes
y áurea cadena a los pies.

123.1. ¿Qué significa este rebuscado adorno, sino que vosotras, mujeres, queréis mostraros encadenadas? Por-

> Debe rechazarse del todo la solicitud por los adornos que no se preocupa de la virtud, sino sólo del cuerpo, desviando el amor a la belleza hacia el amor a la vanidad. Esta solicitud que aplica al cuerpo, como si le fueran naturales, adornos que no le son propios, origina la tendencia a la mentira y al hábito del engaño, mostrando con ello la pompa, lo afeminado y la lujuria, en lugar de la respetabilidad, la sinceridad y el auténtico candor infantil.

---

[99] Herodoto (*Historia*, III, 23) y Plutarco (*Morales*, 753), cuentan que los etíopes utilizaban cadenas de oro para sujetar a los presos.

Como la serpiente engañó a Eva, así también los adornos de oro, tomando la forma de serpiente, cual anzuelo, hacen perder el juicio a las demás mujeres y las incita al mal, hasta el punto de querer imitar a las morenas y a las serpientes para parecer más bellas.

que, aunque la materia atenúa la vergüenza, la impresión no deja de ser la misma. Mas, sea como sea, esas que se echan voluntariamente estas cadenas, me da la impresión de que pretenden gloriarse de su rica desventura.

2. Tal vez el mito poético que refiere cómo Afrodita, al cometer adulterio, se le pusieron semejantes cadenas, quiera significar simbólicamente que los adornos no son más que símbolo de adulterio. Porque el mismo Homero dijo que tales cadenas eran de oro (*Odisea*, VIII, 266-366). Ahora, en cambio, las mujeres no se ruborizan de lucir los símbolos más funestos del mal.

3. Así como la serpiente engañó a Eva, así también los adornos de oro, tomando la forma de serpiente, cual anzuelo, hacen perder el juicio a las demás mujeres y las incita al mal, hasta el punto de querer imitar a las morenas y a las serpientes para parecer más bellas. Dice el poeta cómico Nicóstrato:

Cadenas, collares, anillos, brazaletes, serpentinas,
anillos para las piernas, diadema de oro.

124.1. Sin lugar a dudas, Aristófanes, en sus *Tesmoforias*, con evidente intención crítica, enumera y presenta todos los adornos de las mujeres. Citaré las palabras mismas del cómico, que evidencian de manera palmaria vuestra grosera ignorancia del bien:

2. A.-Turbantes, cintas,
nitro, piedra pómez, sostén, gorro de dormir,
velo, carmín, collares, negro para los ojos,
largas faldas, diadema de oro, redecilla,
cinturón, abrigo, aderezo, bordados, largas túnicas,
camisas, vestidos, falda corta, túnica corta,
Y no he dicho lo más importante.
B.- ¿Qué más?
A.- Zarcillos, pendientes, piedras preciosas, collares, racimos,
brazaletes, corchetes, broches, guirnaldas, argollas
    para los pies,
sellos, cadenas, anillos, hebillas,
ampollas, vendas, faros de cuero, cornalina,
cintas para el cuello, rizos.

3. Estoy cansado y harto de enumerar tanta cantidad de atavíos, pero no puedo dejar de maravillarme de cómo no se agotan llevando tanto peso.

125.1. ¡Que vana diligencia! ¡Qué estúpida ambición! Como hetairas, malgastan su riqueza para su vergüenza y adulteran los dones de Dios por su total carencia de gusto, rivalizando con el arte del maligno.

2. Con toda claridad, el Señor, en el Evangelio, llama necio al rico que atesoraba en sus graneros y que se decía a sí mismo: "Tienes muchos bienes guardados para muchos años; come, bebe, date a la buena vida", pero aquella misma noche le pidieron el alma; y lo que había dispuesto, ¿de quién será? (Lc. 12:19, 20).

3. Habiendo visto el pintor Apeles a uno de sus discípulos pintar una Helena cargada de oro, exclamó: "¡Muchacho, la has representado rica porque no sabes pintarla bella!" Las mujeres de hoy día son como aquella Helena, no auténticamente hermosas, pero sí ricamente ataviadas.

126.1. He aquí lo que profetiza el Espíritu por boca de Sofonías: "Ni su plata ni su oro podrá librarlos en el día de la ira del Señor" (Sof. 1:18). Las que siguen las enseñanzas de Cristo no deben adornarse con oro, sino con el Logos, por quien solamente el oro brilla.

2. Dichosos hubiesen sido los antiguos hebreos, si, después de arrebatar los adornos de sus mujeres, los hubiesen arrojado de sí o tan sólo fundido; sin embargo, como sea que los fundieron modelando un becerro de oro y le rindieron culto, no sacaron provecho alguno ni de su arte ni de sus actos (Éx. 32:1-6). Pero, con esta expresiva figura enseñaron a nuestras mujeres a renunciar a los vanos adornos.

3. El prostituirse por desear un ídolo de oro atrae sobre sí la tortura del fuego, al que sólo está destinado el lujo, en tanto que es ídolo y no cosa verdadera. Por esa razón, el Logos reprocha a los hebreos por boca del profeta: "Han fabricado para Baal objetos de plata y de oro" (Os. 2:8), es decir, adornos.

4. Y los amenaza con mucha claridad: "Visitaré sobre ella los tiempos de los baales, a los cuales incensaba, y adornábase de sus zarcillos y de sus joyeles", y el motivo de tales aderezos lo expresa en los siguientes términos:

"e íbase tras sus amantes y se olvidaba de mí, dice el Señor" (Os. 2:13).

127.1. Así pues, que las mujeres, desprendiéndose de esos falaces objetos privativos del malvado Sofista,[100] no participen de tales adornos ni practiquen la idolatría bajo el pretexto de la elegancia.

2. El bienaventurado Pedro[101] exclama maravillosamente: "Las mujeres, ataviándose en hábito honesto, con vergüenza y modestia; no con cabellos encrespados, u oro, o perlas, o vestidos costosos. Sino de buenas obras, como conviene a mujeres que profesan piedad" (1 Ti. 2:9, 10).

3. Y con razón ordena que nos alejemos de los adornos. Porque si son hermosas, ya basta su naturaleza. Que el arte no intente rivalizar con la naturaleza, es decir, que el engaño no se enfrente con la verdad. Y si son feas, por sus añadidos postizos dejan al descubierto lo que no tienen.

128.1. Conviene, pues, que las que sirven a Cristo se acojan a la sencillez. Pues la sencillez se conduce la santidad, porque iguala toda desigualdad [de bienes] y distingue cuidadosamente el uso de lo necesario y de lo superfluo. En efecto, el que es sencillo, como su nombre indica, no se engríe, ni se hincha, ni se infla, sino que es liso, llano, igual, no superfluo y, por esa razón, suficiente.

2. Ahora bien, la suficiencia es un hábito que se dirige hacia su fin natural, sin defecto ni demasía. Su madre es la justicia, y su nodriza la autosuficiencia (*autarquía*). Consiste ésta en contentarse con lo necesario y en procurarse lo que realmente contribuye a una vida feliz.

129.1. Que vuestro santo adorno consista en los frutos de vuestras manos, en una generosa liberalidad y en las obras del hogar. "Porque el que da al pobre presta a Dios" (Pr. 19:17), "y las manos diligentes enriquecen" (Pr. 10:4). Y llama diligentes a los que desprecian el dinero y a los que de corazón reparten lo suyo propio. Que vuestros pies evidencien una pronta diligencia en el bien obrar y en querer encaminarse hacia la justicia. La honestidad y la

---

[100] Es decir, Satán, padre de mentira (Jn. 8:44).
[101] Por error, Clemente dice Pedro donde debería decir Pablo.

castidad son cadenas de oro y collares. Dios es el orfebre de tales joyas.

2. "Bienaventurado el hombre que halla la sabiduría, y que obtiene la inteligencia, dice el Espíritu por boca de Salomón, porque su mercadería es mejor que la mercadería de la plata, y sus frutos más que el oro fino. Más preciosa es que las piedras preciosas" (Pr. 3:13-15). Éste es el verdadero adorno.

3. Que no se perforen contra la naturaleza las orejas de las mujeres para colgar zarcillos y pendientes. No, no es lícito forzar a la naturaleza contra su voluntad, ni para las orejas puede existir otro adorno mejor que descienda por los conductos naturales del oído, que la catequesis de la verdad. Los ojos ungidos de Logos y las orejas horadadas para la percepción de lo espiritual se disponen a oír y a ver cosas divinas, pues el Logos muestra plenamente la verdadera belleza, "que ni ojo vio ni oído oyó" con anterioridad (1ª Co. 2:9).

> **Para las orejas no puede existir otro adorno mejor que descienda por los conductos naturales del oído, que la catequesis de la verdad. Los ojos ungidos de Logos y las orejas horadadas para la percepción de lo espiritual se disponen a oír y ver cosas divinas, pues el Logos muestra plenamente la verdadera belleza.**

Libro III
Consejos para una vida mejor

1

Sobre la verdadera belleza

1.1. Según parece, la más grande de todas las ciencias consiste en conocerse a sí mismo;[102] pues quien se conoce a sí mismo conocerá a Dios, y conociendo a Dios, se hará semejante a Él,[103] no porque lleve oro o una larga capa,[104] sino porque hace buenas obras y tiene necesidad de muy pocas cosas. Sólo Dios no tiene necesidad de nada, y se alegra sobremanera al vernos puros, con el atavío de la razón, y revestido el cuerpo con la blanca estola de la moderación.

2. Tres son, ciertamente, las facultades del alma[105]: la intelectual, que recibe el nombre de racional y es el hombre interior que guía a este hombre visible, y que, a su vez, es guiado por otro: Dios; la irascible, que es salvaje, cercana a la locura; y, en tercer lugar, la concupiscible, que adopta muchas más formas que Proteo, el multiforme genio marino, quien, revistiendo ahora una forma, y luego otra, y más tarde otra, incitaba al adulterio, a la lascivia y a la corrupción:

3. "Se convirtió primero, en un león melenudo"; admito esta forma de adorno: la barba evidencia al varón. "Más tarde, se convirtió en dragón o pantera o en un gran cerdo"; el amor por el adorno degeneró en desenfreno, esto ya no es admisible que el hombre parezca una bestia. "Luego se convirtió en ondulante agua y en árbol de frondosa copa".[106]

4. Se desbordan las pasiones, brotan los placeres, se marchita la belleza y cae a tierra más rápida que el pétalo, cuando chocan contra él los huracanes de la pasión erótica; y antes de que llegue el otoño, se marchita por la corrupción, pues la concupiscencia lo puede todo, lo transforma todo y quiere seducir para ocultar al hombre.

---

[102] Máxima de la filosofía griega, adoptada por casi todos los pensadores cristianos.
[103] Cf. 1ª Jn. 3:2: "Muy amados, ahora somos hijos de Dios, y aún no se ha manifestado lo que hemos de ser; pero sabemos que cuando él apareciere, seremos semejantes a él, porque le veremos como él es".
[104] Como solían hacerlo los filósofos de la época.
[105] División platónica del alma. Platón, *La República*, IV, 439.
[106] Homero, *Odisea*, IV, 456-458.

5. Pero en el hombre en quien el Logos habita no cambia, no se transforma, tiene la forma del Logos, y así se asemeja a Dios, es bello, no necesita adornarse; bello es lo verdadero, pues así es también Dios, y este hombre llegar a ser Dios,[107] porque Dios lo quiere.

2.1. Heráclito tenía razón cuando dijo: "Los hombres son dioses, los dioses, hombres". Es, en efecto, el mismo Logos; este misterio está claro. Dios está en el hombre y el hombre puede ser Dios, y el mediador cumplió la voluntad del Padre (Jn. 4:34; 5:30), el mediador es el Logos, común a ambos; hijo de Dios y Salvador de los hombres, siervo de Aquél y pedagogo nuestro.

2. Si, como afirma Pablo, la carne es esclava, ¿quién querría con razón adornar a una esclava, como seductora? Porque la carne tiene la forma de siervo, afirma el apóstol respecto del Señor: "Se anonadó a sí mismo tomando la forma de siervo" (Fil. 2:7), llamando siervo al hombre exterior antes de que el Señor se convirtiera en siervo y se encarnara.

3. Dios mismo, compasivo, liberó la carne de la corrupción y, apartándola de una mortífera y amarga esclavitud, la revistió de incorruptibilidad (1ª Co. 15:53), rodeándola con este santo adorno de eternidad, la inmortalidad.

3.1. Pero hay otra belleza en el hombre: la caridad. La caridad, según el apóstol, es paciente, benigna, desconoce la envidia, no es ufana, no se hincha de soberbia" (1ª Co. 13:4). El adorno superfluo e innecesario es, efectivamente, pura vanagloria.

2. Por eso añade: "No es injuriosa", porque la injuria es una forma extraña y antinatural. Lo falso es extraño como claramente trata de explicar: "no busca lo suyo" (v. 5). Porque la verdad llama natural a lo que le es propio; mientras que la afición a los adornos anda detrás de lo que no le pertenece, porque está fuera de Dios, del Logos, y de la caridad.

3. Que el aspecto del Señor carecía de belleza lo testimonia el Espíritu por boca de Isaías: "No hay parecer en

---

[107] Por participación, no por naturaleza esencial. Cf. 2ª P. 1: 4: "Nos son dadas preciosas y grandísimas promesas, para que por ellas fueseis hechos participantes de la naturaleza divina".

él, ni hermosura: verlo hemos, mas sin atractivo para que le deseemos, despreciado y desechado entre los hombres" (Is. 53:2, 3). ¿Quién es mejor que el Señor? Aunque la belleza de la carne no es digna de admiración, mostró, eso sí, la verdadera belleza del alma y del cuerpo: la bondad del alma y la inmortalidad de la carne.

¿Quién es mejor que el Señor? Aunque la belleza de la carne no es digna de admiración, mostró la verdadera belleza del alma y del cuerpo: la bondad del alma y la inmortalidad de la carne.

2

No es necesario embellecernos

No debemos adornar el aspecto externo del hombre, sino su alma, con el atractivo de la bondad. Lo mismo podría decirse de la carne: debe adornarse con la templanza.

4.1. Por consiguiente, no debemos adornar el aspecto externo del hombre, sino su alma, con el atractivo de la bondad. Lo mismo podría decirse de la carne: debe adornarse con la templanza. Pero las mujeres que embellecen lo exterior, descuidando lo interior, ignoran que se adornan como los templos de los egipcios.

2. En efecto, éstos han adornado los propileos, los atrios, los bosques sagrados, las tierras fértiles, y han rodeado los patios de innumerables columnas. Los muros brillan de piedras extranjeras, y en ningún rincón faltan pinturas artísticas. Los templos resplandecen con oro, plata y ámbar amarillo artísticamente cincelados con piedras preciosas de la India y de Etiopía, y los santuarios de los templos cubiertos con peplos bordados de oro quedan en la penumbra.

3. Pero si desciendes a lo más recóndito del recinto con afán de contemplar la divinidad, encontrarás la estatua que tiene su sede en el templo, y un *pastophóros*,[108] o a algún otro celebrante mirando fijamente alrededor del solemne recinto sagrado, entonando un himno en lengua egipcia, levantando levemente el velo para mostrar al dios, lo que provoca en nosotros una amplia sonrisa por el objeto de culto.

4. Porque no se podrá hallar dentro el tan ansiado Dios, objeto de nuestros anhelantes pasos, sino un gato, un cocodrilo, una serpiente del país, o cualquier otro animal indigno de un templo, y sí de una guarida, de una madriguera o de un lodazal. El dios de los egipcios se revela como una fiera que se revuelca en un lecho de púrpura.

5.1. Así son, en mi opinión, las mujeres cargadas de oro, que se ejercitan en los rizados de sus trenzas, en los perfumes de las mejillas, en las líneas de los ojos, en los

---

[108] Sacerdote encargado de transportar la estatua del dios al interior de la capilla o santuario y de levantar el velo que ocultaba la imagen de la divinidad.

tintes de sus cabellos, y que perversamente maquinan la relajación y adornan el contorno de su carne, siguiendo, ciertamente, la costumbre establecida entre las egipcias de querer atraer a los supersticiosos amantes.

2. Pero si alguien retira el velo del templo –me refiero a la redecilla de la cabeza de las mujeres–, es decir, su tinte, su vestido, su oropel, su carmín, sus ungüentos, en una palabra, el entramado de todo esto, para encontrar en su interior la verdadera belleza, se quedaría horrorizado, bien lo sé yo.

3. Porque no encontrará en su interior como habitante la preciosa imagen de Dios, sino que, en su lugar, hallará una prostituta, una adúltera que se ha adueñado del santuario de su alma, y el verdadero animal se mostrará con toda evidencia: "un mono pintarrajeado de blanco"; y la astuta serpiente devorando la inteligencia de la mujer por su vanagloria tiene su alma por madriguera.

4. Llenándola de venenos mortales y vomitando el virus de su engaño, este dragón corruptor convierte a las mujeres en prostitutas, pues el amor al adorno es propio de la hetaira, no de la mujer. Dichas mujeres se preocupan muy poco de cuidar de su hogar y del marido y, minando la bolsa de éste, desvían los gastos hacia sus deseos, para tener a muchos como testigos de su aparente belleza; preocupadas todo el día por su cosmética, pierden su tiempo en compañía de esclavos comprados a un alto precio.

6.1. Endulzan su carne cual funesta golosina y consumen todo el día embelleciéndose en su alcoba, para que sus rubios cabellos no parezcan teñidos; y por la tarde, como de una madriguera, sale a relucir a la vista de todos su falsa belleza. La embriaguez y la escasa luz son sus principales colaboradores ante los hombres para su fraudulento estilo.

2. El cómico Menandro expulsa de su casa a las que se han teñido de rubio sus trenzas:

Y ahora, sal de esta casa; pues a la mujer honesta no le va que se tiña de rubio sus cabellos,[109] ni siquiera colorearse las mejillas, ni pintarse la línea de los ojos.

---

[109] Menandro, *Fragm.*, 610.

3. Las infelices no saben que con el añadido de elementos extraños destruyen su belleza natural. Por la mañana, desgarrándose, frotándose y poniéndose cataplasmas, se friegan la piel con una especie de pasta; ablandan la carne con los fármacos y marchitan la flor natural con el excesivo refinamiento del jabón.

4. Están pálidas por los emplastos, y son presa fácil de las enfermedades por tener una carne ya consumida al haber sido sombreada por los productos, ofendiendo así al Creador de los hombres, como si no se les hubiera otorgado una belleza digna. Es natural que sean perezosas para las faenas domésticas, como si estuvieran pintadas, expuestas a la contemplación, no nacidas para el trabajo del hogar.

7.1. De ahí que el cómico ponga en la boca de una mujer prudente:

¿Qué podríamos hacer de bueno o brillante las mujeres, nosotras que andamos todo el día ocupadas con la tintura de los cabellos? (Aristófanes).

Mancillan su condición de mujeres libres, causando la ruina de sus hogares, la disolución del matrimonio y la sospecha de ilegitimidad de sus hijos.

2. El cómico Antífanes, en su *Malthákē* (La sensual), se burla de la condición de prostitutas de las mujeres, con palabras comunes a todas ellas, palabras escogidas para pasar su tiempo:

Va,
luego vuelve, ya se acerca, se aleja,
llega, ya está aquí, se lava, viene,
se frota, se peina, entra, se frota,
se lava, se mira, se viste, se perfuma,
se adorna, se embadurna;
y si algo le ocurre, se ahorca.

3. Tres veces, no una sola, merecen morir estas mujeres que utilizan excrementos de cocodrilos, que se embadurnan con espuma de podredumbre, que modelan el negro de sus cejas y que se untan las mejillas con blanco de cerumen.

8.1. Pues bien, si éstas son despreciables, incluso para los poetas paganos, por su manera de comportarse, ¿cómo no van a ser rechazadas por la verdad? Otro cómico, Alexis, les echa en cara su proceder; citaré un pasaje, cuya detallada descripción hace enrojecer a la más atrevida desvergüenza, aunque, él no llegó a detallarlo tanto. Yo, por mi parte, me avergüenzo muchísimo del aposento de la mujer caricaturizada así en la comedia, la cual, creada como ayuda del hombre, la lleva después a la perdición:

–Su primer objetivo es buscar su provecho y despojar
   a sus vecinos;
todo lo demás es secundario para ellas.
¿Por casualidad es baja? Corcho en sus suelas se cose.
¿Es alta? Lleva un calzado finísimo,
y al andar enfunda su cabeza en los hombros,
así disminuye su altura. ¿No tiene caderas?
Se las cose debajo de su vestido, de manera que ellos
   al verla exclamen: ¡Hermosas nalgas! ¿Tiene el vientre
   grande?
Coloca unos pechos de esos que llevan los actores
   cómicos,
con un bastidor los mantiene erectos, y ellas vuelven
   a pasar su vestido por delante del vientre con la
   ayuda de unas varillas.
¿Tiene las cejas pelirrojas? Se las pinta de negro.
¿Se han puesto morenas? Se untan de cera blanca.
¿Tiene la piel demasiado blanca? Se aplica ungüentos
   rojos.
¿Tiene alguna parte del cuerpo hermosa? La muestra
   al desnudo.
¿Tiene hermosa dentadura? Se ve forzada a reír,
para que los presentes puedan apreciar la hermosura
   de su boca.
Y si su sonrisa no agrada, pasa el día
con una delgada rama de mirto en los labios,
para contraer su boca con sonrisas,
quiera o no quiera.[110]

9.1. Os presento estos argumentos de la sabiduría mundana, para lograr que os apartéis de las odiosas maquinaciones mundanas, pues ¡tan grande es el interés del Logos por salvaros luchando con todos los medios a su alcance! Un poco más adelante os reprenderé con las Sa-

---

[110] Alexis, *Fragm.*, 98.

> El excesivo amor a la comida y a la bebida, aunque sean pasiones grandes, no son tan considerables en magnitud como la afición a los adornos. "La mesa llena y las copas abundantes" bastan para saciar la glotonería. Pero a los amantes del oro, la púrpura y las piedras preciosas, no les basta ni el oro almacenado en la tierra o bajo ella, ni las mercancías procedentes del mar Tirio ni las de la India o de Etiopía, ni del río Pactolo, que arrastra riqueza en su corriente.

gradas Escrituras. Porque quien no puede pasar inadvertido, la vergüenza de la represión le hace apartarse de los pecados.

2. Y, así como la mano con un emplaste y el ojo recubierto de pomada son externamente un indicio de enfermedad, así también, los ungüentos y las tinturas denuncian un alma profundamente enferma.

3. El divino Pedagogo nos exhorta a "no traspasar el río ajeno" (Pr. 9:18 *LXX*), refiriéndose alegóricamente a la mujer de otro, a la impúdica, que a todos inunda, que se vierte sobre todos; lanzándoles al placer pornográfico, debido a su liviandad.

4. "Abstente del agua ajena, y no bebas de fuente extraña" dice la Escritura, exhortándonos a abstenernos de la corriente del placer, "para que vivamos mucho tiempo y se añadan años a nuestra vida", bien no yendo a la caza de placeres ajenos, o bien evitando incluso las inclinaciones.

10.1. En verdad, el excesivo amor a la comida y a la bebida, aunque sean pasiones grandes, no son tan considerables en magnitud como la afición a los adornos. "La mesa llena y las copas abundantes" (Plutarco), bastan para saciar la glotonería. Pero a los amantes del oro, de la púrpura y de las piedras preciosas, no les basta ni el oro almacenado en la tierra o bajo ella, ni las mercancías procedentes del mar Tirio ni las de la India o de Etiopía, ni del río Pactolo, que arrastra riqueza en su corriente.

2. Ni aunque alguno de éstos se convirtiera en Midas[111] quedaría satisfecho, sino que sería aún pobre y desearía riquezas, dispuesto a morir junto al oro. Y si Plutón[112] es realmente ciego, como lo es en realidad, quienes lo admiran y simpatizan con él, ¿cómo no van a ser ciegos?

3. Al no poner un límite a sus deseos van a la deriva hacia la desvergüenza. Dichas mujeres necesitan el teatro, los desfiles, una multitud de mirones, viajes por los templos, entretenerse por las esquinas, para hacerse notar por todos.

---

[111] Rey de Frigia, célebre por sus inagotables riquezas ya que, según la leyenda, convertía en oro todo lo que tocaba.
[112] Personificación de la riqueza y a la vez dios de los infiernos.

4. Se arreglan para gustar a los demás, gloriándose de su cara y no de la belleza interior de su corazón. Así como las marcas del hierro candente delatan al esclavo fugitivo, así también los adornos revelan a la mujer adúltera: "Bien que te vistas de grana, aunque te adornes con atavíos de oro, aunque pintes con antimonio tus ojos, en vano te engalanas" (Jer. 4:30), exclama el Logos por boca de Jeremías.

11.1. ¿No es sorprendente que los caballos, las aves y otros animales se levanten del césped y de los prados y vuelen satisfechos de su natural adorno: la crin, el color natural, el variopinto plumaje, y que, en cambio, la mujer, sintiéndose inferior a la naturaleza animal, se considere tan privada de hermosura que necesite una belleza extraña, comprada y artificial?

2. Las redecillas de variadas formas, los artificiosos bucles, los mil y un cabellos adornados, el costoso equipo de espejos, con los que se transforman para cazar a los que, cual niños pequeños, admiran las formas, son, en suma, propios de mujeres que desconocen la vergüenza, a las que ninguno erraría llamándolas prostitutas, pues convierten su rostro en una máscara.

3. El Logos nos recomienda: "No debemos mirar las cosas visibles, sino las invisibles. Porque las visibles son efímeras, mas las que no se ven, eternas" (2ª Co. 4:18). Pero el colmo de la extravagancia es que algunos hayan inventado espejos que reflejen su falsa belleza personal, como si ello fuera una acción noble y virtuosa, cuando, en realidad, sería mejor que cubriesen ese engaño con un velo. Porque, como dice la fábula griega, ni a Narciso le sirvió el contemplar su propia imagen.

12.1. Y si Moisés ordenó a los hombres no construir ninguna imagen que rivalizara con Dios (Éx. 20:4), ¿cómo van a obrar cuerdamente esas mujeres que reflejan su imagen en el espejo, con el objeto de falsificar su rostro?

2. Cuando Samuel el profeta fue llamado a ungir rey a uno de los hijos de Jesé, viendo al mayor de ellos hermoso y grande, Samuel complacido se disponía a ungirle, le dijo el Señor: "No te fijes en su aspecto, ni en lo elevado de su porte, pues lo he descartado, ya que el hombre mira la apariencia externa, mas el Señor, el corazón" (1º S. 16:7). Y no ungió al hermoso de cuerpo, sino al hermoso de alma.

> Las redecillas de variadas formas, los artificiosos bucles, los mil y un cabellos adornados, el costoso equipo de espejos, con los que se transforman para cazar a los que, cual niños pequeños, admiran las formas, son propios de mujeres que desconocen la vergüenza, a las que ninguno erraría llamándolas prostitutas, pues convierten su rostro en una máscara. El Logos nos recomienda: "No debemos mirar las cosas visibles, sino las invisibles. Porque las visibles son efímeras, mas las que no se ven, eternas".

Marginalia: Sólo a Ester la hallamos adornada de toda justicia. Esta mujer se embellecía místicamente para su rey, mas su hermosura se la considera como rescate de un pueblo condenado a morir. El vestido, el lujo, la sazonada hermosura corrompieron la austeridad espartana. El bárbaro amor a la belleza denunció como prostituta a la hija de Zeus. Carecían de un pedagogo que cortara su concupiscencia y les dijera: "No fornicarás y no desearás", que les impidiese dejarse llevar por la pasión hacia el adulterio.

3. Si el Señor estima menos la belleza natural del cuerpo que la del alma, ¿qué pensará de la corrompida belleza, Él que rechaza plenamente toda falsedad? "Caminamos por fe, no por vista" (2ª Co. 5:7).

4. El Señor, por medio de Abraham, enseña con toda claridad que quien sigue a Dios, debe despreciar la patria, los familiares, los bienes y toda la riqueza, considerándolo como algo extraño. Y por esa razón lo llamó amigo, pues había despreciado su hacienda (Gn. 12:1). En efecto, tenía una hermosa patria y muchas riquezas.

5. Así pues, con trescientos dieciocho esclavos sometió a cuatro reyes que habían hecho prisionero a Lot (Gn. 14:14-16). Sólo a Ester la hallamos adornada de toda justicia. Esta mujer se embellecía místicamente para su rey (Est. 15:4-7), mas su hermosura se la considera como rescate de un pueblo condenado a morir.

13.1. Que el hecho de embellecerse convierte en hetairas a las mujeres, y en afeminados y adúlteros a los hombres, lo atestigua el trágico, cuando afirma:

Tras llegar de Frigia aquel célebre juez
de las diosas —según cuenta le leyenda argiva—
a Lacedemonia, con refulgente vestido
y reluciente de oro, con bárbara suntuosidad,
loco de amor, partió a sus establos del Ida,
después que hubo raptado a Helena,
aprovechando la ausencia de Menelao.[113]

2. ¡Oh belleza adúltera! La frivolidad de un bárbaro y el placer de un afeminado provocaron la ruina de Grecia. El vestido, el lujo, la sazonada hermosura corrompieron la austeridad espartana. El bárbaro amor a la belleza denunció como prostituta a la hija de Zeus.

3. Carecían de un pedagogo que cortara su concupiscencia y les dijera: "No fornicarás y no desearás" (Éx. 20:13), que les impidiese dejarse llevar por la pasión hacia el adulterio, ni dejar inflamar sus apetitos por el amor a los adornos.

4. ¿Cuál fue su fin y cuántos males no sufrieron quienes no quisieron frenar su egoísmo? Dos continentes se han conmovido por los desenfrenados placeres, y todo

---

[113] Eurípides, *Ifigenia en Alulide*, 71-77.

se agita por un jovencito bárbaro.¹¹⁴ Grecia toda se hace a la mar, y el mar Ponto se siente angosto para llevar los continentes.

5. Una larga guerra se desencadena, estallan crueles combates y los campos de lucha se llenan de cadáveres. El bárbaro ultraja el puerto. Impera la violencia, y el ojo del ingenioso Zeus observa a los tracios. Las llanuras bárbaras se sacian de noble sangre, y las corrientes de los ríos se ven detenidas por los cadáveres. Los pechos son golpeados al son de los cantos fúnebres y el dolor se extiende por todo el orbe. Todos tiemblan:

*Los pies y las cimas del Ida, abundante en manantiales, la ciudad de los troyanos y las naves de los aqueos.*¹¹⁵

14.1. ¿A dónde huir, Homero, y dónde detenerse? Muéstranos una tierra que no sufra temblores. No toques las riendas, niño, que eres inexperto; no subas al carro, si desconoces el arte de guiar caballos. El cielo se contenta con dos aurigas, a quienes sólo impulsa el fuego. La razón se extravía ante el placer, y la integridad de pensamiento, si no recibe la educación del Logos, deriva hacia la molicie; y la caída recibe como pago de su error.

2. Como ejemplo para ti tienes los ángeles del cielo, que abandonaron la belleza de Dios por otra que se marchita, cayendo así desde el cielo a la tierra. Sin embargo, también los habitantes de Siquem sufrieron el castigo de su caída, por ultrajar a la santa virgen (Gn. 34:1:26-28). El sepulcro fue su castigo, y el recuerdo de su desgracia es fuente de educación para la salvación.

Como ejemplo para ti tienes los ángeles del cielo, que abandonaron la belleza de Dios por otra que se marchita, cayendo así desde el cielo a la tierra. Sin embargo, también los habitantes de Siquem sufrieron el castigo de su caída, por ultrajar a la santa virgen. El sepulcro fue su castigo, y el recuerdo de su desgracia es fuente de educación para la salvación.

---

¹¹⁴ Clemente se refiere a la guerra de Troya. Los dos continentes son Europa (Grecia) y Asia (Troya).
¹¹⁵ Homero, *Ilíada*, XX, 59-60.

3

Contra los hombres que se embellecen

¿Qué diría uno al verlos? Sencillamente, lo que diría un buen fisonomista, se adivina por su aspecto que son adúlteros, afeminados, que van a la caza de uno y otro sexo. Por su causa, las ciudades están repletas de hombres que untan de pez, de barberos, de depiladores, para placer de esos afeminados. No hay, en verdad, quien los supere en desvergüenza. Si nada dejan de hacer ellos, yo no tengo por qué callarme.

15.1. Hasta tal extremo ha llegado el afeminamiento que no sólo el sexo femenino enferma ante esa afanosa búsqueda de futilidades, sino que también el hombre imita esta enfermedad. En efecto, contagiados por el afán de embellecerse, pierden su salud; es más, por su inclinación a la molicie, se afeminan; se cortan el cabello cual degenerados y prostitutas, "visten sutiles mantos brillantes, y mascan goma, oliendo a perfume".

2. ¿Qué diría uno al verlos? Sencillamente, lo que diría un buen fisonomista, se adivina por su aspecto que son adúlteros, afeminados, que van a la caza de uno y otro sexo, que tienen fobia a los cabellos, que van sin ellos, que sienten repugnancia por la belleza viril y que adornan sus cabelleras como las mujeres.[116] "Viviendo con audacia impía, los tramposos hacen cosas insensatas y perversas", dice la Sibila (*Oráculos*, IV, 154-155).

3. Por su causa, las ciudades están repletas de hombres que untan de pez, de barberos, de depiladores, para placer de esos afeminados. Sus locales están dispuestos y abiertos a todas horas, y los artistas de esa fornicación de prostitutas hacen el gran negocio.

4. Se presentan de cualquier modo ante los que les untan de pez y los depilan y no sienten vergüenza ante quienes los miran y pasan por su lado, ni se avergüenzan de sí mismos, que son hombres. Individuos de esa condición son partidarios de innobles pasiones, depilándose todo el cuerpo con violentos tirones de pez.

16.1. No hay, en verdad, quien los supere en desvergüenza. Si nada dejan de hacer ellos, yo no tengo por qué callarme. Diógenes, mientras era vendido como esclavo, queriendo reprender pedagógicamente a uno de esos degenerados, dijo virilmente: "Ven aquí, jovenzuelo, cómprate un hombre", reprobando con esta expresión ambigua la conducta deshonesta de aquél.

---

[116] Era usual en el helenismo que las mujeres se rasuraran los cabellos, no así los varones.

2. Rasurarse y depilarse los cabellos tratándose de hombres, ¿cómo no va a ser una acción degenerada? Debemos rechazar el uso de tintes para el pelo, de ungüentos para cabellos canosos, de tintes amarillentos para los sofisticados peinados como las mujeres, ocupaciones estas propias de hombres totalmente afeminados.

3. Creen suprimir de la cabeza la vejez, al igual que las serpientes, pintándose y haciéndose jóvenes. Pero, aunque traten de cambiar hábilmente sus cabellos, no pueden disimular las arrugas, ni podrán escapar a la muerte falseando su edad. No, no es malo parecer viejo y no poder ocultarlo.

4. Pues, a la verdad, un hombre es más respetable cuanto más se aproxima al final: sólo Dios es más viejo que él. Porque también Dios es aquel eterno anciano, el más anciano de todos los seres. La profecía lo llamó "el Anciano de días", y "los cabellos de su cabeza son pura lana", dice el profeta (Dn. 7:9).[117] "Ningún otro –dice el Señor– puede convertir en blanco un cabello negro" (Mt. 5:36).[118]

17.1. ¿Por qué rivalizan con Dios y se esfuerzan en oponerse a Él esos impíos que cambian de color el cabello que Él mismo ha hecho encanecer? "La mucha experiencia es la corona de los ancianos" (*Eclesiástico* 25:8), dice la Escritura, y las canas de su rostro son las flores de la experiencia. Aquéllos, en cambio, deshonran el privilegio de su edad, tiñéndose las canas. No, no puede traslucir un alma verdadera quien tiene una cabeza engañosa: "Mas vosotros no habéis aprendido así de Cristo –dice el apóstol–, si empero le habéis oído, y habéis sido por él enseñados, como la verdad está en Jesús, a que dejéis, cuanto a la pasada manera de vivir; el viejo hombre –no del hombre canoso– que está viciado conforme a los deseos de error; y a renovaros en el espíritu de vuestra mente, y vestir el nuevo hombre, que es creado conforme a Dios en justicia y en santidad de verdad" (Ef. 4:20-24).

---

[117] "Estuve mirando hasta que fueron puestas sillas: y un Anciano de grande edad se sentó, cuyo vestido era blanco como la nieve, y el pelo de su cabeza como lana limpia; su silla llama de fuego, sus ruedas fuego ardiente" (Dn. 7:9).

[118] "Ni por tu cabeza jurarás, porque no puedes hacer un cabello blanco o negro".

3. Pero hombre, que por presumir, se coloca ante el espejo, se peine, se rasure, se depile, se pula las mejillas, ¿no es un afeminado? Si no se les viese desnudos, se les tomaría por mujeres. Pues, aunque no les está permitido llevar objetos de oro, no obstante, por su inclinación mujeril, orlan con hojas de oro las correas y las franjas de sus vestidos, o, construyendo algunas figuras esféricas con la misma materia, se las atan en sus tobillos y se las cuelgan al cuello.

18.1. Semejantes artificios son propios de hombres afeminados que merecen ser llevados al gineceo, de vida anfibia y lasciva, propia de las bestias. Este hábito artificioso es fornicario e impío. En efecto, Dios quiso que la mujer no tuviese barba y que se enorgulleciera sólo de su cabellera natural, como el caballo de su crin; en cambio, adornó al hombre con una barba, como los leones, y le otorgó fuerza viril en su velludo pecho, como signo de fuerza y de poder.

2. Así también adornó a los gallos que combaten en defensa de las gallinas con crestas como yelmos. Tan alto es el aprecio que Dios profesa por estos cabellos, que en el hombre los hace nacer junto con la prudencia y, complaciéndose en su majestuosidad, honró la gravedad del aspecto con las seniles canas.

3. La prudencia y los razonamientos agudos, encanecidos por la sabiduría, alcanzan su madurez con el tiempo, y refuerzan la vejez con el enriquecimiento de la experiencia, exponiendo las canas a una confianza racional, como flor de venerable prudencia.

19.1. Sin duda, este distintivo del varón, la barba, por la que se muestra hombre, es más antiguo que Eva y es el símbolo de una naturaleza más fuerte. Dios juzgó oportuno que al hombre le convenía el vello y sembró todo su cuerpo de pelos, y quitó de su costado cuanto de liso y delicado había, formando de él –bien adaptada para recibir el semen– a la delicada Eva, una mujer colaboradora suya en la procreación de la prole y en el gobierno del hogar.

2. Y él –puesto que había perdido la parte lampiña de su cuerpo– permaneció varón y se muestra como tal. A él le corresponde el papel activo, como a ella, el pasivo. Pues,

por naturaleza, lo velloso es más seco y caliente que lo que carece de pelo; de ahí que el varón sea más piloso y caliente que la mujer, los viriles más que los castrados, y los adultos más que los inmaduros.

3. Así, pues, eliminar la vellosidad, símbolo de una naturaleza viril, no es cosa santa, y embellecerse con la depilación –me irrita la palabra–, cuando se trata de los hombres, es señal de afeminamiento. Pero si se trata de las mujeres, es señal de adulterio. Ambas cosas deben alejarse lo más posible de nuestra comunidad. Dice el Señor: "Hasta los pelos de vuestra cabeza están contados" (Mt. 10:30). También lo están los pelos de la barba y de todo el cuerpo.

20.1. De ningún modo debe arrancarse contra la voluntad de Dios lo que está numerado por su voluntad, "a no ser que no os deis cuenta –exclama el Apóstol– de que Cristo está en vosotros" (2ª Co. 13:5), a quien no sé cómo nos habríamos atrevido a ofender, si nos diésemos cuenta de que habita en nosotros.

2. Untarse de pez –todavía me da reparos referirme a la torpeza de dicho acto–, contonearse y encorvarse, dejando al descubierto las partes íntimas de la naturaleza, danzar e inclinarse hacia atrás sin ruborizarse por adoptar actitudes vergonzosas; obrar con torpeza cuando van en grupo y en medio del gimnasio, donde se pone a prueba la virilidad de los hombres, y hacer todas estas cosas contra la naturaleza, ¿cómo no va a ser eso el colmo del libertinaje? Quienes así actúan en plena luz del día, difícilmente en sus casas sentirían vergüenza ante algunos.

3. Su descaro en público los acusa de su evidente libertinaje, porque quien a la luz del día niega su condición de hombre, es evidente que de noche se muestra mujer.

4. "No habrá –dice el Logos por boca de Moisés– prostituta entre las hijas de Israel, ni fornicador entre los hijos de Israel" (Dt. 23:18). No obstante, la pez es útil –dirá alguien–; mas conlleva mala fama –respondo yo–. Nadie que estuviera en su sano juicio querría asemejarse a un fornicador, a no ser que padeciese dicha enfermedad, ni nadie desearía espontáneamente desacreditar su bella imagen.

5. Porque, si "a los que conforme al propósito son llamados. A los que antes conoció, también predestinó

Contonearse y encorvarse, dejando al descubierto las partes íntimas de la naturaleza, danzar e inclinarse hacia atrás sin ruborizarse por adoptar actitudes vergonzosas; obrar con torpeza cuando van en grupo y en medio del gimnasio, donde se pone a prueba la virilidad de los hombres, y hacer todas estas cosas contra la naturaleza, ¿cómo no va a ser eso el colmo del libertinaje? Quienes así actúan en plena luz del día, difícilmente en sus casas sentirían vergüenza ante algunos.

El hombre que quiere ser hermoso debe adornarse con lo que es más bello en el hombre: la razón, que, día a día, debe mostrarse más noble, y no debe arrancarse los pelos, sino la concupiscencia. Yo compadezco a los muchachos de los mercaderes de esclavos adornados para sufrir la deshonra; pero esos infelices chiquillos no se deshonran a sí mismos, sino que están obligados a embellecerse en beneficio de la lascivia.

para que fuesen hechos conformes a la imagen de su Hijo" –según el bienaventurado apóstol–, para que Él sea el primogénito entre muchos hermanos", ¿cómo no serán ateos quienes ultrajan su cuerpo conformado según el Señor?

6. El hombre que quiere ser hermoso debe adornarse con lo que es más bello en el hombre: la razón, que, día a día, debe mostrarse más noble, y no debe arrancarse los pelos, sino la concupiscencia.

21.1. Yo compadezco a los muchachos de los mercaderes de esclavos adornados para sufrir la deshonra; pero esos infelices chiquillos no se deshonran a sí mismos, sino que están obligados a embellecerse en beneficio de la lascivia.[119] Sin embargo, ¿cómo no despreciar a quienes voluntariamente eligen aquello que, aun obligados, si fueran hombres, deberían preferir la muerte?

2. Hasta tal punto de desenfreno ha llegado la vida, complaciéndose en la maldad, que la lujuria se ha extendido por las ciudades, convirtiéndose en ley. Bajo sus techos hay mujeres dispuestas a vender su propia carne para la lujuria del placer, y también muchachos que, amaestrados para renegar de su naturaleza, se hacen pasar por mujeres.

3 Todo lo ha transformado la lujuria. La frivolidad afeminada deshonra al hombre. Todo lo busca, todo lo intenta, todo lo violenta, trastorna la naturaleza, los hombres adquieren el papel pasivo de mujeres y las mujeres actúan como hombres, siendo poseídas contra natura al unirse a mujeres.

4. No hay camino inaccesible al desenfreno. El placer del amor se proclama común a todos: se familiariza la lujuria. ¡Oh lamentable espectáculo! ¡Oh costumbres incalificables! Éstos son los trofeos de vuestra incontinencia ciudadana; las prostitutas son la prueba de vuestras acciones. ¡Cuánto desorden!

5. Pero estos infelices no comprenden que las relaciones sexuales ocultas son causa de muchas tragedias. A

---

[119] Los jóvenes esclavos eran obligados a mantener frecuentemente relaciones amorosas con sus dueños. Apuleyo describe a un esclavo joven, muy fornido, habilísimo flautista que tocaba su instrumento en las procesiones de la diosa siria y que "en casa multiplicaba sus servicios como concubino de la comunidad sacerdotal" (*Metamorfosis*, 26, 8.5).

menudo, sin saberlo, los padres se unen a su hijo fornicador y a sus hijas lascivas, puesto que no se acuerdan de los hijos expósitos, y el libertinaje convierte a los padres en maridos.

22.1. Los sabios legisladores permiten estas cosas, permiten pecar legalmente y llamar felicidad al innominable placer. Los que adulteran la naturaleza creen estar libres de adulterio; pero la justicia, vengadora de su atrevimiento, los persigue. Atrayéndose sobre sí una inevitable desgracia compran la muerte por poco dinero. Los infelices comerciantes de dichas mercancías navegan llevando un cargamento de prostitución como trigo y vino.

2. Otros, mucho más desgraciados, compran placeres, como pan y comida, sin haber comprendido el mensaje de Moisés: "No deshonrarás a tu hija prostituyéndola, y la tierra no se prostituirá ni se colmará de iniquidad" (Lv. 19:29); todo esto está profetizado desde hace mucho tiempo; y la consecuencia está a la vista: la tierra toda está llena de prostitución y de injusticia.

23.1. Admiro a los antiguos legisladores romanos: detestaron el hábito del afeminamiento y sancionaron con la muerte en la fosa, según ley de justicia, a quien realizaba la unión de su cuerpo contra la naturaleza.

2. No es lícito rasurarse la barba, que es belleza natural, belleza noble, "quien originariamente es barbudo y cuya pubertad está llena de encanto" (Homero, *Ilíada* XXIV, 348). Y ya avanzando en edad, se unge radiante la barba, sobre la que descendió el perfume profético del venerable Aarón (Sal. 133:2).[120] Es preciso que quien haya recibido una correcta educación y en quien resida la paz, deje tranquila su propia barba.

3. ¿A qué extremos no llegarían las mujeres que se afanan por la lujuria, si viesen, como en un espejo, que los hombres se atreven a semejantes vicios? Pero a éstos no hay que llamarlos hombres, sino libertinos y afeminados, porque tienen la voz delicada y el vestido afeminado tanto por su tacto como por el tinte.

---

[120] "Es como el buen óleo sobre la cabeza, el cual desciende sobre la barba, la barba de Aarón, y que baja hasta el borde de sus vestiduras" (Sal. 133:2).

Entre los pueblos, los celtas y los escitas llevan largas melenas, pero no se adornan. La hermosa cabellera del bárbaro tiene un algo de temible, y el rubio de su pelo amenaza guerra, por ser dicho color afín a la sangre. En el carromato de los germanos y en el carro de los escitas tenemos un claro testimonio. A veces, los escitas desdeñan incluso el carro –tener uno grande le parece a este bárbaro un lujo excesivo–, así es que, dejando de lado el lujo, viven austeramente.

4. Hombres así dejan entrever de forma palmaria su manera de ser, por el vestido, por el calzado, por el porte, por la forma de andar, de cortarse los cabellos, y por su forma de mirar. "El varón se conocerá por su aspecto –dice la Escritura –, y por la forma de presentarse se conocerá al hombre; el atuendo del varón, el paso de sus pies y su risa revelará lo que es" (*Eclesiástico* 19:26-27).

5. Porque éstos, tras haber entablado un gran combate con sus cabellos, sólo centran su atención en su cabeza y sólo falta que se pongan unas redecillas en el pelo como las mujeres.

24.1. Los leones seguramente están orgullosos de su melena hirsuta, pero cuando luchan se defienden con ella; también los jabalíes se vanaglorian de sus largas cerdas, pero los cazadores los temen cuando las erizan, y "las ovejas lanudas se sienten oprimidas bajo el peso de su manto" (Hesíodo, *Los trabajos y los días*, 234), pero el Padre, que ama al hombre, multiplicó el número de pelos de esos animales para bien tuyo, hombre, enseñándote a esquilar los vellones de lana.

2. Entre los pueblos, los celtas y los escitas llevan largas melenas, pero no se adornan. La hermosa cabellera del bárbaro tiene un algo de temible, y el rubio de su pelo amenaza guerra, por ser dicho color afín a la sangre. En el carromato de los germanos y en el carro de los escitas tenemos un claro testimonio. A veces, los escitas desdeñan incluso el carro –tener uno grande le parece a este bárbaro un lujo excesivo–, así es que, dejando de lado el lujo, viven austeramente.

3. El escita tiene una casa suficiente y algo más veloz que el carro: el caballo, a cuya grupa se desplaza adonde quiere. Cuando enferma de hambre, pide el alimento de su caballo, y éste le ofrece sus venas, donando al amo lo único que posee: la sangre;[121] de forma que el caballo es para el escita alimento y medio de transporte.

25.1. Entre los árabes –otros nómadas–, los que se hallan en edad de combatir cabalgan en camello. Montan

---

[121] Debe haber confusión en la información de Clemente, pues los historiadores antiguos refieren que los escitas bebían la leche, no la sangre de sus animales.

en las camellas cuando están preñadas; éstas pastan y corren al mismo tiempo llevando a sus dueños, y transportan con ellos su casa. Si les hace falta bebida, ordeñan la leche, y, si necesitan comida, no ahorran su sangre, como, según dicen, hacen los lobos rabiosos. Y las camellas, más mansas que los bárbaros, no recuerdan las ofensas que han recibido, sino que recorren plácidamente el desierto, llevando a sus dueños y alimentándolos al mismo tiempo.

2. ¡Ojalá perezcan las fieras que están al acecho y se alimentan de sangre! No es lícito para el hombre, cuyo cuerpo no es más que carne labrada con sangre, tocar la sangre (Gn. 9:4: Lv. 3:17; Hch. 15:29). La sangre humana participa del Logos y participa de la gracia por el Espíritu; y si alguien la ultraja, no pasará inadvertido. Puede, incluso desnuda en su aspecto, clamar al Señor.[122]

3. Yo, por mi parte, apruebo la sencillez de los bárbaros, que por amor a una vida buena, abandonaron el lujo. El Señor nos exhorta a que seamos así: libres de falsa belleza, desnudos de vanagloria, desarraigados de todo pecado, llevando únicamente encima de nosotros el árbol de la vida,[123] dirigiendo nuestros pasos sólo hacia la salvación.

> Por mi parte, apruebo la sencillez de los bárbaros, que por amor a una vida buena abandonaron el lujo. El Señor nos exhorta a que seamos así: libres de falsa belleza, desnudos de vanagloria, desarraigados de todo pecado, llevando únicamente encima de nosotros el árbol de la vida, dirigiendo nuestros pasos sólo hacia la salvación.

---

[122] Alusión a Gn. 4:10: "Y él le dijo: ¿Qué has hecho? La voz de la sangre de tu hermano clama a mí desde la tierra".

[123] Referencia a la cruz de Cristo como árbol de salvación universal. Cf. Gn. 2:9; Ap. 2:7; 22:2.

4

Con quiénes debemos pasar el tiempo

Huyendo del trabajo personal y del servicio a sí mismos, se recurre a los criados, adquiriendo multitud de cocineros, camareros y de personas que cortan artísticamente la carne en porciones. Muchas son las clases de servidores. Peluqueros y doncellas sirven con afán a las mujeres; hay también eunucos y otros entretenedores que sirven sin levantar sospechas a quienes desean echarse en brazos del placer. El verdadero eunuco no es el que no siente placer, sino el que no lo desea.

26.1. He aquí que, sin caer en la cuenta, llevado por el soplo del espíritu, me he salido del cauce de mi discurso, al que es forzoso que vuelva; para reprobar el exceso de servidores. En efecto, huyendo del trabajo personal y del servicio a sí mismos, se recurre a los criados, adquiriendo una gran multitud de cocineros, de camareros y de personas que cortan artísticamente la carne en porciones.

2. Muchas son las clases de servidores. Unos trabajan para la glotonería de sus amos, como los trinchadores y los cocineros expertos en preparar guisos, salsas, pasteles de miel y pastas; otros, en cambio, se preocupan de los vestidos de lujo; otros guardan el oro como grifos; otros guardan la plata, lavan las copas, disponen lo necesario para los banquetes; otros aparejan los animales de tiro; y un gentío de escanciadores se adiestra para ellos y una banda de bellos muchachos, cual cachorros, de los que chupan su belleza.

3. Peluqueros y doncellas sirven con afán a las mujeres; unas con los espejos; otras con las redecillas; otras con los peines; hay también muchos eunucos y otros entretenedores que, por su garantía de no poder disfrutar del placer, sirven sin levantar sospechas a quienes desean arrojarse en brazos del placer. Pero el verdadero eunuco no es el que no puede sentir placer, sino el que no lo desea.[124]

27.1. El Logos, por boca de Samuel, testimonia contra los judíos prevaricadores, y al pueblo que pedía un rey, no le promete un señor benigno, sino que lo amenaza con un tirano duro y libertino, el cual –dice– "tomará también vuestras hijas para que sean perfumadoras, cocineras, y amasadoras" (1º S. 8:13), dominando bajo la ley de la guerra, sin buscar con celo una administración pacífica.

---

[124] Cf. Mt. 19:12: "Porque hay eunucos que nacieron así del vientre de su madre; y hay eunucos, que son hechos eunucos por los hombres; y hay eunucos que se hicieron a sí mismos eunucos por causa del reino de los cielos". Puede que Clemente tenga en mente a los marcionitas, que practicaban la continencia no por propia voluntad, sino porque condenaban toda actividad corporal.

2. Hay también muchos celtas que levantan las literas de sus mujeres y las transportan a hombros; en ninguna parte hay tejedores, ni gentes para el oficio del hilado, ni para trabajos de telar, ni para actividades de gineceo, ni para custodia de la casa; pero los seductores de las mujeres pasan el día con ellas charlando y soltando palabras eróticas, desgarrando su cuerpo y su alma con expresiones y ademanes llenos de falsedad.

3. "No seguirás a los muchos para mal hacer; ni responderás en litigio inclinándote a los más para hacer agravios" (Éx. 23:2), porque la sabiduría se muestra en pocos, y el desenfreno en muchos. No es por la modestia de querer pasar inadvertidas por lo que estas mujeres contratan a portadores de litera –porque, en efecto, estaría bien que con esta disposición pasaran ocultas–, sino que lo hacen por vanidad, deseando vivamente que las transporten los servidores con el objeto de darse importancia.

28.1. Y con la cortina levantada miran descaradamente a quienes las observan, dando así prueba de su condición; a menudo, incluso, se asoman al exterior, deshonrando su aparente honestidad con una resbaladiza curiosidad.

2. "No andes mirando por las plazas solitarias de la ciudad, ni deambules por ellas" (*Eclesiástico* 9:7), porque hay realmente soledad, aunque exista una multitud de libertinos, allí donde no hallemos a un hombre prudente.

3. Estas mujeres se hacen llevar por los templos, hacen sacrificios, consultan el porvenir, alternan todo el día con adivinos ambulantes, sacerdotes mendicantes de Cibeles y viejas charlatanas corruptoras de los hogares, soportan a las viejas chismosas en medio de las copas, y aprenden de las charlatanas ciertos filtros y ensalmos para la disolución de los matrimonios.

4. Tienen a unos como maridos, pero desean otros y los adivinos les prometen aún otros.[125] No saben que las engañan cuando se entregan a sí mismas como objeto de placer de los lujuriosos, y cuando cambiando su pureza por la más vergonzosa deshonra, valoran como acción de elevado precio su ignominiosa corrupción.

---

[125] Juvenal, *Satirae*, 543-544.

Estas mujeres se deleitan en compañía de afeminados; y una turba de depravados, de lengua desenfrenada, invade los hogares, impuros de cuerpo e impuros por sus palabras; viriles sólo como instrumentos de la lujuria, servidores del adulterio, que ríen a carcajadas y cuchichean. Desdeñan a la viuda casta, que supera en mucho al perrito de Melitea, y desprecian al anciano justo, más noble que un monstruo comprado con dinero. No acogen al huérfano, pero crían loros y chorlitos; exponen a los hijos que conciben, y acogen a las crías de los pájaros.

5. Los servidores de la lujuria de la prostitución son muchos y van de una parte a otra. Los intemperantes son lanzados a la lascivia, como los cerdos son transportados al fondo del comedero.

29.1. Por esa razón la Escritura advierte severamente: "No admitas a cualquiera en tu casa, pues son muchas las asechanzas de la astucia" (*Eclesiástico* 11:31); y en otro pasaje: "Los justos sean tus comensales, y no te glories sino en el temor de Dios" (*Eclesiástico* 9:22). ¡A los cuervos la prostitución!, porque dice el apóstol: "Sabéis esto, que ningún fornicario, o inmundo, o avaro, que es servidor de ídolos, tiene herencia en el reino de Cristo y de Dios" (Ef. 5:5).

2. Mas estas mujeres se deleitan en compañía de afeminados; y una turba de depravados, de lengua desenfrenada, invade los hogares, impuros de cuerpo e impuros por sus palabras; viriles sólo como instrumentos de la lujuria, servidores del adulterio, que ríen a carcajadas y cuchichean; olfatean todo lo que despide lujuria, intentan deleitar con palabras y gestos impúdicos, y provocan la sonrisa que precede a la fornicación.

3. A veces, inflamados por una cólera momentánea, depravados en sí mismos o imitando para su propia ruina a la turba de los que lo son, emiten un sonido con su nariz, semejante al emitido por las ranas, como si en sus narices tuviesen como habitante a la ira.

30.1. Pero las más refinadas de ellas crían pájaros de la India y pavos de Media, y se recuestan jugando con los animales de cabeza picuda, deleitándose con los monstruos danzantes. Y se ríen cuando oyen hablar de Tersites, pero, comprando a otros Tersites por un elevado precio, se enorgullecen no ya de sus cónyuges, sino de aquellos que son una carga para la tierra.

2. Desdeñan a la viuda casta, que supera en mucho al perrito de la isla de Melitea, y desprecian al anciano justo, más noble, en mi opinión, que un monstruo comprado con dinero.

No acogen al niño huérfano, pero crían loros y chorlitos; exponen a los hijos que conciben, pero acogen en cambio a las crías de los pájaros.

3. Prefieren las criaturas irracionales a las racionales, cuando deberían alimentar a los ancianos que hacen gala de moderación, y que son, en mi opinión, más hermosos que los monos y más elocuentes que los ruiseñores. Por eso dice la Escritura: "Cuanto lo hicisteis a uno de estos mis hermanos pequeñitos, a mí lo hicisteis" (Mt. 25:40).

4. Pero éstas prefieren la ignorancia a la sensatez, petrificando su hacienda en perlas y en esmeraldas de la India. Despilfarran y dilapidan su dinero en tintes fugaces y en la compra de esclavos, como las aves de corral saciadas, excavando en los estercoleros de la vida.[126] La pobreza –dice la Escritura– envilece al hombre" (Pr. 10:4).[127] Y llama pobreza a la tacañería, por la que los ricos se hacen pobres, pues en su avaricia no comparten con los otros de sus propios bienes, como si nada poseyeran.

> Prefieren las criaturas irracionales a las racionales, cuando deberían alimentar a los ancianos que hacen gala de moderación, y que son, en mi opinión, más hermosos que los monos y más elocuentes que los ruiseñores.

---

[126] Plutarco, *Morales*, 515.
[127] "La mano negligente hace pobre, mas la mano de los diligentes enriquece" (RV).

5

Cómo comportarse en los baños

Porque su incontinencia llega a tal extremo que comen y se embriagan mientras se bañan.

31.1. Pero, ¿qué clases de baños tienen? Artísticas casas, fijas y portátiles, cubiertas de velos transparentes; sillas de oro y plata, al igual que sus innumerables vasos: unos, para beber; otros, para comer, y otros, que llevan para lavarse. Sí, también hay braseros de carbón.

2. Porque su incontinencia llega a tal extremo que comen y se embriagan mientras se bañan. Los vasos de plata con los que, majestuosas, avanzan, los exhiben groseramente en los baños, en un alarde de ostentación y fanfarronería de su superflua riqueza y, en especial, de su voluntaria incultura, por la que acusan a los hombres dominados por las mujeres de poco hombres, al tiempo que ellas mismas no son capaces de estar ni de sudar sin el concurso de muchos utensilios. También, las humildes, que no participan de tanta fastuosidad, comparten los mismos baños.

3. Así pues, la inmundicia de la opulencia tiene un amplio entorno digno de censura. Con esta clase de cebo pescan a los infelices que abren sus fauces ante los destellos de oro. Sin lugar a dudas, con tal estratagema, dejan embobados a los inexpertos y se las apañan para que sus amantes las admiren, los cuales, poco después, las deshonran desnudas.

Las que no se atreverían a desnudarse ante sus maridos, esforzándose por parecer recatadas, permiten que quienes lo desean puedan contemplarlas desnudas en los baños. Los baños permanecen abiertos indistintamente para los hombres como para las mujeres, y allí se desnudan en busca de la incontinencia –"pues por la vista nace la pasión entre los hombres"– como si allí se lavara el pudor.

32.1. Las que no se atreverían a desnudarse ante sus maridos, esforzándose por parecer recatadas, permiten en cambio que quienes lo desean puedan contemplarlas desnudas en los baños, pues aquí no tienen vergüenza para desnudarse ante los mirones, como comerciantes de su cuerpo.

2. Hesíodo amonesta así: "No laves tu piel en un baño de mujeres" (*Los trabajos y los días*, 753). Los baños permanecen abiertos indistintamente para los hombres como para las mujeres, y allí se desnudan en busca de la incontinencia –"pues por la vista nace la pasión entre los hombres"–, como si en los baños se lavara el pudor.

3. Las que no lo han perdido hasta este punto excluyen a los extraños, pero se bañan juntamente con sus

criados particulares, se desnudan ante los esclavos y se hacen frotar por ellos, permitiendo al amante del deseo, inhibido por el temor, la impunidad de tocar. Y así, los que son introducidos en los baños junto a sus amas desnudas, se apresuran a desnudarse también llevados por el ardor de su concupiscencia, "borrando el temor con una malévola costumbre".

33.1. Los atletas de la antigüedad, sintiendo vergüenza de mostrarse desnudos, participaban en los certámenes gimnásticos provistos de un ceñidor y cubrían sus vergüenzas.[128] Las mujeres, en cambio, arrojan el pudor con la túnica y, queriendo parecer hermosas, sin proponérselo, ponen en evidencia su maldad. Ya que, a través de su cuerpo, se evidencia su lujuriosa lascivia; como en el caso de los hidrópicos la humedad cubre totalmente la superficie; la enfermedad de ambos se descubre, en efecto, a simple vista.

2. Es deber de los hombres avergonzarse de desnudarse en compañía de las mujeres, como noble ejemplo de verdad para ellas, y evitar así las libidinosas miradas. "Cualquiera que mira a una mujer con deseo ya pecó" (Mt. 5:28),[129] dice la Escritura.

3. Es preciso, pues, respetar a los padres y los servidores en casa; a los transeúntes en la calle; a las mujeres en los baños, y a uno mismo en la soledad; y en todas partes, al Logos, pues está en todas partes, y "sin Él nada fue hecho" (Jn. 1:3). Esta es la única manera de mantenernos firmes, sin caer, teniendo bien presente que Dios está siempre a nuestro lado.

---

[128] Según testimonio de Tucídides (*Historiae*, I, 6,5), el desnudo integral se normalizó a partir del año 450 a.C. Con anterioridad usaban una especie de calzón propio de los cretenses.

[129] "Cualquiera que mira a una mujer para codiciarla, ya adulteró con ella en su corazón" (RV).

5

Sólo el cristiano es rico

Quita el maquillaje a las mujeres, y los esclavos a sus amos, y verás que los amos no se diferencian de sus esclavos, ni en el andar, ni por su aspecto, ni en su forma de hablar; por tanto, se asemejan a sus criados. Conviene lograr esta magnífica sentencia: el hombre bueno, si es prudente y justo, atesora riquezas en el cielo. Éste, vendiendo los bienes terrenales y repartiéndolos a los necesitados, encuentra un tesoro imperecedero.

34.1 Debemos hacer uso de las riquezas de una manera razonable, y hacer partícipes de ellas a los demás con generosidad, no a disgusto, ni con avaricia, y no cambiar el amor a lo bello por el amor a sí mismo y por lo grosero, no sea que alguien en alguna parte nos diga: su caballo está valorado en quince talentos, o su campo, o su esclavo o su oro, pero él, en cambio, vale poco más de tres piezas de bronce.

2. Quita, por ejemplo, el maquillaje a las mujeres, y los esclavos a sus amos, y verás que los amos no se diferencian de sus esclavos, ni en el andar, ni por su aspecto, ni por su forma de hablar; por tanto, se asemejan a sus criados. Es más, se diferencian de sus esclavos por el hecho de ser más débiles y más propensos a las enfermedades.[130]

3. Conviene, pues, lograr esta magnífica sentencia: el hombre bueno, si es prudente y justo, atesora riquezas en el cielo.[131] Éste, vendiendo los bienes terrenales y repartiéndolos a los necesitados, encuentra un tesoro imperecedero, "donde no existe polilla ni ladrón" (Mt. 6:20).

4. Este hombre realmente bienaventurado, por más insignificante, enfermo y despreciable que parezca, posee, en verdad, el mayor de los tesoros. Ahora bien, aunque aventajara en riquezas a Cíniras y a Midas,[132] si es injusto y soberbio, como aquel que vivía voluptuosamente rodeado de púrpura y fino lino de la India, mas despreciaba a Lázaro (Lc. 16:19ss.), ése es desgraciado, está en la miseria y no vivirá.

35.1. La riqueza se parece, según creo, a una serpiente, que, si uno no la sabe coger sin sufrir ningún peligro, alzando el reptil por la punta de la cola, se enroscará en su mano y le morderá. Así, la terrible riqueza, enroscándose tanto en el experto como en el inexperto, ataca y

---

[130] Platón, *Las Leyes*, VII, 808.
[131] Mt. 6:20; 19:21; Platón, *Las Leyes* II, 660.
[132] Reyes de Chipre y de Frigia, respectivamente (Homero, *Ilíada*, XI, 20); Platón, *La República*, III, 408.

muerde. Pero si uno se sirve de ella con gran prudencia, y con destreza caza la fiera con el encantamiento del Logos, saldrá ileso, permaneciendo él mismo impasible.

2. Según parece, olvidamos que es rico sólo quien posee las cosas de más elevado precio; y las de más alto precio no son las piedras preciosas, ni la plata, ni los vestidos, ni la belleza corporal, sino la virtud, que es palabra transmitida por el Pedagogo para que lo pongamos en práctica.

3. Esta palabra es la que repudia el lujo, la que exhorta al trabajo personal como servicio a los demás; la que celebra la moderada frugalidad, hija de la templanza. Dice la Escritura: "Recibid mi enseñanza, y no plata; Y ciencia antes que el oro escogido. Porque mejor es la sabiduría que las piedras preciosas; y todas las cosas que se pueden desear, no son de comparar con ella" (Pr. 8:10-11). Y de nuevo: "Mejor es mi fruto que el oro, y que el oro refinado; y mi rédito mejor que la plata escogida" (v. 19).

4. Y si aún hay que hacer distinciones, no es rico el que mucho posee, el que está cargado de oro, como un saco sucio; y es, en cambio, justo el que es honrado, pues la honradez es un orden que fija la medida en los gastos y en la generosidad en la forma debida.

5. "Los que siembran son quienes recogen los mejores frutos" (Pr. 11:24);[133] de ellos está escrito: "Fue generoso y distribuyó a los pobres; su justicia permanece para siempre" (Sal. 112:9).[134] De modo que no es rico el que tiene dinero y lo conserva, sino el que lo reparte. Y la donación y no la retención hace a uno feliz.

36.1. La generosidad es fruto del alma; de ahí que la riqueza tiene su sede en el alma. Por lo demás, los verdaderos bienes sólo pueden ser poseídos por los buenos, y los buenos son los cristianos. Un hombre insensato e intemperante no puede tener sentido de lo bueno, ni tampoco obtener su posesión. Solamente los cristianos pueden poseer los verdaderos bienes. Además, nada hay más preciado que lo bueno; en consecuencia, sólo ellos son ricos.[135]

---

[133] "Hay quienes reparten, y les es añadido más: Y hay quienes son escasos más de lo que es justo, mas vienen a pobreza" (RV).

[134] "Esparce, da a los pobres: Su justicia permanece para siempre" (RV).

[135] Clemente aplica al cristiano el principio estoico de que sólo el sabio es rico.

La verdadera riqueza es la justicia, y el Logos el más estimado de todos los tesoros, tesoro que no aumenta con los animales y las fincas, sino que sólo es dado como regalo por Dios, riqueza que no puede ser usurpada, sólo el alma es su tesoro, excelente posesión para quien la posea, y que hace al hombre verdaderamente feliz. Si Dios no niega nada, el que es piadoso lo posee todo.

2. En efecto, la verdadera riqueza es la justicia, y el Logos el más estimado de todos los tesoros, tesoro que no aumenta con los animales y las fincas, sino que sólo es dado como regalo por Dios, riqueza que no puede ser usurpada, sólo el alma es su tesoro, excelente posesión para quien la posea, y que hace al hombre verdaderamente feliz.

3. Quien no desea nada de lo que no está a su alcance, y el que desea todo aquello que posee, incluso lo que desea honestamente puede obtenerlo con solo pedirlo a Dios, ¿cómo no va a ser rico un hombre así, y no va a poseerlo todo, si tiene a Dios como eterno tesoro? "A todo el que pide se le dará y al que llama se le abrirá" (Lc. 11:9ss.; Mt. 7:7). Si Dios no niega nada, el que es piadoso lo posee todo.[136]

---

[136] Cf. 1ª Co. 3:21-23: "Así que, ninguno se gloríe en los hombres; porque todo es vuestro, sea Pablo, sea Apolos, sea Cefas, sea el mundo, sea la vida, sea la muerte, sea lo presente, sea lo por venir; todo es vuestro; y vosotros de Cristo; y Cristo de Dios".

7

La frugalidad es un buen compañero de viaje para el cristiano

37.1. Una vida de lujo entregada a los placeres es para los hombres un terrible naufragio. En efecto, esta vida placentera y mezquina que muchos llevan es ajena al verdadero amor a la belleza y a los nobles placeres. Porque el hombre es por naturaleza un animal excelso y majestuoso que busca lo bello, como obra de la única belleza; sin embargo, la vida para el vientre es para él deshonrosa, ignominiosa, torpe y ridícula.

2. Nada es más opuesto a la divina naturaleza que el amor al placer, es decir, comer como los gorriones y copular como los cerdos y los machos cabríos. Considerar el placer como un bien es propio de una perfecta ignorancia; el amor a las riquezas desvía al hombre de una vida recta, persuadiéndole a no avergonzarse de las acciones deshonrosas; "como si sólo tuviera capacidad de comer como las fieras, de beber de la misma manera y de saciar, sea como sea, sus ansias de placer".[137]

3. Por eso, difícilmente heredará el reino de Dios. ¿A qué se debe tanta preparación de alimentos, sino para llenarse el vientre? La inmundicia de la glotonería queda manifiesta en las cloacas, en donde nuestros vientres expulsan los residuos de los alimentos.[138]

4. ¿Por qué, pues, reúnen a tantos coperos, pudiendo satisfacerse con una sola copa? ¿Para qué los guardarropas? ¿Para qué los objetos de oro? ¿Para qué los adornos? Todo esto está preparado para ladrones de vestidos, malhechores, así como para los ojos codiciosos. "Que la bondad y la fidelidad no te abandonen" (Pr. 3:3), dice la Escritura.

38.1. He aquí que tenemos un buen ejemplo de frugalidad en el tesbita Elías, cuando "se sentó debajo de una retama" y el ángel le trajo comida: "un pan cocido bajo

---

[137] Platón, *Las Leyes*, VIII, 831.
[138] Cf. Mt. 15:17 "¿No entendéis aún, que todo lo que entra en la boca, va al vientre, y es echado en la letrina?"

Nosotros que caminamos hacia la verdad, debemos estar preparados. Es necesario que el que se esfuerza por alcanzar el cielo lleve consigo un hermoso bastón: la beneficencia y ser liberal con los necesitados, para poder tener parte en el verdadero reposo. La generosidad, que es fuente de benevolencia, al dar de beber a los sedientos, crece de nuevo y se llena; al igual que suele afluir la leche a los pechos ordeñados y exprimidos.

ceniza y un jarro de agua" (1º R. 19:4, 6). Ése es el alimento que el Señor le envió.

2. Nosotros que caminamos hacia la verdad, debemos estar preparados. "No llevéis bolsa, ni saco, ni calzado" (Lc. 10:4), dice el Señor, es decir, no poseáis aquella riqueza que se guarda como tesoro en la bolsa, ni llenéis vuestros graneros, como si colocarais en el saco la semilla, sino compartidlo con los necesitados. No os proveáis de yuntas, ni de servidores, como lo son alegóricamente los calzados de viaje de los ricos, que son demasiado pesados.

3. Así pues, debemos dejar de lado los excesivos bagajes; los enseres de plata y de oro, la ingente multitud de criados, tomando del Pedagogo los buenos y venerables compañeros: el trabajo personal y la sencillez. Debemos también caminar de acuerdo con el Logos, por más que uno tenga mujer e hijos; la casa no debe ser para él ningún obstáculo, si realmente aprende a seguir al viajero prudente.

39.1. Hay que equiparse también para el camino una mujer que ame a su marido. Y, de igual manera, la mujer un marido que lleve, como hermoso equipaje del viaje hacia el cielo, la simplicidad unida a una prudente gravedad. Así como el pie es la medida del zapato, así también el cuerpo es la medida de las posesiones de cada uno.[139] Lo superfluo, es decir, las riquezas y el mobiliario de los ricos son una carga, no un adorno para el cuerpo.

2. Es necesario que el que se esfuerza por alcanzar el cielo lleve consigo un hermoso bastón: la beneficencia y ser liberal con los necesitados, para poder tener parte en el verdadero reposo. En efecto, la Escritura asegura que "la propia riqueza es el rescate del alma del hombre" (Pr. 13:8), es decir, el rico se salvará con las riquezas que reparta.

3. Porque, así como el agua que mana naturalmente de los pozos, aunque se saque, mantiene siempre el mismo nivel, así, la generosidad, que es fuente de benevolencia, al dar de beber a los sedientos, crece de nuevo y se llena; al igual que suele afluir la leche a los pechos ordeñados y exprimidos.

---

[139] Plutarco, *Aratus*, 21.

4. El que posee al Logos Dios, que todo lo puede, no carece de lo necesario, ni le falta nada de lo que tenga necesidad, pues el Logos es una posesión inagotable y es causa de toda abundancia.

40.1. Y si alguien afirma haber visto con frecuencia al justo necesitado de pan, responded que es francamente raro, y sólo se da allí donde no hay otro justo.[140] No obstante, que lea aquello de "no sólo de pan vivirá el justo, sino de la palabra del Señor" (Mt. 4:4; Dt. 8:3), que es pan verdadero, pan del cielo.[141]

2. El hombre bueno no necesita nada mientras tenga a salvo su fe en Dios. Puede pedir y recibir del Padre eterno lo que necesita, y gozar de todos los bienes propios, si se conserva fiel al Hijo. Y también es posible esto: no sentir ninguna necesidad.

3. Este Logos, que cumple en nosotros su oficio de Pedagogo, nos da la riqueza, y esta riqueza no suscita la envidia de quienes tienen de Él lo necesario. Quien posee esta riqueza heredará el Reino de Dios.[142]

El que posee al Logos Dios, que todo lo puede, no carece de lo necesario, ni le falta nada de lo que tenga necesidad, pues el Logos es una posesión inagotable y causa de toda abundancia. Y si alguien afirma haber visto con frecuencia al justo necesitado de pan, responded que es francamente raro, y sólo se da allí donde no hay otro justo. El hombre bueno no necesita nada mientras tenga a salvo su fe en Dios. Puede pedir y recibir del Padre eterno lo que necesita, y gozar de todo bien propio, si se conserva fiel al Hijo.

---

[140] Cf. Sal. 37:25: "Mozo fui, y he envejecido, y no he visto justo desamparado, ni su simiente que mendigue pan".

[141] Cf. Sal. 78:24: "E hizo llover sobre ellos maná para comer, y les dio trigo de los cielos".

[142] Cf. Mt. 19:23, 24: "Entonces Jesús dijo a sus discípulos: De cierto os digo, que un rico difícilmente entrará en el reino de los cielos. Mas os digo, que más liviano trabajo es pasar un camello por el ojo de una aguja, que entrar un rico en el reino de Dios".

8

Las imágenes y los ejemplos constituyen una parte esencial de la recta enseñanza

Si alguien de vosotros rehúye definitivamente el lujo, alimentado con frugalidad, se ejercitará con facilidad en soportar las dificultades inevitables, al no tener patria en la tierra, despreciaremos los bienes terrenales. La sencillez es la más rica de las posesiones, y es un hábito capaz de hacer frente a los gastos necesarios en tanto necesarios. En efecto, los gastos son perfectos.

41.1. Si alguien de vosotros rehúye definitivamente el lujo, alimentado con frugalidad, se ejercitará con facilidad en soportar las dificultades inevitables, buscando voluntaria y continuamente trabajos penosos, con el fin de entrenarse para las persecuciones, para que, cuando se enfrente con los temores y las penalidades impuestas, no se encuentre desentrenado para afrontar tal situación. Por esa razón, al no tener patria en la tierra, despreciaremos los bienes terrenales.

2. La sencillez (*eutéleia*) es la más rica de las posesiones, y es un hábito capaz de hacer frente a los gastos necesarios en tanto necesarios. En efecto, los gastos son perfectos (*téle*).

3. Todo lo relativo a cómo debe la mujer convivir con su marido, y de lo relativo a su trabajo personal, al cuidado de la casa, al trato de los sirvientes y, en especial, a la época para casarse, así como acerca de lo que conviene a las mujeres, ya hemos hablado en anteriores capítulos al referirnos al matrimonio. Ahora, debemos exponer lo conveniente a la buena educación, esbozando una descripción de la vida de los cristianos.

4. La mayor parte de estas cosas ya han sido dichas y expuestas, de modo que nos limitaremos a añadir lo que resta por decir. Los ejemplos no son de escasa importancia para la salvación:

Mira –dice la tragedia–, *a la esposa de Ulises
no la mató Telémaco, pues no añadió boda sobre boda;
sino que en su palacio la cámara nupcial permanece
inviolada*.[143]

Alguien, reprochando el desenfrenado adulterio, mostraba el amor al marido como un hermoso ejemplo de castidad.

---

[143] Eurípides, *Orestes*, 588-590.

5. Los espartanos obligaban a los hilotas –de este modo se llamaba a los esclavos– a embriagarse, permaneciendo ellos sobrios, para que la misma imagen de la embriaguez, a manera de remedio, les sirviera de remedio y advertencia.

42.1. Observando, pues, la torpeza de los hilotas, aprendían a no caer en el mismo vicio que censuraban. Y la imagen reprensible de los ebrios, les ayudaba a evitar ellos mismos idéntico mal. Algunos hombres se salvaron gracias a las enseñanzas; otros, en cambio, se esforzaron en buscar la virtud por sus propios medios, enseñándose a sí mismos.

2. "Superior en todo es aquel que todo lo sabe por sí mismo".[144] Este es el caso de Abraham, el que buscó a Dios. "El prudente escucha al que le aconseja rectamente".[145]

3. Este es el caso de los discípulos que creyeron en el Logos. Por esa razón, Abraham recibió el nombre de "amigo", y éstos, el de "apóstoles"; aquél, por ocuparse del único y mismo Dios, y éstos, por anunciarlo. Pueblos [elegidos] ambos, los que escucharon: el uno sacó provecho por la búsqueda; el otro se salvó por haberlo encontrado.

43.1. "El que no entiende por sí mismo, ni escuchando a otro entra cosa alguna en su cabeza, es un hombre inepto".[146] Hay otro pueblo, el gentil; este pueblo, que no sigue a Cristo, es inepto.

2. Sin embargo, el Pedagogo, que ama a los hombres, le ayuda de muchas maneras, a veces le exhorta, otras le reprende, y, cuando los demás pecaron, nos muestra su infamia y, por tanto, el castigo merecido, dándonos al mismo tiempo luz para conducir nuestras almas y brindándonos consejos. Y al mostrar los castigos sufridos por otros, logra con amor que nos apartemos del mal.

3. Con ayuda de estas imágenes, evidentemente, hizo desistir a los que estaban dispuestos al mal y detuvo a quienes se atrevían a acciones semejantes; a unos los afirmó en la paciencia; a otros los apartó del mal, y a otros

---

[144] Hesíodo, *Los trabajos y los días*, 293.
[145] Íd.
[146] Íd., 296-297.

los sanó, convirtiéndose a una vida mejor, por la contemplación de estos ejemplos.

4. Porque, ¿quién, si va detrás de otro por un camino y ve que éste cae en una zanja, no se pondría en guardia para no caer en el mismo peligro, procurando no seguirle en la caída? Y es más, ¿qué atleta, que haya aprendido el camino de la gloria y haya visto el premio que ha conseguido el luchador que le precede, no se lanza también él con afán en pos de la corona, tratando de imitarlo?

5. Muchas son las imágenes que emplea la divina sabiduría; no obstante, no recordaré más que una, y la expondré brevemente: el desastre de los habitantes de Sodoma no fue más que un castigo por su libertinaje y una enseñanza para los que de él tuvieron noticia.[147]

44.1. Los sodomitas, dejándose llevar a la deriva por la multitud de placeres hasta el libertinaje, cometiendo impunemente actos de adulterio y trastornados apasionadamente por la pederastia, no escaparon a la mirada del Logos que todo lo ve, al que no le pasan inadvertidos quienes cometen actos impíos; este centinela vigilante de la humanidad no concede reposo a su desenfreno.

2. Queriendo disuadirnos a nosotros de la imitación de aquéllos, guiándonos con sus enseñanzas hacia la moderación, infligiendo un castigo a los pecadores para que la impunidad del desenfreno no se desborde, decretó que Sodoma fuera pasto de las llamas, vertiendo un poco de aquel prudente fuego sobre el desenfreno, para evitar que su libertinaje impune abriese sus anchas puertas a los que se dejan llevar por el placer.

3. De modo que el justo castigo de los habitantes de Sodoma vino a ser una imagen aleccionadora de la salvación para los hombres. Porque los que no cometen pecados semejantes a los castigados, jamás sufrirán el mismo castigo que ellos: son preservados de pecar en virtud de aquel castigo.

---

[147] Cf. 2ª P. 2:6: "Y si condenó por destrucción las ciudades de Sodoma y de Gomorra, tornándolas en ceniza, y poniéndolas por ejemplo a los que habían de vivir sin temor y reverencia de Dios". Jud. 7: "Como Sodoma y Gomorra, y las ciudades comarcanas, las cuales de la misma manera que ellos habían fornicado, y habían seguido la carne extraña, fueron puestas por ejemplo: sufriendo el juicio del fuego eterno".

4. Dice Judas: "Os quiero amonestar, ya que alguna vez habéis sabido esto, que el Señor habiendo salvado al pueblo de Egipto, después destruyó a los que no creían: y a los ángeles que no guardaron su dignidad, mas dejaron su habitación, los ha reservado debajo de oscuridad en prisiones eternas hasta el juicio del gran día" (Jud. 5-6), bajo el poder de ángeles feroces.

45.1. Y, poco después, muestra de forma didáctica las imágenes de los que son juzgados: "¡Ay de ellos!, porque han seguido el camino de Caín, y se lanzaron en el error de Balaam por recompensa, y perecieron en la contradicción de Coré" (v. 11). En efecto, el temor preserva a quienes no pueden mantener la dignidad de adopción, para que no sean insolentes.[148] Esta es la razón de ser de los castigos y las amenazas; para que, temiendo tales castigos, nos apartemos del pecado.

2. Puedo describirte con detalle castigos motivados por el lujo, sanciones originadas por la vanagloria, no sólo por la lujuria, y, además, las maldiciones contra quienes se ufanan por las riquezas, con las que el Logos, mediante el temor, impide el pecado. No obstante, en mi afán de ahorrar extensión a mi disertación, te expondré otros preceptos del Pedagogo para que te guardes de sus amenazas.

El temor preserva a quienes no pueden mantener la dignidad de adopción, para que no sean insolentes. Esta es la razón de ser de los castigos y las amenazas; para que, temiendo tales castigos, nos apartemos del pecado. El Logos, mediante el temor, impide el pecado.

---

[148] "El contraste con el temor parece indicar que el poder de los hijos de Dios consiste en la ley del amor y de la libertad; ésta es la responsabilidad que algunos no pueden resistir. De ahí que el temor tenga que volver a ejercer una función que, de suyo, no tendría que tener en la nueva ley (cf. Ro. 8:15; 1 Jn. 4:18)" (L. F. Ladaria, *op. cit.*, p. 213).

9

Por qué motivos debe tomarse el baño

Para tomar el baño tenemos cuatro motivos: por higiene, por calor, por salud y, finalmente, por placer. En verdad, uno no debe bañarse por placer, pues debe cortarse de raíz el placer vergonzoso. Las mujeres deben tomarlo por motivos de salud y de higiene; los hombres, en cambio, sólo por salud. Aunque el baño reporte alguna utilidad, no debemos esclavizarnos a él.

46.1. Para tomar el baño (tema del que me aparté en mi digresión) tenemos cuatro motivos: por higiene, por calor, por salud y, finalmente, por placer. En verdad, uno no debe bañarse por placer, pues debe cortarse de raíz el placer vergonzoso. Las mujeres deben tomarlo por motivos de salud y de higiene; los hombres, en cambio, sólo por salud.

2. Resulta superfluo el baño con vistas a calentarse, cuando son posibles otros procedimientos para mitigar el agarrotamiento producido por el frío. El uso frecuente del baño debilita el vigor, relaja la energía natural y, la mayoría de las veces, lleva a la debilidad y al desmayo.[149]

3. Porque, en cierto modo, el cuerpo, al igual que los árboles, no bebe sólo por la boca, sino que, durante el baño, bebe por todo el cuerpo, según se dice, por la apertura de los poros. He aquí una prueba de ello: los que tienen sed, a menudo, después de sumergirse en las aguas, la calman.

4. Ahora bien, aunque el baño reporte alguna utilidad, no debemos esclavizarnos a él. Los antiguos llamaban a los baños talleres de batanero de los hombres (*antrópognafeion*), ya que, más rápidamente de lo que conviene, arruga el cuerpo y lo envejece ablandándolo por cocción, como sucede con el hierro, pues la carne se reblandece por el calor. De ahí que, como si de un temple o de un barniz se tratara, necesitamos el frío.[150]

47.1. Ciertamente, no debe uno bañarse constantemente, sino que debemos rehusar el baño cuando se tiene el vientre vacío, o cuando se está excesivamente lleno, y muy especialmente según la edad del cuerpo y la estación

---

[149] Cf. Tertuliano: "No me baño al amanecer durante las saturnales por no perder el día y la noche, pero me baño a hora conveniente y saludable que me conserve el calor y la salud; enfriarme y palidecer después del baño puedo hacerlo ya muerto" (*Apología*, 42, 4).

[150] Plutarco, *Morales*, 734.

del año, pues no siempre a todos aprovecha, según afirman los sabios que entienden de eso.

2. Para nosotros basta la justa medida a la que, en todos los instantes de nuestra vida, apelamos como eficaz colaboradora. No debemos, pues, pasar tanto tiempo en el baño que necesitemos de un guía; ni tampoco debemos bañarnos tan continua y frecuentemente a lo largo del día, como frecuentamos el ágora (la plaza).

3. Por otra parte, hacerse verter agua por numerosos esclavos es signo de arrogancia frente al prójimo, y es propio de quienes pretenden ser superiores en lujo y no quieren comprender que el baño debe ser común e igual para todos los que se bañan.

4. Lo que importa sobre todo es lavar el alma con el Logos purificador y, ocasionalmente, el cuerpo, ya sea de la suciedad que se le adhiere, ya sea para relajar a los que están fatigados. Dice el Señor: "¡Ay de vosotros, escribas y fariseos hipócritas! Porque sois semejantes a sepulcros blanqueados; un sepulcro externamente parece hermoso, mas dentro está repleto de huesos de cadáveres y de toda inmundicia" (Mt. 23:27).

48.1. Y de nuevo les dice: "¡Ay de vosotros, que laváis el exterior del vaso y del plato, mas por dentro estáis llenos se suciedad! Limpia primero el interior del vaso, para que lo de fuera también esté limpio" (Mt. 23:27).

2. El mejor baño, en definitiva, limpia las impurezas del alma y tiene un carácter marcadamente espiritual, del cual la profecía dice textualmente: "El Señor lavará la suciedad de los hijos e hijas de Sion, y limpiará la sangre de Jerusalén de en medio de ella" (Is. 4:4), la sangre de la maldad y de la matanza de los profetas.[151]

3. El Logos añade la forma en que se va a operar dicha purificación diciendo: "Con espíritu de juicio y con espíritu de cauterización" (Is. 4:4). El baño del cuerpo, el corporal, se realiza sólo con agua, como ocurre las más de las veces en los campos, donde no hay instalaciones para el baño.

---

[151] Cf. Mt. 23:37: "¡Jerusalén, Jerusalén, que matas a los profetas, y apedreas a los que son enviados a ti! ¡Cuántas veces quise juntar tus hijos, como la gallina junta sus pollos debajo de las alas, y no quisiste!"

10

Los ejercicios gimnásticos deben permitirse a los que viven conforme al Logos

A los jóvenes les basta el gimnasio, aunque exista el baño. Las mujeres no deben ser excluidas de los ejercicios corporales fatigosos. El Pedagogo acoge con agrado a la mujer que "extiende sus manos al huso, y sus manos tomaron la rueca. Alargó su mano al pobre, y extendió sus manos al menesteroso", imitando a Sara.

49.1. A los jóvenes les basta el gimnasio, aunque exista el baño. No es malo aceptar dichos ejercicios físicos para los varones, y que los consideren preferibles a los baños, porque en los jóvenes contribuyen a la salud y estimulan su celo y su pundonor para preocuparse no sólo del vigor físico, sino también del valor [del alma]. Y eso, si se hace sin desdeñar las actividades superiores, es realmente agradable y no nocivo.[152]

2. Las mujeres no deben ser excluidas de los ejercicios corporales fatigosos,[153] pero no se les debe exhortar a la lucha ni a las carreras, sino deben ejercitarse en las labores de hilar la rueca y el telar, y en ayudar a la cocinera, si fuera necesario.

3. Las mujeres deben traer de la despensa, con sus propias manos, lo que necesitemos, y no es para ellas motivo de vergüenza ir al molino. Tampoco es deshonroso ocuparse de la comida para complacer al marido, ella que es esposa, guardiana y colaboradora.

4. Y si sacude con brío el colchón, ofrece bebida a su esposo cuando tiene sed y le sirve la comida, hará el ejercicio más decoroso en orden a una equilibrada salud.

5. El Pedagogo acoge con agrado a la mujer que "extiende sus manos al huso, y sus manos tomaron la rueca. Alargó su mano al pobre, y extendió sus manos al menesteroso" (Pr. 31:19-20); imitando a Sara, no se avergüenza del más hermoso de los servicios: socorrer a los viajeros. A ésta le dijo Abraham: "Apresúrate y amasa tres medidas de harina candeal y haz el cocido al rescoldo, bajo las cenizas" (Gn. 18:6).

---

[152] Clemente acoge como cristiano el viejo ideal griego de la armonía o equilibrio físico y moral. Cf. W. Jaeger, *Paideia, los ideales de la cultura griega* (FCE, México 1962); *Cristianismo primitivo y paideia griega* (México-Buenos Aires 1965).

[153] Común en la antigua Grecia. En la posterior época helenística fue notable el incremento de participación de las mujeres en el deporte.

6. Y Raquel, hija de Labán, dice la Escritura, "venía con el ganado de su padre" (Gn. 29:9). Y esto no es todo, sino que, mostrando su modestia, añade: "Porque apacentaba el ganado de su padre".

50.1. Son innumerables los ejemplos de frugalidad y de trabajo personal que ofrecen las Escrituras, y, además, ejemplos de ejercicios gimnásticos. En cuanto a los hombres, que unos participen desnudos en las luchas, otros jueguen a la pelota pequeña, especialmente a pleno sol –a este juego lo llaman *fainínda*–. Para otros será suficiente un paseo caminando por el campo o a pie por la ciudad.

2. Y si quieren que echen mano al azadón, que no es una ocupación innoble esta que procura una ganancia accesoria por un ejercicio propio de campesinos. Pero poco ha faltado para que me olvide de aquel célebre Pítaco, rey de los mitilenos, que, con trabajoso ejercicio, se aplicaba al molino.[154] Es bueno también sacar agua por sí mismo, y cortar la leña que uno mismo va a necesitar.

3. "Jacob apacentaba el resto del ganado de Labán" (Gn. 30:36) y tenía como un símbolo regio, un "bastón de estoraque", afanándose por mejorar la naturaleza por medio del leño (Gn. 30:37, 38). Para muchos, a veces, la lectura en voz alta constituye un excelente ejercicio.

51.1. También la lucha de atletas, que hemos admitido, no debe practicarse por vana emulación, sino para la secreción del sudor viril. No hay que afanarse por el artificio y la exhibición, sino sea lucha de pie, a base del juego de cuellos, manos y caderas. Porque tal ejercicio, acompañado de esfuerzo equilibrado en orden a una provechosa y útil salud, es más elegante y viril, en tanto que los demás ejercicios gimnásticos denuncian la práctica de posturas impropias de hombres libres.[155]

2. Hay que actuar siempre en todo con mesura.[156] Porque, así como lo mejor es que el esfuerzo físico preceda a la comida, así también lo peor, fatigoso y nocivo, es el ejercicio desmesurado. En conclusión: no debe uno estar por completo inactivo, ni excesivamente ocupado.

---

[154] Diógenes Laercio, *Vidas*, I, 81.
[155] Platón, *Las Leyes*, VII, 796.
[156] Hipócrates, *De vita medica*, 9.

En ninguna parte ni en ningún momento debe volverse a un género de vida dedicada al placer y al desenfreno, ni tampoco lo contrario, a una vida de excesivo rigorismo, sino que debe buscarse una existencia intermedia entre ambas, armoniosa y templada, y alejada de ambos extremos: de la intemperancia y del rigor.

3. Porque, como indicábamos a propósito de la comida, lo mismo hay que decir ahora: en ninguna parte ni en ningún momento debe volverse a un género de vida dedicada al placer y al desenfreno, ni tampoco lo contrario, a una vida de excesivo rigorismo, sino que debe buscarse una existencia intermedia entre ambas, armoniosa y templada, y alejada de ambos extremos: de la intemperancia y del rigor.

52.1. Como hemos apuntado anteriormente, el trabajo personal es un tipo de ejercicio gimnástico sin pretensiones: el calzarse, lavarse los pies y, además, frotarse después de haberse untado de aceite. Corresponder del mismo modo con quien nos ha untado es un ejercicio de justicia conmutativa, como lo es también pasar la noche con un amigo enfermo, prestar ayuda al desvalido, y asistir al necesitado.

2. "Abraham –dice la Escritura– ofreció a los tres comida al pie del árbol, y estuvo con ellos mientras comían" (Gn. 18:8). También la pesca es un ejercicio útil, como lo fue para Pedro, si las necesarias enseñanzas que hemos de recibir del Logos nos dejan tiempo para ella. Pero mejor es aquella que el Señor ofreció al discípulo, cuando le enseñó a pescar hombres, como se pescan peces en el agua (Mt. 4:19; Mr. 1:17; Lc. 5:10).

11

Breve descripción de la vida mejor

53.1. Así pues, no debe excluirse por completo el llevar adornos de oro y lucir vestidos muy delicados, pero sí deben moderarse los deseos irracionales, no sea que nos impulsen a una vida cómoda y nos hagan perder el equilibrio, arrastrados por una vida licenciosa.

2. Porque cuando la sensualidad llega hasta la saciedad, arrastra y derriba a tierra al jinete, incluso al Pedagogo, que, desde hace tiempo, tirando de las riendas, guía y lleva la salvación al caballo humano, es decir, la parte irracional del alma,[157] que se transforma en bestia salvaje por los placeres, ante los apetitos censurables, las piedras preciosas, el oro, los vestidos bordados y demás objetos de lujo.

3. Tengamos bien presente lo que nos dice santamente: "Teniendo vuestra conducta honesta entre los Gentiles; para que, en lo que ellos murmuran de vosotros como de malhechores, glorifiquen a Dios en el día de la visitación, estimándoos por las buenas obras" (1ª P. 2:12).

4. El Pedagogo nos permite que usemos un vestido sencillo, de color blanco, como antes hemos dicho, con el fin de que, familiarizados, no con una artificiosa variedad, sino con la naturaleza que nos ha engendrado, rechacemos todo lo engañoso y falaz, y adoptemos el estilo sencillo e inequívoco de la verdad.

5. Sófocles, censurando a un joven que vivía licenciosamente, dice: "Te distingues por tu atuendo mujeril". Es propio del sabio, como del soldado, del marinero y del gobernante, el vestido no recargado, decoroso y limpio.

> El Pedagogo nos permite que usemos un vestido sencillo, de color blanco, como antes hemos dicho, a fin de que, familiarizados, no con una artificiosa variedad, sino con la naturaleza que nos ha engendrado, rechacemos todo lo engañoso y falaz, y adoptemos el estilo sencillo e inequívoco de la verdad.

54.1. Así como en la ley promulgada por Moisés, la lepra es objeto de rechazo como algo impuro, como algo abigarrado y policromo, semejante a las escamas moteadas de la serpiente (Lv. 13:12-17). En efecto, considera puro al que no está adornado con profusión de colores, y que va todo de blanco, de pies a cabeza, a fin de que, dejando

---

[157] Platón, *Fedro*, 247ss.

La moderación es pura y sencilla, ya que la pureza es un hábito que genera una conducta limpia, sin mezcla de acciones torpes, y la sencillez es un hábito que suprime lo superfluo. La simplicidad es un hábito que no gusta de lo superfluo, sino que admite lo estrictamente suficiente para que nada falte a una vida racional, sana y feliz.

de lado la artificiosa y perversa pasión de la mente por el cambio del cuerpo, amemos el color único, sencillo e inequívoco de la verdad.

2. El gran Platón, imitador también en esto de Moisés, aprueba aquel tejido que es fruto del trabajo de una mujer prudente. Afirma: "Los colores blancos pueden ser convenientes como signo de veneración, ya sea por otros motivos, ya por el tejido en sí; en cambio, los tintes no convienen sino como adornos destinados a la guerra".[158] Así pues, el blanco es un color apropiado para los hombres pacíficos e iluminados.[159]

55.1. Del mismo modo que los signos que están en conexión con sus causas, revelan por su presencia, o mejor, demuestran la existencia de lo que lo produce el efecto, como, por ejemplo, el humo manifiesta el fuego, y el buen color y el pulso regular, la salud, así también entre nosotros el vestido pone de manifiesto la índole del carácter.

2. La moderación es pura y sencilla, ya que la pureza es un hábito que genera una conducta limpia, sin mezcla de acciones torpes, y la sencillez es un hábito que suprime lo superfluo.

3. Además, un vestido grueso, y no digamos el de tela no abatanado, protege el calor del cuerpo, no porque el vestido tenga en sí la capacidad térmica, sino porque bloquea el calor que sale del cuerpo y no le da salida, y si entra algo de calor, lo retiene guardándolo dentro y, caldeado, calienta el cuerpo; de ahí que en invierno es del todo conveniente usarlo.

4. La simplicidad es un hábito que no gusta de lo superfluo,[160] sino que admite lo estrictamente suficiente para que nada falte a una vida racional, sana y feliz.[161]

56.1. Por lo demás, que la mujer use también un vestido sencillo y digno, más delicado del que conviene al hombre, pero no absolutamente impúdico, ni que rezume voluptuosidad por todas partes. Que los vestidos sean

---

[158] Platón, *Las Leyes*, XII, 956.
[159] Referencia a los bautizados, iluminados por la gracia del Espíritu y vestidos de blanco, símbolo de la pureza celestial y de la transfiguración del Señor.
[160] Crísipo, *Fragm. moral*, 276.

adecuados a la edad, a la persona, a los lugares, a la manera de ser y a las ocupaciones.

2. El divino apóstol nos exhorta con hermosas palabras: "Vestíos del Señor Jesucristo, y no hagáis caso de la carne en sus deseos" (Ro. 13:14).

3. El Logos nos prohíbe horadar los lóbulos de las orejas, violando con ello la naturaleza. ¿Y por qué no también la nariz? Precisamente para que se cumpla aquel dicho: "Zarcillo de oro en la nariz del puerco, es la mujer hermosa y apartada de razón" (Pr. 11:22).

4. En resumen, si alguien piensa realzarse adornándose con oro, vale menos que el oro, y quien es inferior al oro no es señor de él. ¿No es absurdo reconocerse a sí mismo inferior que la arena de oro de Lidia?

2. Así como el oro se ensucia debido a la inmundicia del cerdo que, con su hocico, revuelve el lodazal, así las mujeres proclives a la vanidad, excitadas por lo superfluo a mostrarse impúdicas, insultan la verdadera belleza en el fango de los placeres amorosos.

57.1. Ahora bien, nuestro Pedagogo permite que las mujeres lleven anillos de oro, no como adorno, sino para sellar los enseres domésticos que deben ser especialmente guardados,[162] es decir, para el cuidado del buen gobierno del hogar. Si todos nos dejásemos educar no habría necesidad de sellos, porque entonces esclavos y señores serían justos por igual. Pero, como sea que la falta de educación genera una inclinación a cometer acciones reprobables, tenemos necesidad de anillos y de sellos.

2. Pero hay circunstancias en las que es oportuno rebajar el tono, porque a veces hay que ser comprensivos con las mujeres que no han sido favorecidas con un esposo moderado y se adornan para agradar a su marido.[163] Pero, eso sí, deben limitarse a ser sólo queridas por sus propios maridos.

---

[162] Se sellaban las cosas para indicar pertenencia y también protección.

[163] Clemente se refiere a mujeres cristianas casadas con maridos paganos. Sigue aquí una línea de argumento que nos recuerda a Pablo: "Hay asimismo diferencia entre la casada y la doncella: la doncella tiene cuidado de las cosas del Señor, para ser santa así en el cuerpo como en el espíritu: mas la casada tiene cuidado de las cosas del mundo, cómo ha de agradar a su marido" (1ª Co. 7:34).

3. Yo, en verdad, no quisiera que cultivasen la belleza corporal, sino que se atrajeran a sus maridos mediante un honesto amor conyugal, remedio eficaz y justo. Por otro lado, cuando ellos desean la infelicidad del alma, debe proponerse a sus mujeres que, si quieren ser prudentes, mitiguen poco a poco las pasiones irracionales y los deseos carnales de los maridos.

4. Que se les conduzca tranquilamente a la simplicidad, acostumbrándoles poco a poco a una vida más moderada. Pues la condición de honestidad no se obtiene por sobrecarga de cosas, sino desprendiéndose de lo superfluo.

58.1. De las mujeres deben eliminarse las riquezas fastuosas, como si de veloces alas se tratase, pues engendran vanidad inestable y frívolos placeres, que las estimulan y a menudo les dan alas para volar lejos del matrimonio.[164] De donde se deduce la necesidad de retener a las mujeres en una vida ordenada y de constreñirlas por una casta moderación, no sea que por vanidad se desvíen de la verdad. Es hermoso, sin duda, que los maridos, confiando en sus propias esposas, les den carta blanca en la administración del hogar, como colaboradoras que se les han concedido para dicho oficio.

2. Ahora bien, si por razones de seguridad hemos de sellar alguna cosa, sea por ocupaciones en la ciudad o por algún negocio en el campo –porque entonces nos apartamos de nuestras mujeres–, se nos permite el anillo también a nosotros, pero sólo para esto, como sello; los otros anillos sobran, ya que "la educación para el sabio es un adorno de oro" (*Eclesiástico* 21:21), dice la Escritura.

3. Me da la impresión de que las mujeres cargadas de oro temen que, si se les arrebatan sus joyas de oro, alguien las tome por esclavas, por ir sin esos adornos. Pero la verdadera nobleza que se encuentra en la belleza del alma, distingue al esclavo, no por la compra o la venta, sino por su carácter servil; y nosotros que hemos sido adoptados y educados por Dios, no hemos de dar la impresión de ser libres, sino de serlo realmente.

59.1. Así pues, nuestros movimientos, nuestros pasos, nuestro vestuario, nuestra vida toda, debe elevarse lo más

---

[164] Plutarco, *Morales*, 752.

posible a la dignidad del hombre libre. El hombre no debe llevar su anillo en la articulación –lo cual es propio de la mujer–,[165] sino en el dedo meñique, y en el fondo, ya que así la mano estará presta para la acción, en el preciso momento que la necesitemos. Además, el sello no se caerá fácilmente, por la protección que le depara la unión con la articulación.

2. Que las figuras grabadas en nuestros sellos sean la paloma,[166] el pez,[167] la nave llevada por el viento,[168] o la lira musical que usó Polícrates,[169] o el áncora de nave,[170] que llevaba grabada Seleuco en su anillo. Y si alguno es pescador, recordará al apóstol y a los niños sacados del agua.[171] Pero no debemos grabar imágenes de ídolos, pues volver la mente hacia ellos está prohibido; ni espada, ni arco, porque nosotros anhelamos la paz; ni una copa, pues somos prudentes.

60.1. Muchos licenciosos han grabado a los amantes o a las hetairas, de manera que no pueden olvidar, por más que quieran, las pasiones eróticas, por tener, a cada instante, el recuerdo de su desenfreno.

2. Y he aquí mi opinión respecto al cabello: la cabeza de los hombres esté rapada, salvo si se tienen cabellos rizados; la barba espesa. Que los cabellos no lleguen por debajo de la cabeza, asemejándose a los rizos femeninos. Los hombres ya tienen bastante con una hermosa barba.

3. Aunque alguno se rasure un poco la barba, no está bien afeitársela del todo, pues es un espectáculo vergonzoso, y también es reprobable afeitarse la barba a ras de piel, por ser una acción semejante a la depilación y hacerse imberbe.[172]

Me da la impresión de que las mujeres cargadas de oro temen que si se les arrebatan sus joyas de oro, alguien las tome por esclavas, por ir sin esos adornos. Pero la verdadera nobleza se encuentra en la belleza del alma.

---

[165] Séneca, *Cuestiones naturales*, VII, 31, 2.
[166] Que evoca la paz (Gn. 8:8) y el bautismo (Mt. 3:16).
[167] Que es el acróstico de Jesucristo (Cf. Tertuliano, *Sobre el bautismo*, 1).
[168] Símbolo de la Iglesia que reúne a los creyentes salvados, a modo de arca de Noé.
[169] Significa la doctrina cristiana.
[170] Símbolo de la esperanza (Hch. 6:18-20, 1ª P. 1:3, 4).
[171] Es decir, a los creyentes renacidos como niños en el Reino de Dios. Según K. Aland no se puede aducir este texto para demostrar el bautismo infantil en los primeros siglos del cristianismo, quien constata que dicha práctica sólo se conoce a partir del siglo tercero (K. Aland, *Did the Early Church Baptize Infants?* Londres 1963. J. Jeremías, *Infant Baptism in the First Four Centuries*. Londres 1960).
[172] Aquí, como en tantas otras cuestiones de comportamiento social, Clemente sigue las costumbres de su época.

4. Por eso, el salmista, deleitándose en la espesa barba de su rostro, exclama: "Como el buen óleo sobre la cabeza, el cual desciende sobre la barba, la barba de Aarón" (Sal. 133:2). Celebrando con la repetición de la palabra "barba" su excelencia, llenó de luz su rostro con el aceite del Señor.

61.1. Así, pues, el corte de pelo debe hacerse no por motivos de belleza, sino por circunstancias, el de la cabeza, para que, cuando crezca, no descienda, hasta impedir la vista y, asimismo, también conviene cortar los pelos del bigote, pues se ensucian al comer; no con navaja de afeitar –pues es una acción baja–, sino con las tijeras de barbero; deben dejarse en paz los pelos de la barba, ya que, lejos de causar alguna molestia, contribuyen a dar un aspecto solemne que produce admiración.

2. Para muchos, sin duda, el aspecto externo es un firme aliado para no cometer algún que otro pecado, por ser fácilmente reconocibles; en cambio, quienes desean cometer abiertamente acciones criminales, se congratulan de tener un aspecto que pase inadvertido y no llame la atención, ocultos en el cual, les es posible obrar mal sin ser conocidos, por ser semejantes a la mayoría y disfrutar impunemente de sus fechorías.

62.1. La calvicie no sólo muestra al hombre austero, sino que hace al cráneo insensible al dolor, acostumbrándolo al frío y al calor, y evita sus molestias que los cabellos absorben, actuando cual esponja e introduciendo en la cabeza el constante efecto nocivo de la humedad.

2. A las mujeres les basta con suavizar sus cabellos y recogerlos sencillamente con un simple lazo junto al cuello, y así dejan crecer con un cuidado sencillo una discreta cabellera, hasta alcanzar una belleza natural.

3. En cambio, los bucles y las lazadas con cadenillas son propios de las hetairas, aparte de mostrar la corrupción de esas mujeres, cortan los cabellos y los arrancan con complicadas trenzas; razón por la que no osan poner las manos en sus cabezas por miedo a despeinar su tocado. Además, duermen sobresaltadas por temor a deshacer, en un momento de descuido, la forma de sus trenzas.[173]

---

[173] Lo que aquí condena Clemente es la artificiosidad del peinado femenino, muy semejante a Pedro, cuando dice: "El adorno de las cuales

63.1. Finalmente, deben desecharse las pelucas, pues es francamente impío colocar en la cabeza cabellos de otro, revistiendo así el cráneo de trenzas de muertos.[174] En efecto, ¿a quién impondrá sus manos el presbítero?, ¿a quién bendecirá? No, desde luego, a la mujer adornada, sino a los cabellos ajenos y, a través de ellos, a la cabeza de otra.

2. Y si "el varón es cabeza de la mujer, y Cristo es cabeza del varón" (1ª Co. 11:3), ¿cómo no será una acción impía que éstas cometan un doble pecado? Pues engañan a los hombres con su falsa cabellera, y avergüenzan al Señor cuanto está de su mano, al adornarse como hetairas simulando la verdad y al ultrajar la cabeza, que es realmente hermosa.

3. Tampoco deben teñirse los cabellos, ni cambiar el color de las canas, de la misma manera que tampoco está permitido llevar un atuendo abigarrado. Y, sobre todo, no debe ocultarse la edad senil, que es digna de confianza, sino que debe mostrarse a plena luz como don de Dios, para respeto de los jóvenes.

4. Además, en ocasiones, la presencia de un hombre canoso, a modo de pedagogo, convierte a los desvergonzados a la moderación, y con el fulgor de su mirada paraliza las pasiones propias de la juventud.

64.1. Las mujeres no deben maquillar su rostro con las sutilezas de un artificio perverso. Propongámosles una cosmética basada en la moderación. Como hemos venido diciendo con frecuencia, la mejor belleza es la del alma, cuando está adornada del Espíritu Santo y de los luminosos dones que le infunde: justicia, prudencia, templanza, honestidad y amor al bien, cuyos colores jamás se ha visto en ninguna flor.

2. Luego, que se cuide la belleza corporal, "armonía de los miembros y de las partes del cuerpo con un buen

---

no sea exterior con ostentación del cabello" (1ª P. 3:3). Otro tanto dice Pablo: "Asimismo también las mujeres, ataviándose en hábito honesto, con vergüenza y modestia; no con cabellos ostentosos, u oro, o perlas, o vestidos costosos" (2ª Ti. 2:9).

[174] "No pongáis en una cabeza –escribe Tertuliano–, que ha sido dignificada por el agua del bautismo, los despojos capilares de cualquier miserable muerto víctima de sus vicios, o de cualquier malvado condenado a expirar en un patíbulo" (*De cultu feminarum*, 2,7.1).

color".¹⁷⁵ La cosmética de la salud tiene aquí su sitio; por ella se produce el paso de la imagen artificial a la verdad, según el esquema dado por Dios. La moderación en la bebida y el equilibrio de los alimentos tienen un gran poder en orden a la belleza natural, ya que no sólo proporcionan la salud al cuerpo, sino que hacen que su belleza aflore.

3. En efecto, el calor hace al cuerpo espléndido y brillante; la humedad, claro y gracioso; la sequedad, viril y robusto; y el aire le da buena respiración y el equilibrio. De todas estas cosas se adorna esta armoniosa y bella imagen del Logos. La belleza es la noble flor de la salud; ésta opera dentro del cuerpo, aquélla, floreciendo en el exterior de él, muestra abiertamente un hermoso color.

65.1. Los ejercicios corporales moderados constituyen el modo más bello y más higiénico de producir una belleza auténtica y duradera, ya que el calor atrae hacia sí toda la humedad; la respiración atrae hacia sí el frío. El calor producido por el movimiento tiene un alto poder de atracción, y, una vez los ha atraído, evapora por la misma carne el excedente de la nutrición que se calienta suavemente con cierta cantidad de humedad y por el exceso de calor.¹⁷⁶

2. Por eso es evacuado el primer alimento que se toma el primero. La comida no se adhiere al cuerpo inmóvil, como ocurre cuando se saca pan de un horno frío, sale o todo entero, o deja su parte inferior.

3. Es natural que los que tienen un excedente de alimento tengan en sus evacuaciones un exceso de orina y de excrementos, como, asimismo, de otros residuos de las comidas y, además, sudor, porque el alimento no es asimilado por el cuerpo, sino que es expulsado en las secreciones.

66.1. A partir de aquí se desencadenan los impulsos lascivos, por efluir el excedente de secreción a los órganos genitales. Por esto conviene disolver por medio de ejercicios moderados el excedente de alimento, y canalizarlo hacia la digestión, gracias a la cual la belleza adquiere un color sonrosado.

---

[175] Cicerón, *Tusculanas*, IV, 31; Filón, *Vida de Moisés*, II, 140.
[176] Galeno, *Sobre la denominación de las partes del cuerpo*, IV, 4-5.

2. Resulta absurdo, ciertamente, que quienes han sido creados "a imagen y semejanza de Dios" (Gn. 1:26), empleen, como despreciando el arquetipo,[177] un arte de embellecerse extraño, y prefieran el mal artificio humano al arte creador divino.

3. El Pedagogo les exhorta a presentarse "en hábito honesto, con vergüenza y modestia" (1ª Ti. 2:9), "sujetas a vuestros maridos; para que también los que no creen a la palabra, sean ganados sin palabra por la conversación de sus mujeres, considerando vuestra casta conversación, que es en temor. El adorno de las cuales no sea exterior con encrespamiento del cabello, y atavío de oro, ni en compostura de ropas; sino el hombre del corazón que está encubierto, en incorruptible ornato de espíritu agradable y pacífico, lo cual es de grande estima delante de Dios" (1ª P. 3:1-4).

67.1. Por otra parte, el trabajo personal reporta a la mujer, de forma especial, la belleza auténtica, ejercitando su propio cuerpo y adornándolo por sí misma, sin añadir adorno alguno fruto del esfuerzo ajeno, que no adorna, y es propio de prostitutas, sino el que es propio de una mujer prudente, elaborado y realizado totalmente con sus propias manos, siempre que convenga. Es preciso que las mujeres que viven según Dios se muestren adornadas, no con objetos adquiridos en el mercado, sino confeccionados en su propio hogar.

3. El trabajo más bello es el de la mujer hogareña que se viste a sí misma y a su marido con adornos confeccionados por ella misma,[178] aquí todos se alegran: los hijos, de su madre; el esposo, de su mujer; ésta, de todos ellos; y todos, en definitiva, de Dios.[179]

3. En una palabra, "tesoro de virtud es la mujer fuerte", la que "no come ociosa el pan" (Pr. 31:27), y tiene en su lengua los preceptos de misericordia; la que abre su boca con sabiduría y según la ley, sus hijos la proclamaron dichosa (Pr. 31:25), como dice el santo Logos por boca de

---

[177] Que es el Logos de Dios. Cf. I, 97,2; 98,3.
[178] Cf. Pr. 31:21-22: "No tendrá temor de la nieve por su familia, porque toda su familia está vestida de ropas dobles. Ella se hizo tapices; de lino fino y púrpura es su vestido".
[179] Cf. Pr. 31:28: " Se levantaron sus hijos, y la llamaron bienaventurada; y su marido también la alabó".

Salomón: "y su marido la colmó de alabanzas; pues la mujer prudente es alabada (v. 28); que ella celebre su temor de Dios" (v. 30). Y de nuevo: "La mujer virtuosa corona es de su marido" (Pr. 12:4).

68.1. Deben cuidarse, lo mejor posible, los gestos, las miradas, los andares y la voz. No como algunos que, imitando a los comediantes,[180] evocan los ademanes afeminados de los danzarines, para hacerse notar en las reuniones, con los mismos movimientos afeminados, con pasos afectados, con voz modulada, con mirada lánguida, ejercitándose como cebo de placer.

2. "Porque los labios de la extraña destilan miel, y su paladar es más blando que el aceite; mas su fin es amargo como el ajenjo, agudo como cuchillo de dos filos. Sus pies descienden a la muerte; sus pasos sustentan el sepulcro" (Pr. 5:3-5).

3. Por ejemplo, la prostituta venció al noble Sansón y otra mujer acabó con su fuerza (Jue. 14:15-17; 16:17-19). En cambio, ninguna mujer logró engañar a José, sino que la prostituta egipcia fue abatida (Gn. 39:7-30), y las ataduras de la moderación se manifiestan superiores al poder sin trabas.

69.1. Podría citar aquel notable canto:
Yo no sé murmurar en absoluto
ni, girando el cuello, hasta quebrarlo,
andar un paso, como muchos otros invertidos
que veo por aquí, en la ciudad,
untados de pez para ser depilados.

2. Los ademanes afeminados, muelles y voluptuosos deben eliminarse del todo, porque la languidez del movimiento en el andar, y el "blando caminar", como dice Anacreonte, es, sin duda, propio de las hetairas; al menos ésta es mi opinión. Un comediógrafo dice: "Ya es hora de rechazar los pasos de las meretrices y la vida fácil".

3. "Los pasos de las prostitutas no se apoyan en la verdad, porque no se dirigen por los senderos de la vida; sus sendas son resbaladizas, difíciles de reconocer" (Pr.

---

[180] Profesión prohibida entre los primeros cristianos: "Si alguno fuera actor, o hiciere representaciones en el teatro, dejará de hacerlo o será rechazado" (Hipólito de Roma, *La tradición apostólica*, 16).

5:5-6).[181] De manera muy especial hay que guardar la vista, pues es mejor resbalar con los pies que con la mirada.[182]

70.1. En efecto, el Señor cura expeditivamente esta enfermedad: "Si tu ojo te escandaliza, arráncalo" (Mt. 5:29; 18:9), extirpando la concupiscencia desde su raíz. Las miradas lánguidas de placer y el guiñar el ojo, es decir, parpadear con los ojos, no es sino fornicar con los ojos (Mt. 5:28), pues por ellos el deseo lanza desde lejos sus ataques. Porque, antes que cualquier parte del cuerpo, se corrompen los ojos.

2. "La luz de los ojos alegra el corazón" (Pr. 15:30), es decir, el que ha aprendido a mirar honestamente alegra el corazón, y "el que guiña el ojo acarrea tristeza" (Pr. 10:10).

3. Así representan al afeminado Sardanápalo, rey de los asirios, sentado con los pies en alto sobre un lecho, cardaba la púrpura y poniendo sus ojos en blanco.

4. Las mujeres que así se comportan se prostituyen con sus propios ojos. "Porque el ojo es la lámpara del cuerpo" (Mt. 6:22), dice la Escritura, por donde se muestra lo interior, revelándose a la luz visible. "La deshonestidad de la mujer se pone de manifiesto en la altivez de sus ojos" (*Eclesiástico* 26:9).

71.1. "Mortificad, pues, vuestros miembros terrenales: la fornicación, la impureza, la pasión, la concupiscencia perversa y la codicia, que son idolatría, acciones por las cuales viene la ira de Dios" (Col. 3:5, 6), exclama el apóstol; pero nosotros reavivamos nuestras pasiones y no sentimos vergüenza.

2. Algunas de estas mujeres masticando goma, van de un lado para otro, sonríen a los que se cruzan con ellas; otras, como si no tuviesen dedos, se envanecen rascándose la cabeza con las horquillas que llevan, y procuran que sean de caparazón de tortuga o de marfil, o del esqueleto de algún otro animal muerto.

3. Otras, como si tuviesen eczemas, para complacer a los mirones, se adornan con ungüentos de todos los colo-

> De manera muy especial hay que guardar la vista, pues es mejor resbalar con los pies que con la mirada. "Porque el ojo es la lámpara del cuerpo", dice la Escritura, por donde se muestra lo interior, revelándose a la luz visible. "La deshonestidad de la mujer se pone de manifiesto en la altivez de sus ojos."

---

[181] "Sus pies descienden a la muerte; sus pasos sustentan el sepulcro; sus caminos son inestables; no los conocerás" (RV).
[182] Diógenes Laercio, *Vidas*, VII, 26.

Yo quisiera que las sirvientas, que van a la izquierda de sus señoras o que las siguen, que no hablen desvergonzadamente y que no cometan acción alguna obscena, sino que se comporten prudentemente ante ellas.

res y así manchan su cara. Salomón denomina a este tipo de mujer: "insensata, atrevida, ignorante de lo que es la vergüenza; se sienta a la puerta de su casa en una silla, provocando descaradamente a los viandantes, a los que siguen recto su camino" (Pr. 9:13-15), diciendo claramente con su figura y con su vida toda: "¿Quién es el más necio de vosotros? Apóyese en mí". Y a los que carecen de seso los exhorta diciendo: "Probad con placer el pan escondido, y el agua dulce robada" (Pr. 9:16, 17); el agua robada se refiere a Afrodita.[183]

72.1. Inspirándose en este texto, el beocio Píndaro exclama: "Es algo dulce la furtiva solicitud de Cipris".[184] Pero él, infeliz, no sabe que los hijos de la tierra perecerán por Afrodita, y que él la encontrará en lo profundo del Hades. Pero, ¡huye! –dice el Pedagogo–. ¡No detengas en ella tu mirada!, porque, si lo haces, el agua ajena te inundará y te deslizarás hacia el Aqueronte.[185]

2. Por eso dice el Señor por boca de Isaías: "Por cuanto las hijas de Sion se ensoberbecen, y andan con el cuello erguido y con ademanes provocativos en sus miradas; cuando andan van danzando, y haciendo son con los pies: Por tanto, pelará el Señor la mollera de las hijas de Sion, y descubrirá sus vergüenzas" (Is. 3:16, 17), su vergonzosa condición.

73.1. Yo quisiera que las sirvientas, que van a la izquierda de sus señoras o que las siguen, que no hablen desvergonzadamente y que no cometan acción alguna obscena, sino que se comporten prudentemente ante ellas. El cómico Filemón dice en tono de fuerte reproche:

2. *Al salir*
veo detrás de una mujer libre
a una hermosa esclava que sola va detrás
y que uno desde el monumento de Platea la sigue
guiñándole el ojo.

---

[183] Diosa del amor y de la belleza, propiamente "astuta", "hábil", "ladina".

[184] Cipris, sinónimo de Afrodita, puesto que era venerada en Chipre.

[185] Río infernal que habían de atravesar los muertos para entrar en los infiernos, según la mitología griega. "Las aguas hurtadas son dulces, y el pan comido en oculto es suave. Y no saben que allí están los muertos; que sus convidados están en los profundos de la sepultura" (Pr. 9:18).

3. El desenfreno de la esclava se vuelve, efectivamente, contra la señora, pues da pie a quienes intentan acciones insignificantes a no tener miedo de mayores empresas, poniendo en evidencia la señora, al no reprocharlas, su indulgencia con las acciones vergonzosas. Ciertamente, no irritarse con los licenciosos es indicio inequívoco de una mente que tiende a una conducta semejante. Como suele decirse: "Cual es la señora, así la criada".[186]

4. También debemos desterrar la excentricidad en el andar, y preferir la dignidad y la serenidad, no el paso lento en exceso, ni el contonearse por las calles, ni atropellando, buscar con la mirada a los que nos vamos encontrando para ver si nos miran, como el que avanza en escena solamente y es señalado con el dedo.[187]

5. Tampoco debe uno dejarse llevar por sus criados para subir una cuesta, como vemos hacer a los más fastuosos, a pesar de que parecen robustos, si bien, en realidad, están destrozados por la debilidad de su alma. El hombre noble no debe mostrar en su rostro ningún signo evidente de blandura, ni en ninguna otra parte de su cuerpo.

74.1. Así pues, que ni en los movimientos, ni en la forma de comportarse se encuentre jamás la vergüenza del afeminamiento. El que está sano tampoco debe tratar a los esclavos como si fuesen bestias de carga.[188]

2. Porque, así como a ellos se les manda "se sometan respetuosamente a sus amos, no sólo a los buenos y afables, sino también a los de genio áspero" (1ª P. 2:18), dice Pedro; así la equidad, la magnanimidad y la humanidad deben ser practicadas por los amos. "Finalmente, sed todos de un mismo corazón, compasivos, amándoos fraternalmente, misericordiosos, amigables; no volviendo mal por mal, ni maldición por maldición, sino antes por el contrario, bendiciendo; sabiendo que vosotros sois llamados para que poseáis bendición en herencia" (1ª P. 3:8, 9).

3. Me parece que Zenón de Citio traza un noble y amable retrato del adolescente. Lo describe así: "Que su rostro esté limpio, que sus cejas no estén fruncidas, que su

---

[186] Epicarmos, *Fragm.* 168.
[187] Horacio, *Odas,* IV, 3, 22.
[188] Platón, *Las Leyes,* VI, 760.

mirada no sea descarada ni languideciente, que no eche su cuello hacia detrás, ni estén flojos los miembros de su cuerpo, sino erguidos y tensos, que sea agudo en correcta conversación, que retenga lo que se ha dicho correctamente, y que sus actitudes y movimientos no den pie a esperanza alguna para los libidinosos. Florezca en él el pudor y la virilidad. Que se aleje del relajamiento de las perfumerías, de los talleres de los orfebres, y de los mercados de lana, y de los demás talleres, en donde, acicalados como prostitutas, pasan el día, como las mujeres que esperan sentadas en el burdel".[189]

75.1. Así pues, que tampoco los hombres pierdan el tiempo parloteando en las barberías y tabernas y que acaben, de una vez, de ir a la caza de las mujeres que pasan; además, no dejan de hablar mal de todo el mundo con el fin de provocar carcajadas.

2. También debe prohibirse el juego de dados y el afán de ganar dinero con el juego de las tabas, que tanto les gusta practicar. Tal es el pago que la falta de control cobra a quienes pueden malgastar su tiempo en libertinaje. Sin duda, la inactividad es su principal causa. Y es que hay quien se enamora de vanidades ajenas a la verdad, por no ser capaz de ninguna otra satisfacción sin causar daño; la forma de vida de cada hombres es fiel reflejo de su pensamiento.

3. Pero, como es natural, sólo las relaciones con hombres buenos son provechosas. Por el contrario, el trato con los hombres malvados es una acción grosera, propia de los cerdos, por eso, el sapientísimo Pedagogo, por boca de Moisés, prohibió al antiguo pueblo comer carne de cerdo (Lv. 17:37; Dt. 14:8), mostrando con ello que los que invocan a Dios no deben tener tratos con los impuros que, cual cerdos, se regocijan con los placeres del cuerpo, con alimentos fangosos y con los cosquilleos injuriosos deseando escarbar en el placer de Afrodita que se goza en el mal.

4. Pero dice también que no pueden comerse: "milanos, rapaces de veloces alas, águilas" (Lc. 11:14; Dt. 14:12-13), dando a entender que no se acerquen a quienes pretenden ganarse la vida por medio de la rapiña, y también las otras cosas a las que se refiere alegóricamente en el mismo sentido.

---

[189] Zenón, *Fragm.*, 246.

76.1. Así pues, ¿con quiénes debemos convivir? Con los justos, insiste de nuevo alegóricamente. Porque todo "animal que tiene la uña hendida en dos y que rumia" (Lv. 11:3) es puro. Pues la uña hendida significa el equilibrio de la justicia, la de la balanza de platos iguales, que rumia el alimento propio de la justicia, es decir, el Logos, que penetra en nosotros desde fuera por medio de la catequesis, y que, de nuevo, es rumiado en una meditación racional como el alimento del estómago.

2. El justo, con el Logos en la boca, rumia el alimento espiritual, y la justicia tiene, con razón, pezuña hendida porque nos santifica aquí, en esta vida, y nos lleva a la futura.

3. El Pedagogo, ciertamente, no nos conducirá a los espectáculos. No sin razón alguien podría llamar a los estadios y a los teatros "cátedra de pestilencia",[190] pues allí hay también un "consejo" (Sal. 1:1) que trama el mal contra el Justo, razón por la que es maldita esta asamblea que condena al Justo.[191]

4. Ese tipo de reuniones rebosan mucho desorden e iniquidad, y los pretextos de las reuniones son la causa del desorden, por reunirse, indistintamente, hombres y mujeres, con el único objeto de contemplarse mutuamente.[192] De ahí que la reunión esté llena de frivolidad.

77.1. En efecto, los apetitos se inflaman cuando la mirada lasciva, y lo ojos, habituados a mirar impúdicamente al prójimo por estar ocioso, encienden los deseos eróticos.

2. Por lo tanto, deben suprimirse los espectáculos y las audiciones por estar repletos de bufonería y de charlatanería. ¿Qué acción torpe no se muestra en los teatros? ¿Qué desvergonzadas palabras no pronuncia los bufones? Los que disfrutan con los vicios de aquéllos, es evidente que, cuando están en sus casas, tratan de imitar tales representaciones, y, al contrario, quienes no se dejan seducir y son insensibles a ellos, no podrán resbalar jamás hacia los fáciles placeres.

---

[190] O "silla de escarnecedores" (Sal. 1:1).
[191] Cf. Hch. 3:14: "Vosotros al Santo y al Justo negasteis, y pedisteis que se os diese un homicida".
[192] Ovidio, *El arte de amar*, I, 99.

3. Pero, si me dicen que toman los espectáculos como un tipo de juego, a modo de pasatiempo, yo afirmo que no son prudentes aquellas ciudades que toman en serio los juegos.

4. No, ya no son juegos esa despiadada ambición de gloria, que llega al extremo de la muerte, tampoco la avidez de vanidades, ni esas irracionales ostentaciones y cuantiosos gastos sin sentido, ni tampoco son juegos de niño las discordias que con este motivo se originan entre ellos.

78.1. La indolencia jamás debe comprarse con futilidades, porque el que sea razonable nunca preferirá lo placentero a lo mejor. Pero no todos somos filósofos, se dice. ¿Acaso no vamos todos hacia la vida? ¿Qué dices tú? ¿Cómo, pues, has llegado a creer? Y más aún, ¿cómo amas a Dios y a tu prójimo, si no filosofas?[193] ¿Cómo te amas a ti mismo, si no amas la vida?

2. No sé leer, dice. Pero, si no aprendiste a leer, no puedes excusarte de escuchar, diciendo que no se te ha enseñado. Pues la fe no es una posesión de los sabios según el mundo, sino de los que son sabios según Dios (1ª Co. 1:26, 27). Además, la fe se enseña incluso sin letras; su código, acomodado a los ignorantes y al mismo tiempo divino, recibe el nombre de caridad: obra espiritual.

3. Podemos escuchar, ciertamente, la divina sabiduría, y también podemos vivir como ciudadanos; y tampoco nos está prohibido dirigir los asuntos del mundo ordenadamente según Dios.

4. Que el vendedor o el comprador no ponga nunca dos precios, según venda o compre, sino que diga sencillamente uno solo, procurando que sea el verdadero, pues, aunque no consiga este precio, conseguirá la verdad y se enriquecerá por su recta conducta.

79.1. ¡Quede suprimido el elogio y el juramento acerca de los artículos que se venden, quede también suprimido el juramento para lo demás! Así filosofen los comerciantes del ágora y los mercaderes al por menor: "No tomes en vano el nombre del Señor, porque el Señor no juzgará inocente a quien tome su nombre en vano" (Éx. 20:7).

---

[193] Una vez más, Clemente entiende por filosofía su vertiente moral y práctica.

2. Y a los que obran contra este precepto, a los avaros, a los mentirosos, a los hipócritas, a los que comercian con la verdad,[194] el Señor los expulsa de la casa de su Padre, pues no quiere que la santa mansión de Dios sea casa de comercio fraudulento, o de palabras o de posesiones materiales.

3. La mujer y el varón deben ir decentemente vestidos a la iglesia (*ekklesía*),[195] con paso natural, saludándose con recogimiento, llenos de "sincera caridad",[196] puros de cuerpo y de alma, dispuestos a orar a Dios.

4. Que la mujer, además, observe esto: vaya siempre con velo, excepto cuando está en casa,[197] pues su figura debe ser respetable e inaccesible a las miradas. Con el pudor y el velo ante sus ojos no se extraviará jamás, ni incitará a otro a caer en el pecado, por desnudar su rostro. Esta es la voluntad del Logos, porque conviene a la mujer orar cubierta (1ª Co. 11:5, 6).

5. Se dice que la mujer de Eneas, por su gran modestia, no se descubrió, ni siquiera cuando fue presa del miedo en la toma de Troya, sino que, mientras huía del incendio, permaneció cubierta (Virgilio, *Eneida*, II, 736).

80.1. Sería muy de desear que los iniciados en Cristo se mostrasen y se comportasen en toda su vida con la misma gravedad con que se comportan en las asambleas, y que fuesen –no sólo en apariencia– tan pacíficos, tan piadosos y tan amables.

2. Pero el caso es que no sé cómo cambian de proceder y de figura según los lugares, como los pulpos que, según dicen, cambian el color de su piel, asemejándose a las rocas en las que están.

3. Porque, al salir de la reunión, abandonando la religiosidad que allí tenían, se asemejan a la multitud con la que conviven. Es más, desprendiéndose de su falsa e hipócrita modestia, quedan al descubierto tal como son en realidad.

---

[194] Cf. 2ª Co. 2:17: "Porque no somos como muchos, mercaderes falsos de la Palabra de Dios: antes con sinceridad, como de Dios, delante de Dios, hablamos en Cristo".
[195] Debe entenderse la asamblea cristiana, no el edificio.
[196] Cf. Ro. 12:9: "El amor sea sin fingimiento"; 2ª Co. 6:6: "En amor no fingido".
[197] Platón, *La República*, V, 452.

Si hemos sido llamados al Reino de Dios, vivamos de una forma digna de este Reino; amando a Dios y al prójimo. El amor no consiste en un beso, sino en la benevolencia. En efecto, hay quienes hacen resonar las iglesias con un beso, sin tener amor dentro de su corazón. Hacer un uso desmedido del beso, que debería ser místico –el apóstol lo llamó "santo"–, ha desencadenado vergonzosas sospechas y calumnias. Existe también otro beso impuro, plagado de veneno, que finge santidad.

4. Después de haber escuchado con veneración la palabra de Dios, la dejan donde la oyeron y, una vez fuera, andan de acá para allá con los ateos, contaminados totalmente por los sonidos y los acordes de música erótica: por la flauta, por el ritmo, por la embriaguez y por cualquier agitación popular. Eso es lo que cantan y responden los mismos que poco antes celebran con himnos la inmortalidad, y luego acaban cantando la más depravada palinodia: "comamos y bebamos, que mañana moriremos" (1ª Co. 15:32).

81.1. Mas éstos morirán, no mañana, ciertamente, sino que ya han muerto para Dios, sepultando sus propios cadáveres, es decir, enterrándose a sí mismos en la muerte. El apóstol se enfrenta a ellos con singular dureza: "No os engañéis; ni los adúlteros, ni los afeminados, ni los sodomitas, ni los ladrones, ni los codiciosos, ni los borrachos, ni los ultrajadores, ni todo cuanto les acompaña en su canto, heredarán el reino de Dios" (1ª Co. 6:9, 10).

2. Si hemos sido llamados al Reino de Dios, vivamos de una forma digna de este Reino;[198] amando a Dios y al prójimo (Mt. 22:37-39). El amor no consiste en un beso, sino en la benevolencia. En efecto, hay quienes hacen resonar las iglesias con un beso, sin tener amor dentro de su corazón.

3. Hacer un uso desmedido del beso, que debería ser místico –el apóstol lo llamó "santo"–,[199] ha desencadenado vergonzosas sospechas y calumnias. Gustado dignamente el Reino, dispensemos la benevolencia del alma a través de la boca casta y cerrada, por la que se muestra su carácter pacífico.[200]

4. Existe también otro beso impuro, plagado de veneno, que finge santidad. ¿No sabéis, acaso, que también las tarántulas con sólo el contacto de su boca consumen de dolor a los hombres y que los besos inyectan a menudo el veneno de la impureza?

---

[198] Cf. Fil. 1:27: "Solamente que converséis como es digno del evangelio de Cristo". 1ª Ts. 2:12: "Y os protestábamos que anduvieseis como es digno de Dios, que os llamó a su reino y gloria".
[199] Ro. 16:16; 1ª Co. 16:20; 2ª Co. 13:12; 1ª Ts. 5:26.
[200] "¿Cuándo debe darse el beso de paz si no en el cumplimiento de nuestras observancias religiosas, mientras nuestra oración asciende al cielo, hecha más digna de alabanza debido a nuestra caridad?" (Tertuliano, *La oración*, 18, 2, CLIE, 2001).

82.1. Para nosotros, pues, está bien claro que el beso en sí no es amor, porque "el amor procede de Dios", dice Juan, y "este es el amor de Dios: que observemos sus mandamientos" (1ª Jn. 4:7; 5:3); para que no nos demos alegrías unos a otros con la boca; pues "sus mandamientos no son pesados" (1ª Jn. 5:3).

2. Ciertamente, esos afectuosos abrazos de los amantes en plena calle, llenos de una estúpida franqueza, propios de los que quieren dejarse ver por los extraños, carecen del más mínimo mérito.

3. Si conviene orar a Dios en secreto de la habitación (Mt. 23:7; Mr. 12:38), de ello se sigue que también al prójimo, al que estamos obligados a amar en segundo lugar, le mostremos nuestro afecto en casa, en secreto, igual que a Dios, eligiendo el momento oportuno.

4. Porque "nosotros –dice– somos la sal de la tierra" (Mt. 5:13), y como dice la Escritura: "El que bendice a su amigo en alta voz, madrugando de mañana, por maldición se le contará" (Pr. 27:14).

5. Me parece que debemos abstenernos, sobre todo, de mirar a las mujeres, porque no sólo tocándolas, sino simplemente mirándolas, se puede pecar (Mt. 5:28), acción que debe rehuir necesariamente todo hombre que haya recibido una recta educación.

83.1. "Tus ojos miren lo recto, y tus párpados en derechura delante de ti" (Pr. 4:25). ¿No es posible que quien mira no caiga? Hay que prevenir la caída. Porque quien mira puede caer, pero quien no mira difícilmente puede llegar a desear.

2. Los prudentes no sólo deben mantenerse puros, sino que deben esforzarse por mantenerse al margen de todo reproche, evitando toda causa de sospecha, para reunir en sí toda la pureza, con el fin, no sólo de ser fieles, sino de parecer también dignos de fe.

3. En conclusión: debe observarse todo esto, "para que –como dice el apóstol– nadie nos censure en esta abundancia que ministramos; procurando las cosas honestas, no sólo delante del Señor, sino aun delante de los hombres" (2ª Co. 8:20-21). "Aparta tu ojo de la mujer agraciada, y no observes la belleza ajena" (*Eclesiástico* 9:8), dice la Escritura.

Los prudentes no sólo deben mantenerse puros, sino que han de esforzarse por mantenerse al margen de todo reproche.

4. Y si no sabes el porqué, te lo explicará debidamente: "Muchos, en verdad, se extraviaron por la belleza de una mujer, y, a causa de ella, el amor se inflama como el fuego" (*Eclesiástico* 9:8). Ese amor que del fuego nace, y que se llama *eros* –deseo apasionado–, conduce mediante el pecado a un fuego inextinguible.

12

Breve exposición sobre la vida mejor. Pasajes de las Sagradas Escrituras que caracterizan la vida de los cristianos

84.1. Yo exhortaría también a los maridos a no besar a sus mujeres en casa en presencia de los criados. Aristóteles ni siquiera permitía que se sonriera a los esclavos;[201] mucho menos conviene manifestar ante su vista el afecto a la mujer. La mejor medida es que, ya desde los primeros días de matrimonio, se dé muestras de respetable dignidad. Pues es una cosa excelsa la unión presidida por la templanza, que exhala un placer puro.

2. Así lo expresa la tragedia maravillosamente:
¡Ay! ¡Ay!, mujeres, que entre todas las cosas humanas,
ni el oro, ni el poder, ni el lujo de la riqueza
producen tan variados placeres como
la justa y prudente sensatez
de un varón bueno y de una mujer piadosa.[202]

No deben rechazarse estos mandatos de la justicia, ni siquiera aunque hayan sido expresados por quienes siguen la sabiduría mundana.

85.1. Conscientes, pues, del deber de cada cual, "vivid en temor todo el tiempo de vuestra peregrinación, sabiendo que habéis sido rescatados de vuestra vana conversación, la cual recibisteis de vuestros padres, no con cosas corruptibles, como oro o plata; sino con la sangre preciosa de Cristo, como de un cordero sin mancha y sin contaminación" (1ª P. 1:17-19).

2. "Nos debe bastar que el tiempo pasado de nuestra vida hayamos hecho la voluntad de los gentiles, cuando

Conscientes del deber de cada cual, "vivid en temor todo el tiempo de vuestra peregrinación, sabiendo que habéis sido rescatados de vuestra vana conversación, la cual recibisteis de vuestros padres, no con cosas corruptibles, como oro o plata; sino con la sangre preciosa de Cristo, como de un cordero sin mancha y sin contaminación".

---

[201] Aristóteles, *Fragm.*, 183. Estas duras exigencias obedecían al sentimiento de hacerse respetar, para contrarrestar el miedo que los propietarios de esclavos sentían ante una posible rebelión, que era preciso evitar no sólo mediante la fuerza, sino mediante el ejemplo de los señores. Por eso, Platón también decía que no había que permitirse confianzas con los sirvientes, sino ser los primeros en levantarse cada mañana, y no dejarse dominar por los vicios, pues se creía que los esclavos tenían la psicología de un chiquillo que rápidamente se dejaba llevar por la imitación de los malos ejemplos.

[202] Apolónides, *Fragm.*, 1.

andábamos en lascivias, en concupiscencias, en embriagueces, abominables idolatrías" (1ª P. 4:3).

3. Tengamos como límite la cruz del Señor, en la que nos atrincheramos y protegemos de nuestros anteriores pecados regenerados, pues, seamos clavados en la verdad, seamos sobrios y santifiquémonos, "porque los ojos del Señor están sobre los justos, y sus oídos atentos a sus oraciones: Pero el rostro del Señor está sobre aquellos que hacen mal. ¿Y quién es aquel que os podrá dañar, si vosotros seguís el bien?" (1ª P. 3:12, 13).

4. La mejor conducta es el buen orden,[203] que es dignidad perfecta y una fuerza ordenada sin duda para bien disponer en la ejecución, unas tras otras, las acciones.[204]

86.1. Aunque me haya expresado con excesiva severidad, os he dicho estas cosas para procurar, por la enmienda, vuestra salvación –dice el Pedagogo–, ya que "el que censura con franqueza obra la paz", y vosotros, si me escucháis, os salvaréis; mas, si no prestáis atención a mis palabras, no me importa, me importa, sin embargo, y de esta manera: él prefiere "el arrepentimiento del pecador a su muerte" (Éx. 18:25).

2. "Si quisiereis y oyereis, comeréis el bien de la tierra" (Is. 1:19), afirma de nuevo el Pedagogo. Y llama bienes de la tierra a los bienes humanos, la belleza, la riqueza, la salud, la fuerza y el alimento. Porque los bienes verdaderos son "cosas que ojo no vio, ni oreja oyó, ni han subido en corazón de hombre" (1ª Co. 2:9), bienes relativos al que es verdadero rey,[205] bienes que realmente existen y que nos aguardan, pues Él es el dador y el guardián de los bienes. Los de aquí abajo reciben el nombre de bienes por su participación en aquellos, y así el Logos educa divinamente la debilidad humana, pasando de las cosas sensibles a la inteligencia.

87.1. El Pedagogo nos ha mostrado suficientemente cómo debemos comportarnos en casa y cómo corregir nuestra vida. Ahora añade y expone sumariamente, con

---

[203] Principio moral de la filosofía griega, conocido por Ignacio de Antioquía, Taciano, Atenágoras y otros autores cristianos.
[204] Crisipo, *Fragm. moral*, 276.
[205] Cf. Ap. 1:6: "Y nos ha hecho reyes y sacerdotes para Dios, su Padre".

palabras de la misma Escritura, los preceptos que gusta dar a los niños aunque sea largo el camino que los lleva al Maestro; nos los expone con sencillez, acomodándose a la duración del camino y dejando para el Maestro las explicaciones pertinentes. Pues su ley desea quitar gradualmente el temor, liberando la voluntad para que acepte la fe.

2. Dice: escucha, niño, tú que has recibido una hermosa instrucción, los puntos principales de la salvación. Yo te descubriré mis normas de vida y te daré estos buenos preceptos, por los que llegarás a la salvación. Te llevo por el camino de la salvación. Aléjate de los caminos del error, "porque el Señor conoce el camino de los justos, y el camino de los impíos perecerá" (Sal. 1:6).

3. Sigue, pues, niño, el buen camino que yo te mostraré; mantén atentos tus oídos, "y yo te daré tesoros ocultos, secretos, invisibles" (Is. 45:3) para los gentiles, y visibles para nosotros. "Los tesoros de la sabiduría son inagotables" (Lc. 12:33), de los que, tras admirarlos, exclama el apóstol: "¡Oh profundidad de la riqueza y de la sabiduría!" (Ro. 11:33).

3. Muchos tesoros nos son suministrados por un único Dios; unos, por medio de la ley; otros nos son revelados por los profetas; otros, por boca divina,[206] y otros acompañan a los siete dones del Espíritu. Pero el Señor, que es uno, es también, por medio de estos dones, el mismo Pedagogo.

88.1. He aquí, pues, un precepto capital y un consejo práctico que lo abarca todo: "Todas las cosas que quisierais que los hombres hiciesen con vosotros, así también haced vosotros con ellos" (Mt. 7:12). Es posible resumir en dos los preceptos, como dice el Señor: "Amarás a tu Dios con todo tu corazón, con toda tu alma y con toda tu fuerza, y al prójimo como a ti mismo" (Mt. 22:40). Luego añade: "De estos dos mandamientos dependen la ley entera y los profetas".

2. Y así, al que le preguntaba: "¿Qué debo hacer para heredar la vida eterna?", le respondió: "¿Sabes los man-

---

[206] "La boca divina (*to stoma theion*) de que aquí habla Clemente, es con toda probabilidad el tiempo de la vida mortal de Jesús, en que enseña a los discípulos con su palabra" (L. F. Ladaria, *op. cit.*, p. 31).

damientos?" Y habiendo dicho que sí, le dijo: "Haz eso y serás salvo" (Lc. 10:28).

3. No obstante, debo exponer bien claramente el amor del Pedagogo a los hombres, valiéndome de abundantes y salvadores preceptos, a fin de que, gracias a una amplia distribución de los textos de las Escrituras, podamos encontrar más fácilmente la salvación.

89.1. Tenemos el Decálogo por medio de Moisés, representado alegóricamente por una simple y única letra,[207] que indica el nombre salvador de los pecados. "No cometerás adulterio, no adorarás a los ídolos", no corromperás a los niños,[208] "no robarás, no pronunciarás falso testimonio; honra a tu padre y a tu madre", y otros que siguen. Estas son las cosas que debemos cumplir, y cuantas otras cosas se nos recomiendan en la lectura de la Biblia.

2. Nos ordena por boca de Isaías: "Lavad, limpiaos; quitad la iniquidad de vuestras obras de ante mis ojos; dejad de hacer lo malo; aprended a hacer bien: buscad juicio, restituid al agraviado, oíd en derecho al huérfano, amparad a la viuda. Venid luego, dirá el Señor, y estemos a cuenta" (Is. 1:16-18).

3. Muchos más preceptos podríamos encontrar en los libros sagrados; por ejemplo, los relativos a la oración: "Las buenas acciones son una oración acogida por el Señor", dice la Escritura.[209]

4. Y también se indica el modo de la oración: "Cuando veas al desnudo, vístele, y no desprecies al que es de tu misma raza. Entonces aparecerá tu luz, tu curación surgirá deprisa, y ante ti caminará la justicia, y la gloria de Dios te circundará" (Is. 58:7, 8).[210]

---

[207] La letra i (*iota*), con el valor numérico de 10, y primera letra del nombre de Jesús (*Iesus*)

[208] Mandamiento que se halla en la *Didaché*, 2, y que revela la extensión de la pederastia, a la que el cristianismo tenía que hacer frente de un modo contundente.

[209] Clemente no cita textualmente. El pasaje dice: "Los labios mentirosos son abominación al Señor, mas los obradores de verdad su contentamiento" (Pr. 12:22).

[210] "¿No es que partas tu pan con el hambriento, y a los pobres errantes metas en casa; que cuando vieres al desnudo, lo cubras, y no te escondas de tu carne? Entonces nacerá tu luz como el alba, y tu salud se dejará ver presto; e irá tu justicia delante de ti, y la gloria de Jehová será tu retaguardia" (RV).

5. Y ¿cuál es el fruto de esa oración? "Entonces invocarás, y te oirá el Señor; clamarás, y dirá él: Heme aquí" (v. 9).

90.1. Y sobre el ayuno dice: "¿Por qué, dicen, ayunamos, y no hiciste caso; humillamos nuestras almas, y no te diste por entendido? He aquí que en el día de vuestro ayuno halláis lo que queréis, y todos demandáis vuestras haciendas. He aquí que para contiendas y debates ayunáis, y para herir con el puño inicuamente; no ayunéis como hoy, para que vuestra voz sea oída en lo alto. ¿Es tal el ayuno que yo escogí, que de día aflija el hombre su alma, que encorve su cabeza como junco, y haga cama de saco y de ceniza? ¿Llamaréis esto ayuno, y día agradable al Señor? (vv. 3-5). Pero, ¿qué enigmático significado encierra el ayuno?

2. Dice el Señor: "¿No es antes el ayuno que yo escogí, desatar las ligaduras de impiedad, deshacer los haces de opresión, y dejar ir libres a los quebrantados, y que rompáis todo yugo? ¿No es que partas tu pan con el hambriento, y a los pobres errantes metas en casa; que cuando vieres al desnudo, lo cubras, y no te escondas de tu hermano?" (vv. 6, 7).

3. Asimismo, respecto a los sacrificios: "¿Para qué a mí, dice el Señor, la multitud de vuestros sacrificios? Harto estoy de holocaustos de carneros, y de sebo de animales gruesos; no quiero sangre de bueyes, ni de ovejas, ni de machos cabríos. ¿Quién demandó esto de vuestras manos, cuando vinieseis a presentaros delante de mí, para hollar mis atrios? No me traigáis más vano presente; el perfume me es abominación: luna nueva y sábado, el convocar asambleas, no las puedo sufrir; son iniquidad vuestras solemnidades" (Is. 1:11-13).

4. ¿Cómo, pues, ofreceré un sacrificio en honor del Señor? Dice: "Los sacrificios de Dios son el espíritu quebrantado" (Sal. 51:17). ¿Cómo, pues, coronaré o ungiré de perfume? ¿Qué incienso quemaré para el Señor? "Es aroma de perfume para Dios –dice– un corazón que glorifica a quien lo ha modelado".[211] Estas son las coronas, sacrificios, aromas y flores de Dios.

Sobre el ayuno dice: "¿No es antes el ayuno que yo escogí, desatar las ligaduras de impiedad, deshacer los haces de opresión, y dejar ir libres a los quebrantados, y que rompáis todo yugo?". Respecto a los sacrificios: "Los sacrificios de Dios son el espíritu quebrantado" ¿Qué incienso quemaré para el Señor? "Es aroma de perfume para Dios –dice– un corazón que glorifica a quien lo ha modelado". Estas son las coronas, sacrificios, aromas y flores de Dios.

---

[211] Esta cita no aparece en la Biblia, sino en la epístola de Bernabé y en los escritos de Ireneo, *Contra las herejías*, IV, 17, 2.

91.1. Sobre el perdón, dice: "Si tu hermano peca, repréndelo; y si se arrepiente, perdónalo. Y si siete veces al día peca contra ti y siete veces se vuelve a ti diciendo: «me arrepiento», perdónalo" (Lc. 17:3, 4).

2. A los soldados ordena por boca de Juan, que se contenten con su soldada (Lc. 3:14); y a los recaudadores de impuestos que no exijan más de lo estrictamente fijado (Lc. 3:13). Y al juez: "No hagas en juicio acepción de personas, porque el soborno ciega los ojos de los que ven y corrompe las palabras de los justos" (Dt. 16:19). "Protege al que es objeto de atropellos" (Is. 1:17).

3. Y a los administradores: "Una posesión adquirida injustamente se desprecia" (Pr. 13:11). Con respecto a la caridad, dice: "La caridad cubre multitud de pecados" (1ª P. 4:8). Y por lo que a la conducta cívica se refiere: "Dad al César lo que es del César, y a Dios lo que es de Dios" (Mt. 22:21).

4. Y sobre el juramento y el rencor: "Yo no ordené a vuestros padres, cuando salieron de la tierra de Egipto, que me ofreciera holocaustos y sacrificios; sólo les di esa orden: que cada uno de vosotros no guarde rencor en su corazón contra el prójimo; que no ame el falso juramento" (Jer. 7:22; Zac. 7:10; 8:17).

92.1. Respecto a los mentirosos y soberbios, los amenaza con estos términos: "¡Ay de los que a lo malo dicen bueno, y a lo bueno malo; que hacen de la luz tinieblas, y de las tinieblas luz; que ponen lo amargo por dulce, y lo dulce por amargo! ¡Ay de los sabios en sus ojos, y de los que son prudentes delante de sí mismos!" (Is. 5:20, 21). "El que se humilla será ensalzado, y el que se ensalza será humillado" (Mt. 21:22).

2. A los misericordiosos les llama bienaventurados "porque alcanzarán misericordia" (Mt. 5:7), y la sabiduría llama desgraciada a la ira, porque perderá incluso a los prudentes (Pr. 15:1).

3. Ordena amar a los enemigos y bendecir a los que nos maldicen y rogar por los que nos calumnian. Dice: "Al que te hiera en la mejilla, preséntale también la otra; y si alguien te quita la túnica, no le impidas tomar la capa" (Lc. 6:27-29).

4. Y refiriéndose a la fe asegura: "Todo cuanto pidiereis en oración con fe, lo recibiréis" (Mt. 21:22). "Nada es

seguro para los incrédulos", según Píndaro. Debemos servirnos de los esclavos como de nosotros mismos, porque son hombres como nosotros. Pues, "Dios –si te fijas bien– es el mismo para todos; para los libres y para los esclavos".[212]

93.1. Es más, incluso a los criados que incurren en falta no se les debe castigar, sino amonestar; "porque el que se abstiene del bastón quiere mal a su hijo" (Pr. 13:24).[213]

2. Rechaza también la vanagloria, al decir: "¡Ay de vosotros, fariseos, que amáis los primeros asientos en las sinagogas y los saludos en las plazas!" (Lc. 11:43).

3. En cambio, acoge con afecto la conversión del pecador, porque ama el arrepentimiento que sigue al pecado.[214] Sólo el Logos carece de pecado: "El errar es algo connatural y común a todos; pero salir del error no es propio de cualquiera, sino de un varón excepcional".[215]

4. Sobre la generosidad dice: "Venid, benditos de mi Padre, heredad el reino preparado para vosotros desde la fundación del mundo. Porque tuve hambre, y me disteis de comer; tuve sed, y me disteis de beber; fui huésped, y me recogisteis; desnudo, y me cubristeis; enfermo, y me visitasteis; estuve en la cárcel, y vinisteis a mí" (Mt. 25:34-36).

5. Pero, ¿cuándo hicimos nosotros algo de todo eso con el Señor? El mismo Pedagogo, tomando como manifestación de amor a Él las buenas acciones realizadas con

---

[212] Menandro, *Fragm.*, 681. Clemente podría haber citado el texto paulino: "No hay judío, ni griego; no hay siervo, ni libre; no hay varón, ni hembra; porque todos vosotros sois uno en Cristo Jesús"; o: "Donde no hay griego ni judío, circuncisión ni incircuncisión, bárbaro ni escita, siervo ni libre; mas Cristo es el todo, y en todos" (Col. 3:11); pero dirigiéndose a un auditorio que no toma en serio la autoridad de las Escrituras prefiere intercalar citas de autores de su trasfondo para así mostrar la concordancia de la verdad evangélica con las aspiraciones más nobles del paganismo, pues es del Logos-Cristo del que todos beben la verdad y a quien deben la luz de la inteligencia moral.

[213] No se entiende demasiado la pertinencia de esta cita, que Clemente parece comprender en sentido contrario al original.

[214] Cf. Ez. 18: "¿Quiero yo la muerte del impío? dice el Señor. ¿No vivirá, si se apartare de sus caminos?" (v. 23). "Que no quiero la muerte del que muere, dice el Señor, convertíos pues, y viviréis" (v. 32). "Vivo yo, dice el Señor, que no quiero la muerte del impío, sino que se torne el impío de su camino, y que viva. Volveos, volveos de vuestros caminos" (33:11).

[215] Menandro, *Fragm.*, 680.

los hermanos, dirá: "Cuanto hicisteis con estos pequeños, a mí lo hicisteis. Éstos irán a la vida eterna" (Mt. 25:40, 46).

94.1. Estas son las leyes del Logos: las exhortaciones no están escritas en tablas de piedra por el dedo del Señor (Éx. 31:18), sino inscritas en el corazón de los hombres, las únicas que no son afectadas por la destrucción.[216] Razón por la cual fueron rotas las tablas de los que eran duros de corazón (Éx. 32:19), a fin de que la fe de los niños fuese impresa en las mentes dóciles. Pero ambas leyes servían al Logos para la educación de la humanidad: una, por mediación de Moisés, y la otra, por medio de los apóstoles.[217]

2. Tal es también la pedagogía de los apóstoles. Considero necesario explicarme sobre este último aspecto; mas recordando lo que ya dije –habla el mismo Pedagogo–, expondré de nuevo, de modo elemental, sus preceptos:

3. "Desechando la mentira, hablad verdad cada uno con su prójimo; porque somos miembros los unos de los otros" (Ef. 4:25). "No se ponga el sol sobre vuestro enojo, ni deis ocasión al diablo" (vv. 26, 27). "El que robaba, no robe ya, sino que trabaje con sus manos en algo provechoso para poder compartir con el que padeciere necesidad" (v. 28).

4. "Toda amargura, y enojo, e ira, y voces, y maledicencia sea quitada de vosotros, y toda malicia; antes sed los unos con los otros benignos, misericordiosos, perdonándoos los unos a los otros, como también Dios os perdonó en Cristo. Sed, pues, sensatos[218] e imitadores de Dios como hijos amados; y andad en amor, como también Cristo nos amó" (vv. 31-5:1, 2).

5. "Las mujeres sométanse a sus maridos como al Señor, y los varones amen a sus esposas, como Cristo amó a la iglesia" Ef. 5:22, 25).

---

[216] "Siendo manifiesto que sois letra de Cristo administrada de nosotros, escrita no con tinta, mas con el Espíritu del Dios vivo; no en tablas de piedra, sino en tablas de carne del corazón" (2ª Co. 3:3).

[217] Como en otras ocasiones, Clemente enfatiza la unidad de origen de ambos Testamentos, el Nuevo y el Antiguo, para conformar la Biblia cristiana.

[218] Sensatos, prudentes, intercalado aquí por Clemente, tomado de Mt. 10:16: "Sed pues prudentes como serpientes, y sencillos como palomas".

95.1. Que los que están unidos en matrimonio se amen el uno al otro, "como a sus propios cuerpos" (Ef. 5:25). "Hijos, obedeced a vuestros padres. Y vosotros, padres, no exasperéis a vuestros hijos, sino educadlos en la disciplina y en la instrucción del Señor. Siervos, obedeced a vuestros señores, como a Cristo, sirviéndoles de corazón" (Ef. 5:25, 28; 6:1, 4-6). "Y vosotros, señores, tratad bien a vuestros esclavos, sin recurrir a la amenaza, conscientes de que el Señor, vuestro y de ellos, está en los cielos y que no hace acepción de personas" (vv. 7, 9).

2. "Si vivimos en el Espíritu, andemos también en el Espíritu. No seamos codiciosos de vana gloria, irritando los unos a los otros, envidiándose los unos a los otros" (Gá. 5:25-26). "Llevad los unos las cargas de los otros, y así cumpliréis la ley de Cristo" (6:2). "No os engañéis: de Dios nadie se burla" (v. 7). "No nos cansemos de hacer el bien, porque a su debido tiempo cosecharemos, si no desfallecemos" (v. 9).

3. "Tened paz los unos con los otros. También os rogamos, hermanos, que amonestéis a los que andan desordenadamente, que consoléis a los de poco ánimo, que soportéis a los flacos, que seáis sufridos para con todos. Mirad que ninguno dé a otro mal por mal; antes seguid lo bueno siempre los unos para con los otros, y para con todos" (1ª Ts. 5:13-15). "No apaguéis el espíritu; no despreciéis las profecías. Probadlo todo, y retened lo bueno. Apartaos de toda especie de mal" (vv. 19-22).

4. "Perseverad en la oración, velando en ella con acción de gracias" (Col. 4:2). "Proceded prudentemente con los de fuera, aprovechando bien el tiempo" (v. 5). "Sea vuestra conversación con gracia, salpicada de sal, de modo que sepáis responder oportunamente a cada uno" (v. 6).

96.1. Alimentados con la palabra de la fe. "Ejercitaos en la piedad, pues el ejercicio corporal es poco provechoso, mas la piedad es útil para todo y posee promesas para la vida presente y para la futura" (1ª Ti. 4:6-8).

2. "Los que tienen amos fieles, no los menosprecien, pues son hermanos; sino que, sírvanles mejor, puesto que son fieles" (6:2).

3. "El que reparte, hágalo en simplicidad; el que preside, con solicitud; el que hace misericordia, con alegría. El amor sea sin fingimiento: aborreciendo lo malo,

llegándoos a lo bueno; amándoos los unos a los otros con caridad fraternal; prefiriéndoos con honra los unos a los otros; en el cuidado no perezosos; ardientes en espíritu; sirviendo al Señor; gozosos en la esperanza; sufridos en la tribulación; constantes en la oración; comunicando a las necesidades de los santos; siguiendo la hospitalidad" (Ro. 12:8-13).

97.1. Estos son algunos de los muchos ejemplos que el Pedagogo muestra a sus niños, entresacándolos de las Sagradas Escrituras, ejemplos con los que se erradica –por así decirlo– el mal y es suprimida la injusticia.

2. En los Libros Santos se hallan escritos otros innumerables consejos destinados a personas determinadas; unos para presbíteros, otros para obispos y diáconos, otros para las viudas, sobre los que en otra ocasión podríamos hablar.

3. Y aunque muchos están expresados mediante enigmas, y otros por medio de parábolas, pueden, en determinados momentos, ser de gran utilidad para quienes los leen. Pero no me corresponde a mí, dice el Pedagogo, enseñar estas cosas. Para la explicación de estas santas enseñanzas necesitamos la ayuda de un Maestro, al cual dirigir nuestros pasos.[219] Así que ha llegado el momento de que yo cese en mi oficio de Pedagogo y de que vosotros escuchéis al Maestro.

98.1. Él, en verdad, que os recibe con una buena educación, os hará comprender sus palabras. La Iglesia es la escuela, y su esposo es el único maestro, benevolencia de un Padre bueno, sabiduría genuina, santuario del conocimiento (*gnosis*).[220]

2. "Y él es la propiciación por nuestros pecados" (1ª Jn. 2:2), como dice Juan; el médico de nuestro cuerpo y de nuestra alma, el hombre entero: Jesús; "y no solamente por los nuestros, sino también por los de todo el mundo. Y en esto sabemos que nosotros le hemos conocido, si guardamos sus mandamientos. El que dice, yo le he conocido, y no guarda sus mandamientos, el tal es mentiroso, y no hay

---

[219] Referencia a la tercera parte de su proyectada trilogía, que hubiera llevado el título de *Didáskalos* o *El Maestro*.

[220] La verdadera dosis comprende una fe adulta y perfecta en el amor.

verdad en él; mas el que guarda su palabra, la caridad de Dios está verdaderamente perfecta en él: por esto sabemos que estamos en él. El que dice que está en él, debe andar como él anduvo" (1ª Jn. 2:2-6).

99.1. ¡Oh alumnos de la bienaventurada pedagogía! Perfeccionemos la hermosa faz de la Iglesia y, cual niños, corramos a esta buena madre; y si nos convertimos en oyentes del Logos, glorifiquemos esta dichosa dispensación, por la que el hombre es educado y santificado como hijo de Dios y, por ser formado por el Pedagogo en la tierra, se convierte en ciudadano del cielo (Fil. 3:20) y recibe allí al Padre que ha aprendido a conocer en la tierra. Todo lo hace, todo lo enseña y todo lo educa el Logos.

2. El caballo es guiado por el freno; el toro, por el yugo; la fiera salvaje es apresada con un lazo; y el hombre es transformado por el Logos; por el cual se domestican las fieras, se pescan los peces con anzuelo y se abaten las aves. Él es, realmente, quien prepara el freno para el caballo, el yugo para el toro, el lazo para la fiera, la caña para el pez y la trampa para el pájaro.

3. Él gobierna las ciudades y cultiva los campos, domina, sostiene y crea las cosas:[221]

Hizo la tierra, el cielo, el mar,
y todos los astros que coronan el cielo.[222]

100.1. ¡Oh divinas obras! ¡Oh divinos mandatos! Que estas aguas se mantengan en sus límites; que ese fuego contenga su cólera; que este aire planee por el éter; que la tierra se mantenga firme y se mueva cuando yo lo disponga. Quiero, además, modelar al hombre. Dispongo de los elementos como materia; vivo con mi criatura. Si llegas a conocerme, el fuego te servirá.

2. ¡Tan grande es el Logos! Él es el Pedagogo, el creador del mundo y del hombre y, por medio de Él, ahora es también pedagogo del mundo. Por disposición suya, ambos fuimos formados y esperamos el juicio. "Porque no

¡Oh alumnos de la bienaventurada pedagogía! Perfeccionemos la hermosa faz de la Iglesia y, cual niños, corramos a esta buena madre; y si nos convertimos en oyentes del Logos, glorifiquemos esta dichosa dispensación, por la que el hombre es educado y santificado como hijo de Dios y, por ser formado por el Pedagogo en la tierra, se convierte en ciudadano del cielo y recibe allí al Padre que ha aprendido a conocer en la tierra. Todo lo hace, todo lo enseña y todo lo educa el Logos.

---

[221] Cf. Col 1:16: "Porque por él fueron creadas todas las cosas que están en los cielos, y que están en la tierra, visibles e invisibles; sean tronos, sean dominios, sean principados, sean potestades; todo fue creado por él y para él".
[222] Homero, *Ilíada*, XXIII, 483-385.

es callada, sino sonora, la palabra que la sabiduría transmite a los mortales", como dice Baquílides.[223]

3. Según Pablo, "que seáis irreprensibles y sencillos, hijos de Dios sin culpa en medio de la nación maligna y perversa, entre los cuales resplandecéis como luminares en el mundo" (Fil. 2:15).

101.1. Así pues, lo que falta por hacer, tras un generoso elogio del Logos, pidámoslo al mismo Logos: sé propicio a tus hijos, Pedagogo, Padre, Guía de Israel, Hijo y Padre, ambos uno solo, oh Señor. Concede a quienes seguimos tus preceptos completar la similitud de la imagen y sentir con toda la fuerza a Dios, como juez bueno y no amargo; tú concédenos todo eso; que vivamos en tu paz sobre la tierra; que seamos trasladados a tu ciudad; que atravesemos sin naufragar las olas del pecado, y que en plena calma seamos llevados junto al Espíritu Santo, la inefable Sabiduría, que noche y día, hasta el día final, demos gracias y ensalcemos al único Padre e Hijo, Hijo y Padre, al Hijo, Pedagogo y Maestro, junto con el Espíritu Santo.

2. Todo para el Uno, pues en Él son todas las cosas, por quien todo es uno, por quien es la eternidad, de quien todos somos miembros; de Él, la gloria y los siglos, pues por siempre Él es Bueno, Sabio y Justo. A Él la gloria, ahora y por los siglos de los siglos, amén.

3. Y, puesto que el mismo Pedagogo, tras incorporarnos a la Iglesia, nos ha entregado a sí mismo, al Logos que enseña y que todo lo ve, sería bueno que nosotros, reunidos allí, elevásemos al Señor una alabanza digna de su excelente pedagogía, como expresión de justo agradecimiento.

---

[223] Baquílides, *Fragm.*, 26.

HIMNO
A CRISTO SALVADOR

Brida de potros indómitos,
ala de aves no erráticas,
timón seguro de naves,
pastor de corderos regios.

A tus sencillos
niños congrega,
para cantar con voces puras santas alabanzas,
para entonar himnos sinceros
a Cristo, guía a los niños.

Rey de santos,
Logos, Soberano,
del Padre Altísimo,
Príncipe de sabiduría.

Fortaleza de los débiles,
siempre complaciente,
de linaje humano
salvador, Jesús,

Pastor, labrador,
timón, brida,
ala celestial
del santo rebaño.

Pescador de mortales,
que se han salvado
del piélago del mal;
a los peces puros
en medio del adverso oleaje
lanza el anzuelo
para una dulce vida.

A tu rebaño espiritual,
Pastor santo, guía,
Rey, de niños puros.
que siguen las huellas de Cristo,
senda celeste,
Logos inagotable,

tiempo sin fin,
Luz eterna,
Fuente de piedad,
agente de virtud
para la vida santa

de los que alaban a Dios,
Cristo Jesús.
leche celestial
de pechos dulces
extraída

de la esposa dispensadora
de tu Sabiduría.
Nosotros, los párvulos,
cuyas sencillas bocas

se alimentan
del seno del Logos
y se sacian
con el rocío del Espíritu,
cantemos juntos

con sencillas alabanzas,
con himnos sinceros,
al Rey Cristo,
como santo tributo
por su enseñanza de vida

Acompañemos con sencillez
al poderoso Niño,
como coro de paz,
los nacidos de Cristo,
pueblo sabio;

cantemos juntos
al Dios de paz.

Índice de Conceptos Teológicos

DIOS
–**Su naturaleza:**
  –Logos, 43-120
–**Sus atributos:**
  –Su amor, 49-51, 90
  –Su bondad, 94, 95, 107
  –Su inmutabilidad:
  –Sus emociones, 94, 112
  –Su justicia, 94-96, 107, 108
–**Sus obras:**
  –Su disciplina, 88-113

JESUCRISTO
–**Su naturaleza**, 99
  –Divina, 103
  –Su nacimiento virginal, 98, 297, 298
–**Su vida:**
  –Como rey, 60-62
–**Sus obras:**
  –Enseñanzas:
    –Pedagogo, 44-120
    –Parábolas, 211

ESPÍRITU SANTO
–**Dones y gracias**, 271
  –Templanza y dominio propio, 228, 253-255

HOMBRE
–**Su naturaleza**, 49, 52, 273
  –Alma, 49
  –Libertad, 100

IGLESIA
–**Su liturgia y formas de culto:**
  –Adoración, 155-158
  –Alabanza y acción de gracias, 158
–**Sus sacramentos:**
  –Bautismo, 64, 65, 67, 82, 269
  –Santa Cena, 73, 74, 125, 126

BIBLIA
–**Su interpretación:**
  –Tipos y figuras:
    –leche, 63-83
  –Sodoma, 256-259

VIDA CRISTIANA
–**Discipulado:**
  –Buenas obras, 225-227
  –Conducta, 159-170, 265-296
  –Consagración, 123
  –Mayordomía, 150-154, 250-252
  –Tentaciones, 214-221, 228-235, 248, 249
  –Virtud, 117-120
–**Educación familiar:**
  –Hijos, 53-62, 70-72, 113
  –Matrimonio, 49, 178, 188-201
–**Oración**, 288
–**Salud y sanidad**, 46-48, 123-149, 183-187, 202-213, 260-264

SALVACIÓN Y REDENCIÓN
–**Conversión**, 11
–**Justificación**, 66-80

–**Perfección**, 83
–**Regeneración**, 81, 82
–**Santificación**, 117

TEMAS CONTROVERSIALES
–**Creación**, 49, 97, 116
–**Trinidad**, 46, 47, 76-81
–**Pecado:**
  –Su naturaleza, 46-48, 119

–Tipos de pecados:
  –Afeminamiento, 236-247
  –Codicia, 150-154
  –Embriaguez, 143-149, 167
  –Fornicación, 198-201
  –Gula, 23-137
  –Lujuria, 140
  –Obscenidad, 162-211
  –Vanagloria, 151, 171-182
–**Ley**, 87, 88, 114, 115, 292

Títulos de la colección Patrística

Obras escogidas de Agustín de Hipona Tomo I
La verdadera religión
La utilidad de creer
El Enquiridion

Obras escogidas de Agustín de Hipona Tomo II
Confesiones

Obras escogidas de Agustín de Hipona Tomo III
La ciudad de Dios

Obras escogidas de Clemente de Alejandría
El Pedagogo

Obras escogidas de Ireneo de Lyon
Contra las herejías
Demostración de la enseñanza apostólica

Obras escogidas de Juan Crisóstomo
La dignidad del ministerio
Sermón del Monte. Salmos de David

Obras escogidas de Justino Mártir
Apologías y su diálogo con el judío Trifón

Obras escogidas de los Padres Apostólicos
Didaché
Cartas de Clemente. Cartas de Ignacio Mártir. Carta y Martirio de Policarpo.
Carta de Bernabé. Carta a Diogneto. Fragmentos de Papías. Pastor de Hermas

Obras escogidas de Orígenes
Tratado de los principios

Obras escogidas de Tertuliano
Apología contra gentiles. Exhortación a los Mártires. Virtud de la Paciencia.
La oración cristiana. La respuesta a los judíos.

www.ingramcontent.com/pod-product-compliance
Lightning Source LLC
Chambersburg PA
CBHW060458090426
42735CB00011B/2025